心一堂術數古籍整理叢刊・占筮類

全本校註增刪卜易

野鶴老人 原著
李凡丁(鼎升) 校註

Śūnyatā

書名：全本校註增刪卜易
系列：心一堂術數古籍整理叢刊 · 占筮類
作者：野鶴老人
校註：李凡丁（鼎升）
主編：陳劍聰
責任編輯：陳劍聰
心一堂術數古籍整理叢刊編校小組：陳劍聰 素聞 梁松盛 鄒偉才 虛白盧主 潘國森

出版：心一堂有限公司
地址／門市：香港九龍尖沙嘴東麼地道六十三號好時中心LG六十一室
電話號碼：(852)6715-0840
網址：http://www.sunyata.cc
電郵：sunyatabook@gmail.com
網上書店：http://book.sunyata.cc
網上論壇：http://bbs.sunyata.cc/

版次：二零一五年十一月初版

平裝

定價：港幣 三百八十元
人民幣 三百八十元
新台幣 一千四百九十八元

國際書號 ISBN 978-988-8316-38-0

香港及海外發行：香港聯合書刊物流有限公司
香港新界大埔汀麗路36號中華商務印刷大廈3樓
電話號碼：(852)2150-2100
傳真號碼：(852)2407-3062
電郵：info@suplogistics.com.hk

台灣發行：秀威資訊科技股份有限公司
地址：台灣台北市內湖區瑞光路七十六巷六十五號一樓
電話號碼：(886)2796-3638
傳真號碼：(886)2796-1377
台灣地區網絡書店：http://www.bodbooks.com.tw/

中國大陸發行．零售：心一堂
深圳店：中國深圳羅湖立新路六號東門博雅負一層零零八號
電話號碼：(86)0755-82224934
北京店：中國北京東城區雍和宮大街四十號
心一堂官方淘寶流通處：http://shop35178535.taobao.com

心一堂術數古籍　珍本叢刊　總序　整理

術數定義

術數，大概可謂以「推算（推演）、預測人（個人、群體、國家等）、事、物、自然現象、時間、空間方位等規律及氣數，並或通過種種『方術』，從而達致趨吉避凶或某種特定目的」之知識體系和方法。

術數類別

我國術數的內容類別，歷代不盡相同，例如《漢書・藝文志》中載，漢代術數有六類：天文、曆譜、五行、蓍龜、雜占、形法。至清代《四庫全書》，術數類則有：數學、占候、相宅相墓、占卜、命書、相書、陰陽五行、雜技術等，其他如《後漢書・方術部》、《藝文類聚・方術部》、《太平御覽・方術部》等，對於術數的分類，皆有差異。古代多把天文、曆譜、及部份數學均歸入術數類，而民間流行亦視傳統醫學作為術數的一環；此外，有些術數與宗教中的方術亦往往難以分開。現代學界則常將各種術數歸納為五大類別：命、卜、相、醫、山，通稱「五術」。

本叢刊在《四庫全書》的分類基礎上，將術數分為九大類別：占筮、星命、相術、堪輿、選擇、三式、讖諱、理數（陰陽五行）、雜術（其他）。而未收天文、曆譜、算術、宗教方術、醫學。

術數思想與發展——從術到學，乃至合道

我國術數是由上古的占星、卜筮、形法等術發展下來的。其中卜筮之術，是歷經夏商周三代而通過

「龜卜、蓍筮」得出卜（筮）辭的一種預測（吉凶成敗）術，之後歸納並結集成書，此即現傳之《易經》。經過春秋戰國至秦漢之際，受到當時諸子百家的影響、儒家的推崇，遂有《易傳》等的出現，原本是卜筮術書的《易經》，被提升及解讀成有包涵「天地之道（理）」之學。因此，《易・繫辭傳》曰：「易與天地準，故能彌綸天地之道。」

漢代以後，易學中的陰陽學說，與五行、九宮、干支、氣運、災變、律曆、卦氣、讖緯、天人感應說等相結合，形成易學中象數系統。而其他原與《易經》本來沒有關係的術數，如占星、形法、選擇，亦漸漸以易理（象數學說）為依歸。《四庫全書・易類小序》云：「術數之興，多在秦漢以後。要其旨，不出乎陰陽五行，生尅制化。實皆《易》之支派，傳以雜說耳。」至此，術數可謂已由「術」發展成「學」。

及至宋代，術數理論與理學中的河圖洛書、太極圖、邵雍先天之學及皇極經世等學說給合，通過術數以演繹理學中「天地中有一太極，萬物中各有一太極」（《朱子語類》）的思想。術數理論不單已發展至十分成熟，而且也從其學理中衍生一些新的方法或理論，如《梅花易數》、《河洛理數》等。

在傳統上，術數功能往往不止於僅僅作為趨吉避凶的方術，及「能彌綸天地之道」的學問，亦有其「修心養性」的功能，「與道合一」（修道）的內涵。《素問・上古天真論》：「上古之人，其知道者，法於陰陽，和於術數。」數之意義，不單是外在的算數、歷數、氣數，而是與理學中同等的「道」、「理」--心性的功能，北宋理氣家邵雍對此多有發揮：「聖人之心，是亦數也」、「萬化萬事生乎心」、「心為太極」。《觀物外篇》：「先天之學，心法也。……蓋天地萬物之理，盡在其中矣，心一而不分，則能應萬物。」反過來說，宋代的術數理論，受到當時理學、佛道及宋易影響，認為心性本質上是等同天地之太極。天地萬物氣數規律，能通過內觀自心而有所感知，即是內心也已具備有術數的推演及預測、感知能力；相傳是邵雍所創之《梅花易數》，便是在這樣的背景下誕生。

《易・文言傳》已有「積善之家，必有餘慶；積不善之家，必有餘殃」之說，至漢代流行的災變說及讖緯說，我國數千年來都認為天災，異常天象（自然現象），皆與一國或一地的施政者失德有關；下至家族、個人之盛衰，也都與一族一人之德行修養有關。因此，我國術數中除了吉凶盛衰理數之外，人心的德行修養，也是趨吉避凶的一個關鍵因素。

術數與宗教、修道

在這種思想之下，我國術數不單只是附屬於巫術或宗教行為的方術，又往往是一種宗教的修煉手段──通過術數，以知陰陽，乃至合陰陽（道）。「其知道者，法於陰陽，和於術數。」例如，「奇門遁甲」術中，即分為「術奇門」與「法奇門」兩大類。「法奇門」中有大量道教中符籙、手印、存想、內煉的內容，是道教內丹外法的一種重要外法修煉體系。甚至在雷法一系的修煉上，亦大量應用了術數內容。此外，相術、堪輿術中也有修煉望氣（氣的形狀、顏色）的方法；堪輿家除了選擇陰陽宅之吉凶外，也有道教中選擇適合修道環境（法、財、侶、地中的地）的方法，以至通過堪輿術觀察天地山川陰陽之氣，亦成為領悟陰陽金丹大道的一途。

易學體系以外的術數與的少數民族的術數

我國術數中，也有不用或不全用易理作為其理論依據的，如揚雄的《太玄》、司馬光的《潛虛》。也有一些占卜法、雜術不屬於《易經》系統，不過對後世影響較少而已。

外來宗教及少數民族中也有不少雖受漢文化影響（如陰陽、五行、二十八宿等學說）但仍自成系統的術數，如古代的西夏、突厥、吐魯番等占卜及星占術，藏族中有多種藏傳佛教占卜術、苯教占卜術、擇吉術、推命術、相術等；北方少數民族有薩滿教占卜術；不少少數民族如水族、白族、布朗族、佤族、彝族、苗族等，皆有占雞（卦）草卜、雞蛋卜等術，納西族的占星術、占卜術，彝族畢摩的推命術、占卜術……等等，都是屬於《易經》體系以外的術數。相對上，外國傳入的術數以及其理論，對我國術數影響更大。

曆法、推步術與外來術數的影響

我國的術數與曆法的關係非常緊密。早期的術數中，很多是利用星宿或星宿組合的位置（如某星在某州或某宮某度）付予某種吉凶意義，并據之以推演，例如歲星（木星）、月將（某月太陽所躔之宮次）等。不過，由於不同的古代曆法推步的誤差及歲差的問題，若干年後，其術數所用之星辰的位置，已與真實星辰的位置不一樣了；此如歲星（木星），早期的曆法及術數以十二年為一周期（以應地支），與木星真實周期十一點八六年，每幾十年便錯一宮。後來術家又設一「太歲」的假想星體來解決，是歲星運行的相反，週期亦剛好是十二年。而術數中的神煞，很多即是根據太歲的位置而定。又如六壬術中的「月將」，原是立春節氣後太陽躔娵訾之次而稱作「登明亥將」，至宋代，因歲差的關係，要到雨水節氣後太陽才躔娵訾之次，當時沈括提出了修正，但明清時六壬術中「月將」仍然沿用宋代沈括修正的起法沒有再修正。

由於以真實星象周期的推步術是非常繁複，而且古代星象推步術本身亦有不少誤差，大多數術數除依曆書保留了太陽（節氣）、太陰（月相）的簡單宮次計算外，漸漸形成根據干支、日月等的各自起例，以起出其他具有不同含義的眾多假想星象及神煞系統。唐宋以後，我國絕大部份術數都主要沿用這一系統，也出現了不少完全脫離真實星象的術數，如《子平術》、《紫微斗數》、《鐵版神數》等。後來就連一些利用真實星辰位置的術數，如《七政四餘術》及選擇法中的《天星選擇》，也已與假想星象及神煞混合而使用了。

隨着古代外國曆（推步）、術數的傳入，如唐代傳入的印度曆法及術數，元代傳入的回回曆等，其中我國占星術便吸收了印度占星術中羅睺星、計都星等而形成四餘星，又通過阿拉伯占星術而吸收了其中來自希臘、巴比倫占星術的黃道十二宮、四元素學說（地、水、火、風），並與我國傳統的二十八宿、五行說、神煞系統並存而形成《七政四餘術》。此外，一些術數中的北斗星名，不用我國傳統的星名：天樞、天璇、天璣、天權、玉衡、開陽、搖光，而是使用來自印度梵文所譯的：貪狼、巨門、祿存、文曲，廉貞、武曲、破軍等，此明顯是受到唐代從印度傳入的曆法及占星術所影響。如星命術的《紫微斗數》及堪輿術的《撼龍經》等文獻中，其星皆用印度譯名。及至清初《時憲曆》，置閏之法則改用西法「定氣」。清代以後的術數，又作過不少的調整。

陰陽學——術數在古代、官方管理及外國的影響

術數在古代社會中一直扮演着一個非常重要的角色，影響層面不單只是某一階層、某一職業、某一年齡的人，而是上自帝王，下至普通百姓，從出生到死亡，不論是生活上的小事如洗髮、出行等，大事如建房、入伙、出兵等，從個人、家族以至國家，從天文、氣象、地理到人事、軍事，從民俗、學術到宗教，都離不開術數的應用。我國最晚在唐代開始，已把以上術數之學，稱作陰陽（學），行術數者稱陰陽人。（敦煌文書、斯四三二七唐《師師漫語話》：「以下說陰陽人謾語話」，此說法後來傳入日本，今日本人稱行術數者為「陰陽師」）。一直到了清末，欽天監中負責陰陽術數的官員中，以及民間術數之士，仍名陰陽生。

古代政府的中欽天監（司天監），除了負責天文、曆法、輿地之外，亦精通其他如星占、選擇、堪輿等術數，除在皇室人員及朝庭中應用外，也定期頒行日書、修定術數，使民間對於天文、日曆用事吉

凶及使用其他術數時，有所依從。

中國古代政府對官方及民間陰陽學及陰陽官員，從其內容、人員的選拔、培訓、認證、考核、律法監管等，都有制度。至明清兩代，其制度更為完善、嚴格。

宋代官學之中，課程中已有陰陽學及其考試的內容。（宋徽宗崇寧三年〔一一零四年〕崇寧算學令：「諸學生習……並曆算、三式、天文書。」，「諸試……三式即射覆及預占三日陰陽風雨。天文即預定一月或一季分野災祥，並以依經備草合問為通。」

金代司天臺，從民間「草澤人」（即民間習術數之士）考試選拔：「其試之制，以《宣明曆》試推步，及《婚書》、《地理新書》試合婚、安葬，並《易》筮法，六壬課、三命、五星之術。」（《金史》卷五十一・志第三十二・選舉一）

元代為進一步加強官方陰陽學對民間的影響、管理、控制及培育，除沿襲宋代、金代在司天監掌管陰陽學及中央的官學陰陽學課程之外，更在地方上增設陰陽學之課程（《元史・選舉志一》：「世祖至元二十八年夏六月始置諸路陰陽學。」）地方上也設陰陽學教授員，培育及管轄地方陰陽人。（《元史・選舉志一》：「（元仁宗）延祐初，令陰陽人依儒醫例，於路、府、州設教授員，凡陰陽人皆管轄之，而上屬於太史焉。」）自此，民間的陰陽術士（陰陽人），被納入官方的管轄之下。

至明清兩代，陰陽學制度更為完善。中央欽天監掌管陰陽學，明代地方縣設陰陽學正術，各州設陰陽學典術，各縣設陰陽學訓術。陰陽人從地方陰陽學肄業或被選拔出來後，再送到欽天監考試。（《大明會典》卷二二三：「凡天下府州縣舉到陰陽人堪任正術等官者，俱從吏部送（欽天監），考中，送回選用；不中者發回原籍為民，原保官吏治罪。」）清代大致沿用明制，凡陰陽術數之流，悉歸中央欽天監及地方陰陽官員管理、培訓、認證。至今尚有「紹興府陰陽印」、「東光縣陰陽學記」等明代銅印，及某某縣某某之清代陰陽執照等傳世。

清代欽天監漏刻科對官員要求甚為嚴格。《大清會典》「國子監」規定：「凡算學之教，設肄業生。滿洲十有二人，蒙古、漢軍各六人，於各旗官學內考取。漢十有二人，於舉人、貢監生童內考取。附學生二十四人，由欽天監選送。教以天文演算法諸書，五年學業有成，舉人引見以欽天監博士用，貢監生童以天文生補用。」學生在官學肄業、貢監生肄業或考得舉人後，經過了五年對天文、算法、陰陽學的學習，其中精通陰陽術數者，會送往漏刻科。而在欽天監供職的官員，《大清會典則例》「欽天監」規定：「本監官生三年考核一次，術業精通者，保題升用。不及者，停其升轉，再加學習。如能黽勉供職，即予開複。仍不及者，降職一等，再令學習三年，能習熟者，准予開複，仍不能者，黜退。」除定期考核以定其升用降職外，《大清律例》中對陰陽術士不準確的推斷（妄言禍福）是要治罪的。《大清律例．一七八．術七．妄言禍福》：「凡陰陽術士不許於大小文武官員之家妄言禍福，違者杖一百。其依經推算星命卜課，不在禁限。」大小文武官員延請的陰陽術士，自然是以欽天監漏刻科官員或地方陰陽官員為主。

官方陰陽學制度也影響鄰國如朝鮮、日本、越南等地，一直到了民國時期，鄰國仍然沿用着我國的多種術數。而我國的漢族術數，在古代甚至影響遍及西夏、突厥、吐蕃、阿拉伯、印度、東南亞諸國。

術數研究

術數在我國古代社會雖然影響深遠，「是傳統中國理念中的一門科學，從傳統的陰陽、五行、九宮、八卦、河圖、洛書等觀念作大自然的研究。……傳統中國的天文學、數學、煉丹術等，要到上世紀中葉始受世界學者肯定。可是，術數還未受到應得的注意。術數在傳統中國科技史、思想史，文化史、社會史，甚至軍事史都有一定的影響。……更進一步了解術數，我們將更能了解中國歷史的全貌。」（何丙郁《術數、天文與醫學中國科技史的新視野》，香港城市大學中國文化中心。）

可是術數至今一直不受正統學界所重視，加上術家藏秘自珍，又揚言天機不可洩漏，「（術數）乃吾國科學與哲學融貫而成一種學說，數千年來傳衍嬗變，或隱或現，全賴一二有心人為之繼續維繫，賴以不絕，其中確有學術上研究之價值，非徒癡人說夢，荒誕不經之謂也。其所以至今不能在科學中成立一種地位者，實有數困。蓋古代士大夫階級目醫卜星相為九流之學，多恥道之；而發明諸大師又故為惝恍迷離之辭，以待後人探索；間有一二賢者有所發明，亦秘莫如深，既恐洩天地之秘，復恐譏為旁門左道，始終不肯公開研究，成立一有系統說明之書籍，貽之後世。故居今日而欲研究此種學術，實一極困難之事。」（民國徐樂吾《子平真詮評註》，方重審序）

現存的術數古籍，除極少數是唐、宋、元的版本外，絕大多數是明、清兩代的版本。其內容也主要是明、清兩代流行的術數，唐宋以前的術數及其書籍，大部份均已失傳，只能從史料記載、出土文獻、敦煌遺書中稍窺一鱗半爪。

術數版本

坊間術數古籍版本，大多是晚清書坊之翻刻本及民國書賈之重排本，其中豕亥魚魯，或而任意增刪，往往文意全非，以至不能卒讀。現今不論是術數愛好者，還是民俗、史學、社會、文化、版本等學術研究者，要想得一常見術數書籍的善本、原版，已經非常困難，更遑論稿本、鈔本、孤本。在文獻不足及缺乏善本的情況下，要想對術數的源流、理法、及其影響，作全面深入的研究，幾不可能。

有見及此，本叢刊編校小組經多年努力及多方協助，在中國、韓國、日本等地區搜羅了一九四九年以前漢文為主的術數類善本、珍本、鈔本、孤本、稿本、批校本等數百種，精選出其中最佳版本，分別輯入兩個系列：

一、心一堂術數古籍珍本叢刊

二、心一堂術數古籍整理叢刊

前者以最新數碼技術清理、修復珍本原本的版面，更正明顯的錯訛，部份善本更以原色精印，務求更勝原本，以饗讀者。後者延請、稿約有關專家、學者，以善本、珍本等作底本，參以其他版本，進行審定、校勘、注釋，務求打造一最善版本，供現代人閱讀、理解、研究等之用。不過，限於編校小組的水平，版本選擇及考證、文字修正、提要內容等方面，恐有疏漏及舛誤之處，懇請方家不吝指正。

心一堂術數古籍 珍本/整理 叢刊編校小組

二零一三年九月修訂

野鶴老人，姓名、籍貫與生平不詳，經考證，或為錢海岳先生所撰《南明史》中記載的野鶴道人：『野鶴道人，世襲指揮使，以武科官狼山副總兵。戰通州北郊七日夜，斬殺過半，不支，走揚州，改姓名，隱天寧寺賣卜。同官幕屬多為大官，薦之，以死力拒。』又經由《增刪卜易》中所存的『野鶴曰』，以及可以推斷是野鶴老人占驗中的蛛絲馬跡分析，野鶴老人或為江蘇人氏，生於明萬曆年間（公元1573年～公元1620年），卒於清順治七年（公元1650年）之後，『學道數十年，博覽群書』，『遊遍江湖』，尤精六爻之學。遺憾的是，野鶴老人在世時並未對其『存四十餘年』的六爻理論與占驗進行整理，這些未經整理的六爻理論與占驗僅以現在或已佚失的抄本在民間流傳。

清順治後期至清康熙早期，野鶴老人的六爻理論與占驗抄本傳至湖南人氏李我平『先叔』之手，又於清康熙二十七年（公元1688年）前後由李我平傳至當時已頗負盛名、有著四十餘年占卜經驗的李文輝之手，李文輝『靜中參悟』，『始知從前之驗與不驗，皆書之得失』，遂在兒子與女婿的協助下，『閉戶二載』，『將野鶴及予之占驗，質證古今卜筮諸書，驗者存之，不驗者刪之，內有不合於理者辟之，另得其巧驗者增之』，於清康熙二十九年（公元1690年）輯理完成了六爻占卜史上的這部名著。書中還存有多處『李我平曰』，是李我平對『古今卜筮諸書』中與《增刪卜易》相悖的觀點，以及《增刪卜易》中部分精彩論述進行的點評。

由此可知，《增刪卜易》是對明末清初幾位六爻占卜名師上百年卦學經驗的總結，又是對之前流傳的六爻占卜理論進行的總的評批，徹底恢復了六爻占卜『以理合數，因數證理』的本來面目，『如單用世爻，使人有一定之見；刪去卦身、世身、星煞、本命，使人無歧路之疑。其談旬空、月破、刑沖、進神，別有奧理；墓絕、生旺、動散、反伏，剖晰真僞；財、官、父、子，法用分占。盡辟諸書之訛，獨出一心之悟；發先賢未發之理，啟後人易曉之門」，當之無愧於其在六爻占卜史上『一字開後人之茅塞，一言破千古之疑團』的地位。

在成書後的三百餘年間，由於多次翻印，魚魯亥豕有之，脱文衍字有之，因年代更迭而產生的疑義亦有之，有鑑於此，李凡丁（鼎升）先生傾二十餘年卦學功力，以北京故宮博物院藏版清康熙年間（公元1662年~公元1722年）古吳陳長卿刻本《增刪卜易》爲底本，以清乾隆年間（公元1736年~公元1795年）敦化堂刻本《重鐫增刪卜易》爲主校本，以臺灣國家圖書館藏版清康熙三十七年（公元1698年）李絨抄本《野鶴老人書》爲旁校本，又參以其它二十餘種版本，校勘詳註、疏理淵源，特別是對隱匿於字裏行間的野鶴老人與李文輝的身世之謎、漕運總督慕天顔與廣東布政使郎廷樞的宦海沉浮、狀元嚴我斯的會試傳奇、朱三太子案與京師地震等歷史人物與歷史事件的考證，更是絲絲入扣，令人擊節！

善本傳世，不容錯過！

《增刪卜易》的前世今生（代自序）

閱盡刊書人，始知著書艱。
前人嘔心血，後人隨手刪。①

或許是冥冥之中自有心靈相通，同為清康熙年間（公元1662年～公元1722年）成書的《聊齋誌異》中的這首五言詩，却準確地記述了《增刪卜易》一書的前世今生。

I 關於李文輝

《增刪卜易》成書於清康熙二十九年（公元1690年，庚午年），題野鶴老人著、李坦（我平）鑒定、李文輝（覺子）增刪，李文輝的女婿陳文吉（茂生）、兒子李茹芝（山秀），也在李文輝輯理該書的過程中參與了校訂。此外，張文（維則）則為該書撰寫了一篇二百餘字的《序》。

對於這幾位作者，臺灣如意堂書店出版的《重編野鶴卦書》②（以下與正文中簡稱為如意堂本）中曾言到：『此書當初雖說是野鶴老人40餘年之抄本，但李我平（楚江李坦）與湖南李文輝（覺子）或張文，在中國歷史均無法尋得隻字片語。』言之確確，却未免有些武斷。

---

①張友鹤輯校：《聊斎誌異》，上海古籍出版社，1962年7月第1版，1978年4月新1版1刷。弋阳馮喜賡虞堂題辭。——鼎升註

②《重編野鶴卦書》，臺灣如意堂書店，1999年12月30日初版。——鼎升註

正如李文輝在其《自序》中所言：『往予幼年，隨先大人宦遊粵西，遇參兩徐先生，卜予兄云：將來繼起者此子，立功封爵，惜乎不克其終；卜予身命，謂三十以前，虛譽亦隆，三十以後，垂簾都市，功名不復問矣！彼時先大人處極盛之勢，愚兄弟在蔭庇之下，不足其言，誕而置之矣。嗣後兵燹蜂起，家破從戎，先兄立功封爵，實比螢光，果死非命。迨順治庚寅，予投誠定南藩下，時年三旬有一，壯遊都門，滿擬復職，乃竟歸烏有。』

而在如意堂本中，對李文輝的這段經歷，竟一字未錄。

『順治庚寅』為清順治七年（公元1650年，庚寅年），時年李文輝『隨先大人宦遊粵西』，『三旬有一』，『投誠定南藩下』。『粵西』為今廣西省治，『定南』則為清定南王孔有德，孔有德在該年率兵攻陷廣西桂林，擒明督師瞿式耜並殺之。

由此看來，李文輝當出生於明萬曆四十八年（明泰昌元年，後金天命五年，公元1620年，庚申年），其父居官於明末的廣西，而李文輝早年處於其父『極盛之勢』的『蔭庇』之下，後又於明末『兵燹蜂起』時，『家破從戎』，『投誠定南藩下』，也算是一明朝遺少，有一段顯赫的家族歷史。

清順治帝福臨於清順治元年（明崇禎十七年，公元1644年，甲申年）定都北京前後，攝政王多爾袞即有意識地『招撫故明遺臣，任以官職，既施撫慰又補充官員緊缺之需』。『清軍入關後，即聽取了范文程的主張，每占一地必授任官職，且多有提陞。』『且多次諭令故明降官舉薦人才：「又諭故明內外官民人等，曰各衙門官員，俱照舊錄用，可速將職名開報。如虛飾假冒者罪之。其避賊回籍，隱居山林者亦具以聞，仍以原官錄用。」至於「山澤遺賢」，則許到所在官府，從實報名，政府遣人徵聘，委以重任。甚至「前朝犯賊，除名流寇、偽官一概錄用」，並言因「治理需人，凡歸順官員既任，推用不必苛求」。清入關不久便籠絡了大批的故明遺臣充任各級官吏，為大清服務，既解決了官缺問題，又撫慰、籠絡了人心，可謂一舉多得。」③

多爾袞病逝於清順治七年（公元1650年，庚寅年），在其從清順治元年（明崇禎十七年，公元1644年，甲申年）開始任攝政王的七年間，任用故明遺臣的政策一直未有改變，所以，完全有理由相信，李文輝『壯遊都門，滿擬復職』，本是懷著一腔或悲亦或喜的政治抱負的，『乃竟歸烏有』後，則據其《自序》所言：『旅邸蕭索，迴思參兩之言，信不誣矣。因遍覓卜筮諸書，靜觀兩月，即代人以卜吉凶，……。』功名之念雖灰，却從此成就了納甲史上的一位占卜大師。

據李文輝《自序》所言，『三十以後，垂簾都市』，那麼李文輝當是終身賣卜為生。《增刪卜易》成書於清康熙二十九年（公元1690年，庚午年），書中卦例的時間是以中國特有的干支來記錄，而占卜一道，又最重事實的反饋，研究李文輝的占卜生涯，則不妨從這幾點入手。

《增刪卜易》中，多次提到『開府』一詞，有清一代，則特指任總督、巡撫者為『開府』。如《月破章》中有某『開督府』者先後占過的兩卦：『午月癸卯日，占後運功名，得艮之觀』；『寅月丙辰日，得地澤臨』。

從反饋記錄中，可以得知此『開督府』者的幾點經歷：曾因『彼此揭參』而被『降級調用』；『甲子年巳月仍以原品起用，連補兩任』；『卯年而開督府』；『辰年三月條陳，四月下獄』。

明清時，總督、巡撫總攬一省或數省的軍政大權，猶如古代分封疆土的諸侯，這樣一位『開督府』

---

③余同元：《崇禎十七年》，東方出版社，2006年10月1版1刷。——鼎升註

的官員，在正史上必然有所記載。

而李文輝對這兩卦的反饋記錄，也確實做到了真實可信，此『開督府』者即清康熙二十七年（公元1688年，戊辰年）解任於漕運總督任上的慕天顏。

慕天顏，生於明天啟四年（公元1624年，甲子年），卒於清康熙三十五年（公元1696年，丙子年）。④據《清史稿》記載，慕天顏，字拱極，甘肅靜寧人。清康熙十五年（公元1676年，丙辰年）七月癸卯，累遷至江寧巡撫。清康熙二十年（公元1681年，辛酉年），因疏銷草豆價，檄追劾罷已卒之揚州知府高德貴之家屬，遭高德貴族人——京口防禦高騰龍等訐告，互參，高騰龍等取罪至死，慕天顏左遷。清康熙二十三年（公元1684年，甲子年）二月己未，起湖廣巡撫，九月戊寅移任貴州巡撫。清康熙二十六年（公元1687年，丁卯年）三月乙未，遷漕運總督。因與河道總督靳輔等議異，互劾，清康熙二十七年（公元1688年，戊辰年）三月，下部議，奪天顏職，後被逮下獄，又寬之。

至於為什麼這兩卦是李文輝所占而非野鶴老人所占，則是據李文輝在其《自序》中轉引的李我平之語：『向有野鶴老人，亦存四十餘年之占驗，考證諸書，刪闢其謬。先叔蒞任雲南，得此抄本，生平識趨避之途，皆此書之力。久欲刊傳，因未成帙，尚未舉行。』李文輝在《自序》中又言到：『予拜受領歸，……。閉戶二載，遂將野鶴及予之占驗，質證古今卜筮諸書，驗者存之，不驗者刪之，……。』僅此兩段，已可證明李我平是在清康熙二十七年（公元1688年，戊辰年）之前，已經得到了野鶴老人的抄本，因為即使野鶴老人的占卜水平再高明，也斷然不會在其抄本中寫出直至清康熙二十七年（公元1688

④江慶柏：《清代人物生卒年表》，人民文學出版社，2005年12月1版1刷。——鼎升註

年，戊辰年）漕運總督慕天顏的宦海沉浮。

而在《增刪卜易》卷四《增刪〈黃金策・千金賦〉章》（以下簡稱為『《千金賦》』）中，在『動爻何妨空破』條文下，有『一日於將軍府中，將軍問曰：江南某撫軍，功名將來何如？予曰：向於酉年占得艮之觀卦，即許酉年離任，又許今年三四月仍以原品起用』一句。撫軍是明清時巡撫的別稱，與《月破章》對照，當是這位漕運總督慕天顏再次出現；同時也可以證實，此條文下記錄的一系列『南行』的卦例，亦俱是李文輝所占。

《終身功名有無章》中又有兩卦：其一是『曾遇武蔭占終身功名，即此功名終身，還是另有功名？卯月戊子日，占得大過變井』；其二是『卯月辛丑日，占後運功名。得歸妹變震』。

從反饋記錄中，可以得知此武蔭的幾點經歷：早年與李文輝結識，中年請李文輝占過終身功名；『因盜賊之事，除首有功，寅年敘功』，『出自特恩』；『中年陞任陝西副使，隨陞粵東臬憲，亥年坐陞藩臺』；子年李文輝『特遠來，指望占得吉卦，預報開府』；『寅年丁父艱，卯年回籍，至中途得病而終』。

武蔭，是封建時代子孫因先代有軍功而受的封賞，可由皇帝恩賜入國子監讀書；副使為按察使的副職，督理刑名，是道員的一種，正四品官員；臬憲是對按察使的敬稱，正三品官員；藩臺是明清時對布政使的俗稱，從二品官員。

此武蔭當為清康熙二十年（公元1681年，辛酉年）陞任廣東按察使司按察使的郎廷樞。據《清實錄》記載，清康熙二十年（公元1681年，辛酉年）『五月』『丙寅』，『陝西平慶道郎廷樞為廣東按察使司按察使』；清康熙二十一年（公元1682年，壬戌年）『七月』『辛未，陞廣東按察使郎廷樞爲廣東布政使司布政使』；清康熙二十六年（公元1687年，丁卯年）『四月』『丙寅』，『湖南按察使柴望爲廣東布政使司布政使』。又據《李士楨李熙父子年譜》⑤清康熙二十三年（公元1684年，甲子年）條下記載：『杜臻《粵閩巡視紀略・卷上》：正月丁卯日，……。戊辰（初二日），吳總制興祚、李撫軍士楨、郎藩伯廷樞、……，先行請安禮，乃敢具賓主會議諸務。』這也足以證明清康熙二十三年（公元1684年，甲子年）郎廷樞確實在擔任廣東布政使一職。而《李士楨李熙父子年譜》清康熙二十六年（公元1687年，丁卯年）條下又有『康熙二十六年四月初五日，據廣東布政司丁憂布政使郎廷樞呈稱云云』的記載，也足以證明李文輝對此卦『寅年丁父艱』的記載無誤。

至於郎廷樞此人早年『因盜賊之事，除首有功，寅年敘功』的經歷，《清實錄》中亦有記載：清康熙十二年（公元1673年，癸丑年）『十二月』『丁巳』，『奸民楊起隆詐稱朱三太子，糾黨謀叛，約於京城內外放火舉事，鑲黃旗監生郎廷樞家人黃裁縫、正黃旗周全斌子周公直家人陳益等與焉。是日，郎廷樞察知其事，隨拿其家人黃裁縫等四人首告』。清康熙十三年（公元1674年，甲寅年）『正月』，『刑部等衙門題：會審黃裁縫等，黨附楊起隆，謀逆情實，俱應淩遲處死；……』，『得旨：……。郎廷樞從優議敘』。

與《千金賦》中『動爻何妨空破』條文下一系列『南行』卦的日月建對照，可以基本斷定此藩臺就是一系列『南行』卦中的彼藩臺。

《千金賦》『動逢合而絆住』條文下又有一卦：『如未月庚寅日，占官運。得革變既濟。』

---

⑤王利器：《李士楨李熙父子年譜》，北京出版社，1983年8月1版1刷。——鼎升註

從反饋記錄中，可以得知此『權操兩省』者的兩點經歷：子年『占官運』；『巳年被論，宦囊消索』。此『權操兩省』者當為清康熙二十八年（公元1689年，己巳年）解任於兩廣總督任上的吳興祚。

吳興祚，生於明崇禎五年（公元1632年，壬申年），卒於清康熙三十七年（公元1698年，戊寅年）。⑥ 據《清史稿》記載，吳興祚，字伯成，漢軍正紅旗人，原籍浙江山陰。清康熙二十年（公元1681年，辛酉年），擢兩廣總督。清康熙二十八年（公元1689年，己巳年）六月，以鼓鑄不實黜官，命以副都統用。

以上幾位官員的宦海沉浮，當可證實李文輝於清康熙二十三年（公元1684年，甲子年）達到了其占卜生涯的巔峰。

也由此可以推斷，李文輝於清康熙二十二年（公元1683年，癸亥年）受時任廣東布政使的郎廷樞的邀請，『南行』至廣東，又於清康熙二十三年（公元1684年，甲子年）在廣東為下至都司、道臺、知府（李甲聲，《千金賦》『動爻何妨空破』條文），上至布政使（郎廷樞）、將軍（王永譽，《千金賦》『動爻何妨空破』條文）、兩廣總督（吳興祚）等高官進行了一系列的占卜。

《千金賦》『動爻何妨空破』條文下還有一卦也值得注意：『隨有一人，卯月戊戌日，占目下功名陞否？』在反饋記錄中，『將軍曰：此舍侄也。昔在二十九歲，曾於都門向爾占過，許之四十九歲有險。今年四十九歲矣，有何險處？』

李文輝占斷『卯月戊戌日』一卦的時間是在清康熙二十三年（公元1684年，甲子年），二十年前在

⑥江慶柏：《清代人物生卒年表》，人民文學出版社，2005年12月1版1刷。——鼎升註

北京為將軍之侄占卜，則應該是在清康熙三年（公元1664年，甲辰年），此時據李文輝開始學易的清順治七年（公元1650年，庚寅年）已經相隔了整整十四年。

《增刪卜易》一書中，還有大量占斷功名的記載，也還有大量為官場中人占斷各種事項的記載，如李文輝為湖廣總督丁思孔『占升遷』（《兩現章》）、為山東按察使司按察使何毓秀『占終身功名有位否』（《終身功名有無章》）、為狀元嚴我斯占『可能鼎甲否』（《功名到何品級章》），等等。

但或是因為史料搜尋的困難，或是因為記載語焉不詳，除以上人物外，我尚未考證出更多的在《增刪卜易》中出現的歷史人物的真實身份。

但是至此已經可以大致勾勒出李文輝的一生：

明萬曆四十八年（明泰昌元年，公元1620年，庚申年）出生，原籍湖南，早年隨父宦遊於廣西。明清易代之際，家破從戎，但以微薄之力，無力挽回明亡的結局。清順治七年（公元1650年，庚寅年）投誠定南王孔有德，後遠赴北京求官未果，轉而研習卜筮之書，從此長年居於北京（也可能有段時間居於江蘇）賣卜為生（也可能有作幕僚的經歷）。在其四十餘年的占卜生涯中，四方遊歷，結交了大量的官場中人，積累了豐富的占卜經驗。又於清康熙二十七年（公元1688年，戊辰年）前後，在南京偶遇同鄉李我平，得到李我平贈予的野鶴老人占驗抄本，在女婿陳文吉和兒子李茹芝的協助下，耗去兩年心力，將野鶴老人與自己一生的占斷卦例、占斷經驗，質證古今卜筮諸書，輯理成了納甲史上的這部名著——《增刪卜易》。

II野鶴老人『丁耀亢說』的由來

至於野鶴老人，據現任職於山東省諸城市檔案局、多年從事丁耀亢及其著作研究的張清吉先生校點的《丁耀亢全集》⑦，當為明末清初著作等身的詩人、文學家、劇作家和小說大師丁耀亢。

丁耀亢，生於明萬曆二十七年（公元1599年，己亥年），卒於清康熙八年（公元1669年，己酉年），『字西生，號野鶴，又號紫陽道人、木雞道人、西湖鷗吏等』，『當時即有「北丁（耀亢）南李（漁）」之稱，蜚聲海內』。『然而，丁耀亢却如一顆掩蔽的星辰，光輝不赫，年譜闕如』，『究其原委，因素是多方面的。首先，丁耀亢經歷了明清易代戰爭，許多著作因「十年亂離」而散離』，『其次，丁耀亢生於明世宦之家，明清的易代戰爭使其家破人亡，艱辛歷盡，明亡後的詩文屢屢對滿清貴族以抨擊和詛咒，因而遭到清廷的查禁和焚毀。也有一些著作，因「或慮觸時禁」固篋久之而亡佚』。『對於《丁耀亢全集》和《丁野鶴遺稿》，編《四庫全書》的文人們發現其中有「激楚之音」，「違礙語甚多」（《清代禁書總目》），清廷於乾隆時抽版焚毀。今《四庫全書》僅存其書目而無其書。』⑧

張清吉先生所著的《丁耀亢年譜》於1996年出版，在《附錄・丁耀亢著作目錄及序跋選》中，並未將《增刪卜易》作為丁氏著作目錄予以收錄；而在1999年出版的、張清吉先生校點的《丁耀亢全集》中，則以《增刪補易》為名對《增刪卜易》予以全文收錄。

而『《山東文獻書目》子部術數類著錄「簡易秘傳（一名增刪卜易）一卷」，著者和版本題

---

⑦丁耀亢：《丁耀亢全集》，中州古籍出版社，1999年3月1版1刷。——鼎升註

⑧張清吉：《丁耀亢年譜》，南京大學出版社，1996年6月1版1刷。——鼎升註

「（清）丁耀亢（野鶴老人）撰，（清）李文輝增刪。清康熙李文輝抄本」，現藏山東省博物館⑨』。但是有清一代的著書者，並無在自己名字前加『清』字的習慣。《山東文獻書目》出版於1993年12月，『清』字自當是輯錄者所為，但其『丁耀亢說』依據為何，不得而知。張清吉先生的『丁耀亢說』或者也是據此而來。

經查證，《山東文獻書目》中將《增刪卜易》印作《增冊卜易》。⑩

至於在其它一些目前所能見到的研究丁耀亢的論文中，也提到了野鶴老人『丁耀亢說』，所據也是《山東文獻書目》。如『《增刪卜易》舊無著錄。《販書偶記》據乾隆乙巳刊本著錄。題「野鶴老人撰」，入子部術數類占卜之屬。《山東文獻書目》錄有清康熙李文輝抄本，題《簡易秘傳》一卷，云「一名《增刪卜易》，清丁耀亢（野鶴老人）撰，清李文輝增刪」，而不及乾隆乙巳本⑪』。

『《販書偶記》基本上是一部清代以來的著述總目，其作用相當於《四庫全書目錄》的續編。著者孫殿起先生在北京設通學齋書店，經營古籍販賣事業歷數十年之久，勤勞不息地將他所目睹手經的書冊逐一做下了詳細的記錄，……。』⑫學界普遍認為，《販書偶記》已成為查找清代作家作品及圖書版刻情況的重要參考工具書。孫殿起先生過眼的古舊書籍無數，却也沒有留下野鶴老人即丁耀亢的記載。又經查證目前我所能見到的其它研究丁耀亢的論文、《增刪卜易》的各個版本以及各圖書館館藏的《增

---

⑨林衛東、高永生：《丁耀亢作品的版本及其他》，《山東圖書館季刊》2004年第4期。——鼎升註

⑩王紹曾主編：《山東文獻書目》，齊魯書社，1993年12月1版1刷。——鼎升註

⑪周洪才：《丁耀亢及其著作考論》，《齊魯學刊》1996年第5期。——鼎升註

⑫孫殿起：《販書偶記》，中華書局，1959年8月1版1刷。——鼎升註

刪卜易》的書目，在1993年《山東文獻書目》出版之前，也未曾見過丁耀亢是《增刪卜易》作者的記載。

由此可以基本推斷，《山東文獻書目》是野鶴老人「丁耀亢說」的始作俑者。

而我曾見過一冊影印手抄本《關帝靈籤》，末題「康熙辛丑三月野鶴老人丁耀亢」，本子的真偽不知。但此或可證明，《山東文獻書目》的輯錄者即是依據類似的文獻推斷出丁耀亢即為《增刪卜易》的作者之一野鶴老人？

III野鶴老人並非丁耀亢

張清吉先生並未對野鶴老人「丁耀亢說」進行過更深層次的論證，僅在《丁耀亢全集・校點後記》中提到一句：「《增刪補易》為青州藏書家李文藻過錄的乾隆抄本。」再有就是《丁耀亢全集》收錄的野鶴老人《增刪補易・自序》中最末的一句：『康熙戊申端月望日野鶴老人書於椽櫝山房。』

野鶴老人『丁耀亢說』可能的旁證還有丁耀亢著的《家政須知》一書，其書《自序》中最末一句為『康熙己酉初夏野鶴老人書於椽谷山房』。據《丁耀亢全集・校點後記》中所言：「《家政須知》為康熙原刊本。」

然而野鶴老人『丁耀亢說』却無論如何經不住推敲。

第一，「《增刪補易》所有書都未著錄，其子慎行及為各書作序的人也都未曾提及。張清吉先生訪得是青州李文藻過錄的乾隆年間抄本，經查1989年2月出版的《青州市誌・李文藻傳》，並未提及有此藏書」。⑬ 按說這種『所有書都未著錄』的情況倒也很正常，因為據李文輝《增刪卜易・自序》所言，

⑬趙新：《〈丁耀亢全集〉評介》，《東嶽論叢》1999年第5期。——鼎升註

該書『久欲刊傳，因未成帙，尚未舉行』，是由李文輝『分門別類，輯理成部』的，而《增刪卜易》的書名，也當為李文輝所擬。

但是這樣一來，《丁耀亢全集》收錄的野鶴老人《增刪補易・自序》中最末的一句『康熙戊申端月望日野鶴老人書於椽櫃山房』就極為可疑：正常情況下，著書者都是在書稿完成之後，纔或自序，或求序，野鶴老人生前《增刪卜易》尚『未成帙』，這個野鶴老人《自序》又從何而來？

當然還有一種概率極小的可能，雖然幾乎可以不去考慮：即野鶴老人生前《增刪卜易》已經成書，在傳抄過程中書稿散失，失去原貌，而此野鶴老人《自序》却保存完整，李文輝從李我平手中得到此散失後的書稿，又重新『將野鶴及予之占驗』『輯理成部』。但『康熙戊申』是丁耀亢去世前一年，『椽櫃山房』是其家居所在，如果《增刪卜易》或《增刪卜易》的雛形、野鶴老人的占驗抄本確實是在此時成書的話，即使後來此書稿確實散失了，按照常理，也不應該出現『《增刪補易》所有書都未著錄，其子慎行及為各書作序的人也都未曾提及』的可能。

丁耀亢一生詩作甚豐，其晚年最後一部詩集、其子丁慎行於清康熙十二年（公元1673年，癸丑年）編印的《聽山亭草》，收錄了丁耀亢寫於清康熙六年（公元1667年，丁未年）至清康熙八年（公元1669年，己酉年）的詩作。『康熙戊申端月望日』是清康熙七年（公元1668年，戊申年）正月十五日元宵節，經查《聽山亭草》中此日與此日前後丁耀亢寫的幾首詩，絲毫沒有《增刪卜易》或《增刪卜易》的雛形、野鶴老人的占驗抄本成書的蛛絲馬跡。

如《元宵呈邑侯蔣明府》：

聖朝時序頌康衢，甘雨常隨召父車。
卓異堪傳循令史，賢良將獻太平書。
兒童歌舞知民樂，花柳欣榮喜政舒。
老病未能輕入幕，春風時到野人廬。

再如丁耀亢在當年正月初七日寫的《戊申人日夜宿山樓二首》中的一句：『無伴山遊漫譴愁，倩人扶杖強登樓。』

還有在此前後寫的《超然臺下西園欲開館招延多士講學以娛殘年予雖眼病而口談未倦以詩寄渭清二首》中的一句：『閉目尚能談古史，少年趨館憶當時。』

可以看出，此時的丁耀亢已然垂垂老矣，即使真要寫作《增刪卜易》或《增刪卜易》的雛形、野鶴老人的占驗抄本，也是需要有人幫助的，而『眼病而口談』，必然要有人為其作記錄，那麼丁耀亢或者其子丁慎行為什麼一點也沒有提及此事？何況據《丁耀亢年譜》所述：『野鶴遺稿，賴其（丁慎行）輯集珍藏，求人為序，出資剞劂而存世。』

《丁耀亢全集》收錄的野鶴老人《增刪補易·自序》中還有一句話：『此皆予四十餘年，終食不違，須臾不離以得之也。』如此重視，且《增刪卜易》亦非禁書，難道丁耀亢竟無一首詩以作記錄？

第二，《丁耀亢全集》收錄的『《增刪補易》為青州藏書家李文藻過錄的乾隆抄本』，而此版本又是隔手過錄的清康熙三十七年（公元1698年，戊寅年）的李紱抄本（各版本的傳承問題後文詳述），並對李紱抄本進行了次序和篇目的重新編排。與此次校註的底本、被收錄進海南出版社《故宮珍本叢刊》

的古吳陳長卿刻本⑭相較，李紱抄本與李文藻抄本缺少了很多敘事性的文字，而李文藻抄本中，又多出了底本與李紱抄本中所沒有的這篇野鶴老人的《自序》。而這篇野鶴老人《自序》，在目前我所見過的清康熙年間（公元1662年～公元1722年）的《增刪卜易》的版本中，俱未見收錄。據我根據目前所見過的各個《增刪卜易》的版本推測，這篇野鶴老人《自序》恐是清康熙年間（公元1662年～公元1722年）後期至清乾隆年間（公元1736年～公元1795年）早期的書商爲避文字獄之嫌的僞作。當然還有一種可能，這篇野鶴老人《自序》就是此次校注的底本中《張文序》後提到的『辛未仲秋』被『改換』的『首卷』。

在這篇野鶴老人《自序》中，有『野鶴曰：……，予因少年辨復功名，占過七次，竟有六次而得子孫持世』一句。辨復，是指科舉時代士人因犯法革去功名，後由於申辯而得以恢復。但是考《丁耀亢年譜》，丁耀亢於明崇禎十七年（清順治元年，公元1644年，甲申年）九月，四十六歲的時候，纔勉強算作第一次有了『功名』：『謁明將劉澤青，得授贊畫之職。旋，得授王遵坦軍之監紀司理，屯東海，官於（清風）島中。』清順治二年（公元1645年，乙酉年），『五月，清兵渡江，南明弘光帝（朱由崧）降，劉澤青解甲，王遵坦兵散。六月，王遵坦邀入淮降清敘用。拒之，棄之歸里』。四十六歲的丁耀亢，無論如何也不可能自稱為『少年』吧？

第三，《增刪卜易・鬼神章》中有『野鶴曰：……，予遊遍江湖，曾歷滇黔蜀粵』一句。但是考《丁耀亢年譜》以及丁耀亢本人寫於清康熙三年（公元1664年，甲辰年）的自傳體長詩《自述年譜以代

⑭故宮博物院編：《故宮珍本叢刊》第416冊，海南出版社，2000年10月1版1刷。——鼎升註

挽歌》，丁耀亢一生中的絕大部分時間都是在其家鄉山東諸城度過的，在其六次南行中，也未見有遊歷『滇黔蜀粵』的記載。

根據《丁耀亢年譜》的記載，丁耀亢第一次南行是在明萬曆四十七年（公元1619年，己未年），『二十一歲。走江南。負笈雲間，遊董其昌、喬劍圃門，受業董、喬二人』。明萬曆四十八年（明泰昌元年，公元1620年，庚申年），『二十二歲。僦石姑蘇（蘇州），……。歲暮，歸里』。丁耀亢第二次南行是在明崇禎十二年（公元1639年，己卯年），『四十一歲。清兵入關劫掠，明朝廷不支。……。春，南下金陵卜居，未果。……。秋，歸里』。丁耀亢第三次南行是在明崇禎十五年（公元1642年，壬午年），『四十四歲。……。十二月，清兵破諸城。……。偕族人、妻孥入齋堂島後轉徙海州清風島墟溝營避難』。明崇禎十六年（公元1643年，癸未年），『四十五歲。……。三月初旬，清兵去，歸里。……』。丁耀亢第四次南行是在明崇禎十七年（清順治元年，公元1644年，甲申年），『四十六歲。……。九月，偕劉憲石太史南行至淮上藩鎮謁明將劉澤青，得授贊畫之職。……』。清順治二年（公元1645年，乙酉年），『四十七歲。正月，往淮謁劉鎮澤青。……。六月，王遵坦邀入淮降清敘用。拒之，棄之歸里。……』。丁耀亢第五次南行是在清順治四年（公元1647年，丁亥年），『四十九歲。四月，複遊淮、揚，欲卜居於淮，未果。仲夏，南遊吳陵（蘇州），會友賦詩歡歌，飲酒暢懷。秋，歸里過揚州，狀其居後蕭條』。丁耀亢最後一次南行是在清順治十六年（公元1659年，己亥年），『六十一歲。授福建惠安令。十月，赴任，由海入淮泛運河南下，歲暮達蘇州』。清順治十七年（公元1660年，庚子年），『六十二歲。自姑蘇繼續進發惠安。四月，擬辭官致仕。孟秋，過武林（杭州）補寫《續金瓶梅》「自序」（《太上感應篇陰陽無字解序》）。遊浙閩諸名勝。歲暮，投劾致仕，不赴惠安而返歸至武林』。清順治十八年（公元1661年，辛丑年），『六十三歲。正月，自武林動身北歸，……。三月十六，至諸城故里。……』。

第四，『《續金瓶梅》是丁耀亢的一部重要著作，近十年來，已越來越多地引起了學術界的關注』，『2000年，中國第一歷史檔案館在《歷史檔案》第2期上公佈了順治年間丁耀亢受審案的記錄資料，為丁耀亢研究提供了寶貴的文獻資料，解開了許多長期困擾著人們的一些謎團』，『第一，《續金瓶梅》一書撰寫於順治十七年（公元1660年）；第二，丁耀亢被禍及《續金瓶梅》遭禁原因，系該書「雖為前金、宋二朝之事，但系為違禁撰寫，且於書中又有寧古塔、魚皮國等言辭」，與「淫書」無涉；……』。⑮

在丁耀亢的這部重要著作第十八回《吴月娘千里尋兒，李嬌兒鄰舟逢舊》中，出現了用納甲法進行占卜的情節。

『月娘和小玉、秋菊上了大路，走不多時，只見一個賣卦的瞽者從西走來，拿著那布寫招牌，上是：「看陰陽吉凶婚葬，知八字六壬奇門。」月娘看見是賣卦的，問道：「先生你會占課麼？」那先生道：「占課是大易渾天甲子，那有不知的？」月娘道：「請先生在這林子樹下替我占一課，是人口失散的卦。」那先生取出幾個銅錢，就地鋪下一片黃布，念道：「單單拆，拆拆單。」把錢搖了兩搖，擺在布上道：「是個暌卦。暌者，離也，一時不能即見。世應屬卯，該在東南方上討信。日神是滕蛇，有小人駁雜，喜得子孫宮旺相，日後還有相會之期。」又變了一個家人卦：「這卻好了！且喜天月二德，到

⑮林衛東、高永生：《丁耀亢作品的版本及其他》，《山東圖書館季刊》2004年第4期。——鼎升註

處有救，貴人扶持，到前邊就有信了。」占課已畢，月娘沒帶著錢，取下一個戒指，有一錢五分重，送與先生去了。』⑯

從這段情節的描述中，顯然可以看出丁耀亢並不精通納甲法，甚至還可以說是原本就沒有登堂入室。那麼，據《增刪卜易・八宮六十四卦名章》中的說法，丁耀亢是如何有『野鶴』『數十餘年之積學』的呢？

至此，我認為丁耀亢並非《增刪卜易》的作者之一野鶴老人。

Ⅳ對野鶴老人真實身份的猜想

野鶴老人占過的卦、在《增刪卜易》中存錄的，都是李文輝經由李我平之手過錄而來，而在傳至李我平手中之前，又不知曾被過錄幾次，錯訛難免。

如《終身財福章》中有一卦，『戌月辛亥日，占終身財福。得比之觀』。從反饋記錄中，可以得知此人『在丑年占卦，果至卯年，彼時鼎定之初，雲貴未平，此人於川中帶出附子、黃連藥材數擔，勃然家蓄數千餘金，從此置業成家，連年豐足』。李文輝從清順治七年（公元1650年，庚寅年）纔開始學習占卜，那麼此卦極有可能是野鶴老人所占。但清王朝鼎定於清順治元年（明崇禎十七年，公元1644年，甲申年），經查萬年曆，從明崇禎十年（公元1637年，丁丑年）至清康熙二十四年（公元1685年，乙丑年），俱未查到戌月有辛亥日。此卦顯然有問題。

但如果李文輝《自序》中所言『遂將野鶴及予之占驗』『輯理成部』是事實的話，那麼，經由《增

---

⑯丁耀亢：《丁耀亢全集》，中州古籍出版社，1999年3月1版1刷。——鼎升註

刪卜易》中所存的『野鶴曰』，以及可以推斷是野鶴老人所占的卦中，仍然可以尋找到野鶴老人真實身份的蛛絲馬跡。

野鶴老人年輕時即開始學習占卜，『習《周易》有年』，在『昔者吾友宦遊』時，以『（六十四卦）《全圖》相送』，並告知『賽錦囊』之法，自述『少經離亂，風波顛險，危處叨安，賴此（『賽錦囊』）之力』。而在這篇『賽錦囊』中，涉及到占功名的部分幾近一半。野鶴老人之友『拜領而去，一別二十餘年』後，在感謝野鶴老人之餘，又提供了一些自己按照『賽錦囊』之法占過的卦例。在這些卦例中，有『解餉十萬，行至花山』遇盜之卦，也有『與眾鄉人避亂於山』之卦，可知這二十餘年，是天下大亂的二十餘年。（《增刪卜易・八宮六十四卦名章》）

明崇禎十五年（公元1642年，壬午年），野鶴老人為人『占弟兄』，斷言『此卦大凶』，至明崇禎十七年（清順治元年，公元1644年，甲申年），知悉求測之人『弟兄四人同時被害，大小男女，悉陷賊營』。明崇禎十七年（清順治元年，公元1644年，甲申年），正是明思宗崇禎帝朱由檢登景山自縊，明代覆亡之年。（《增刪卜易・兄弟章》）

明崇禎十六年（公元1643年，癸未年），野鶴老人為人『占防流兵』，至清順治七年（公元1650年，庚寅年）又與求測之人探討卦理。相隔的幾年，正是明亡清興，狼煙四起的幾年。（《增刪卜易・趨避章》）

還有一卦，野鶴老人為某人『占現已有子』，問將來『還有子否』，『後過十餘載，果得四子』。是時野鶴老人又『至其家』，見其中『屬兔者一隻眇眼』，據前卦而斷此子『將來貴顯』。後『此子十四歲入學，因明末大科未舉，考貢首選，官至參政』。『參政』是明代各行省於承宣布政使司之左右布政使下設的佐官，為正三品官員。清入關前六部、理藩院有承政、參政。清順治元年（明崇禎十七年，公元1644年，甲申年）改為尚書、侍郎，參政地位似侍郎。清初各省布政使下酌置參政、參議，多由道員兼。清乾隆十八年（公元1753年，癸酉年）後不再置。但從行文來看，占斷時間和後來的事實反饋應該都在有明一代，那麼野鶴老人從占斷此卦開始，至知道此子官至參政，最保守的估計，也應該跨越了二三十年。（《增刪卜易・子嗣章》）

根據以上事實推測，野鶴老人當卒於清順治七年（公元1650年，庚寅年）之後，平生結交官貴不少，《增刪卜易》的雛形、野鶴老人的占驗抄本也應是在此年之後開始流傳。而如果按野鶴老人壽至六七十歲計算，則野鶴老人當生於明萬曆年間（公元1573年～公元1620年）。

當然這樣還是無法準確考證出野鶴老人在歷史上的真實身份，目前我也只能根據史料提出自己初步的猜想。

錢海岳先生在《南明史》中留有一則很不起眼的小傳：『野鶴道人，世襲指揮使，以武科官狼山副總兵。戰通州北郊七日夜，斬殺過半，不支，走揚州，改姓名，隱天寧寺賣卜。同官幕屬多為大官，薦之，以死力拒。』⑰

此傳所述『戰通州北郊七日夜』，當為清順治二年（公元1645年，乙酉年）史稱『乙酉之變』中的一段事件。時年『清陷揚州，明督師史可法戰死。清屠城10日，殺80餘萬⑱』。

⑰錢海岳：《南明史》，中華書局，2006年5月1版1刷。——鼎升註

⑱柏楊：《中國歷史年表》，海南出版社，2006年11月1版1刷。——鼎升註

通州當時為揚州府治下，『洪武初，以州治靜海縣省人。南有狼山，臨大江，有狼山巡檢司⑲』。而在有明一代，總兵為『鎮守邊區的統兵官，有總兵和副總兵，無品級、無定員。總鎮一方的稱鎮守，獨一路的稱分守，其駐防地稱鎮。遇有戰事，總兵佩將印出兵，事畢繳還⑳』。

錢海岳先生傾一生心血撰修《南明史》，其史才、史識之卓，海內罕有。『野鶴道人』當然不是真名實姓，但連錢海岳先生也未考證出真名實姓的這位『副總兵』，却為『野鶴老人』的猜想提供了空間。

首先，清順治二年（公元1645年，乙酉年）六月，攝政王多爾袞『下令全國男性官民一律剃髮，曰：……，自今布告之後，京城內外限旬日，直隸各省地方，自部文到日，亦限旬日，盡令剃髮。遵依者，為我國之民；遲疑者，同逆命之寇，必置重罪。……』。『此令一出，舉國驚愕，天怒人怨！』㉑『為了緩和這種反抗的鬥爭，清王朝接納了明遺臣金之俊的「十不從」的建議，即「……，儒從而釋道不從，……」。這種「十不從」，雖沒有見之於正式命令和明文規定，但在有清一代的服飾中確實是有這樣情形的。』㉒

既然野鶴道人『同官幕屬多為大官，薦之，以死力拒』，那麼他當是一位激進的反清之士，在當時也應享有一定的聲譽，出家为道或仅是作道士打扮，當是保全其頂上之髮的無奈之舉。『野鶴道人』之

⑲張廷玉等：《明史》，中華書局，1974年4月1版1刷。——鼎升註
⑳臧雲浦、朱崇業、王雲度：《歷代官制・兵制・科舉制表釋》，江蘇古籍出版社，1997年4月1版4刷。——鼎升註
㉑余同元：《崇禎十七年》，東方出版社，2006年10月1版1刷。——鼎升註
㉒周錫保：《中國古代服飾史》，中國戲劇出版社，1986年10月1版2刷。——鼎升註

名或為其自擬，但在清初羅織嚴密的文字獄之下，李文輝一為自保，二為尊敬，或有將此『野鶴道人』易名為『野鶴老人』之舉。

其次，野鶴道人『改姓名，隱天寧寺賣卜』，有搜集整理占卜卦例的生活基礎；而在目前所流傳的野鶴老人《自序》中，有『野鶴曰：爾若垂簾賣卜』之句，又與野鶴道人『隱天寧寺賣卜』的經歷相似。

第三，《增刪卜易》成書於清康熙二十九年（公元1690年，庚午年），『戰通州北郊七日夜』為清順治二年（公元1645年，乙酉年），而如果野鶴老人確實為野鶴道人的話，則根據《增刪卜易》中卦例的記載，野鶴道人至少在明崇禎年間（公元1628年~公元1644年）即有占卜的經歷，那麼據李文輝在其《自序》中轉引李我平之語，『向有野鶴老人，亦存四十餘年之占驗，考證諸書，刪闢其謬。先叔蒞任雲南，得此抄本，生平識趨避之途，皆此書之力』，時間上完全吻合。

第四，清王朝鼎定之後，野鶴道人『同官幕屬多為大官，薦之，以死力拒』，而野鶴道人本人也曾在有明一代『世襲指揮使，以武科官狼山副總兵』，其結交李我平在雲南為官的先叔是完全有可能的，何況據《增刪卜易・鬼神章》所言，野鶴老人『遊遍江湖，曾歷滇黔蜀粵』。

目前所流傳的野鶴老人《自序》中還有『予因少年辨復功名，占過七次，竟有六次而得子孫持世』一句，辨復，是指科舉時代士人因犯法革去功名，後由於申辯而得以恢復。野鶴道人既然『世襲指揮使，以武科官狼山副總兵』，完全有可能辨復過功名。

第五，野鶴道人既為激進的反清之士，其為人為文必為清廷所不喜，那麼張文《序》中所言『野鶴老人學道數十年』，或許是『野鶴道人』改為『野鶴老人』的隱諱之語？

第六，《增删卜易・鬼神章》中有『野鶴曰：……。今下路讀書人亦信此邪神者，予實不解』一句，下路是指長江下游地區，包括江蘇、安徽、浙江等省，一說爲江蘇省的別稱。這也可以部分證明野鶴老人的籍貫是江蘇省，與『世襲指揮使』，『走揚州，改姓名，隱天寧寺賣卜』的野鶴道人的籍貫相似。

對野鶴老人真實身份的猜想至此可以告一段落，但我仍然不能作最後的定論，因為《增删卜易》中還有兩卦也值得推敲，即《父母壽元章》中『丑月庚子日』『先占父壽』『又占母壽』的兩卦。從反饋記錄中，可以得知此兩卦是於『癸酉年』所占，『至乙巳年三十餘載』，『復遇其人』。但是經查萬年曆，在《增删卜易》於清康熙二十九年（公元1690年，庚午年）成書前，最近的有『丑月庚子日』的『癸酉年』是明正德八年（公元1513年，癸酉年），那麼此『癸酉年』後的『乙巳年』則當為明嘉靖二十四年（公元1545年，乙巳年）。而如果此兩卦記載無誤的話，是否也可以說明野鶴老人是生活在明代中後期甚至比明代中後期更早的人物？雖然這種可能性的概率極小，幾乎可以不去考慮。但是否此兩卦也可能是李文輝或野鶴老人、甚至李我平收集的古人的占例？因張文《序》中就有『野鶴老人學道數十年，博覽群書，依書以斷事，廣集占驗、存驗以考書，書之屢驗者存之，不驗者删之』的說法，李文輝《自序》中也有『閉戶二載，遂將野鶴及予之占驗，質證古今卜筮諸書，驗者存之，不驗者删之，內有不合於理者辟之，另得其巧驗者增之』的說法。那麼《增删卜易》中類似的收集的古人的占例又還有多少？是否前文所述『占終身財福』、『占弟兄』、『占防流兵』等卦也是收集的古人的占例？

V 關於李我平與張文

《增删卜易》雖題為『楚江李坦我平鑒定』，但通觀全書，僅在為數不多的章節後附有『李我平曰』，是對《易冒》、《易林補遺》等書中與《增刪卜易》相悖的觀點，以及《增刪卜易》中部分精彩的論述進行的點評。

又據李文輝在其《自序》中所言：『偶於江寧遇同鄉李我平，問予生平所看何書，即以《大全》、《全書》、《海底眼》、《黃金策》、《補遺》、《易冒》諸書以告之。公曰：諸書悉有悖謬。向有野鶴老人，亦存四十餘年之占驗，考證諸書，刪闢其謬。先叔蒞任雲南，得此抄本，生平識趨避之途，皆此書之力。久欲刊傳，因未成帙，尚未舉行。送爾抄閱，自知其妙。』

僅此，當然不足以考證出李我平在歷史上的真實身份。李我平對占卜一道有研究不容置疑，但李文輝稱其為『公』，是對其占卜水準的贊譽呢，還是對其可能是一位官員、或是一位老人的尊稱呢？無法得知。

而關於張文，目前僅知其為山東寧陽人，字維則，亦無從考證出更多的史實。

VI《增刪卜易》版本的傳承

《增刪卜易》一書中，李文輝《自序》題為『康熙二十九年庚午孟夏朔日湖南李文輝敘』，張文《序》題為『時康熙庚午秋七月寧陽維則張文撰』，這應該可以確定《增刪卜易》成書於清康熙二十九年（公元1690年，庚午年）。

《增刪卜易》成書之後，就我目前所見，即有以《增刪卜易大全》、《增刪卜易全書》、《增刪卜易正宗》、《增刪卜易正宗全書》、《重鐫增刪卜易》、《校正增刪卜易》、《考證增刪卜易》、《重訂增刪卜易》、《天下第一卜書》、《重編野鶴卦書》、《野鶴占卜全書》、《野鶴老人占卜全書》、《增刪補易》等為書名在流傳。

而《增刪卜易》流傳的版本也有不少，我把現存較常見的分為三類。

第一類，是被收錄進海南出版社《故宮珍本叢刊》的古吳陳長卿刻本（以下與正文中簡稱為古吳本或原本），題野鶴老人手著、楚江李我平鑒定、古吳陳長卿梓，十二卷，一百三十章（因有『第又某某章』七章，又有篇目中未編序的《防參劾慮大計章》，實際為一百三十八章），卷首有張文《序》與李文輝《自序》。此次校註即是以此為底本。

陳長卿為明末清初刻書家，其人在刻書或翻刻時多題『古吳陳長卿』，且經常保留原書序跋，使人難以考證刻書時間。從目前我所知悉的其人所刻的書籍來看，前始於明嘉靖年間（公元1522年～公元1566年），後迄於清康熙年間（公元1662年～公元1722年），刻書史長達一百四五十年，這說明陳長卿曾大量翻刻前人書籍，又在版權頁上刻上自己的名字。又『據蘇州書界前輩江澄波先生《蘇州古舊書店誌》輯錄，明代啟禎至清康乾時期閶門的書肆就有以下這些：閶門內中街路書鋪、陳長卿的古吳存誠堂、……㉓』，這也間接說明了陳長卿為明末清初享有一定聲譽的刻書家，其本人或其後人均以刻書為業。

據張文《序》後的一段文字所言，此版本於『辛未仲秋改換首卷』。辛未年為清康熙三十年（公元1691年，辛未年），那麼此版本距《增刪卜易》成書只有一年多的時間。但是，由於陳長卿曾大量翻刻前人書籍，此版本是否確實為清康熙三十年（公元1691年，辛未年）所刻，還有待考證，但是此段『辛未仲秋改換首卷』，在目前我所見過的清康熙之後的版本中却未曾再見，當可基本確定此版本是清康熙年間（公元1662年～公元1722年）的版本。加之，一來此版本是我目前見過的內容最為完整、版刻最為

㉓楊旭輝：《『佳玩』史料略談》，蘇州圖書館《讀友》2006年第14期。——鼎升註

精良的版本，二來此版本被收入《故宮珍本叢刊》，『故宮博物院珍藏之圖書，係明、清兩代宮廷藏書之遺存』，『使我國古代許多優秀圖書得以存之』，『這些書均具有「久藏大內，人罕見之」的特點』。㉔ 在尚未發現更早或更好的版本之前，以此版本作為此次校註的底本，我認為還是比較合適的。

同屬於此類的，有我此次校註時重點依據的、清乾隆年間（公元1736年～公元1795年）的敦化堂本《重鐫增刪卜易》（以下與正文中簡稱為敦化堂本），題野鶴老人手著、敦化堂藏板，四卷，一百三十章（因有『第又某某章』七章，又有篇目中未編序的《防參劾慮大計章》，實際為一百三十八章），卷首無張文《序》與李文輝《自序》，有目前流行的『野鶴曰：卜易之道，乃伏羲、文王、周公、孔子四大聖人之心法也』的《增刪卜易・序》。

該版本校勘、版刻總體上佳，較古吳本而言，內容也相對完整，但也有一些字體缺謬、語句脫落、衍文增句、甚至卦例增刪的現象：如《用神原神忌神仇神章》中有『占往營中貨易』、『占防害』兩卦，為古吳本所無，在我目前所見過的其它版本中，如意堂本有而它本皆無；再如《用神原神忌神仇神章》中脫古吳本有的『占父近病』一卦，《原神忌神衰旺章》中脫古吳本有的『占謁貴求財』一卦；又如《月破章》中『又如午月癸卯日，占後運功名』一卦，該本作『又如戊午月癸卯日，占後運功名陞否』，此卦為清康熙二十年（公元1681年，辛酉年）江寧巡撫慕天顏所占，午月自當為甲午月，該本顯然有誤。

同屬於此類版本古籍的，還有我目前搜集到的清嘉慶年間（公元1796年～公元1820年）殘本、清光緒年間（公元1875年～公元1908年）莫鍊石書局版、掃葉山房版、民國廣益書局版、大成書局版、錦

㉔徐升：《淵海子平》，海南出版社，2002年3月1版2刷。整理後記。——鼎升註

章書局版、年代不詳之日本早稻田大學藏版湖社叢話抄本，還有我目前見過的清嘉慶年間（公元1796年～公元1820年）存心堂版、清同治年間（公元1862年～公元1874年）掃葉山房版和霞蘭堂版、清光緒年間（公元1875年～公元1908年）善成堂版、年代不詳之大成堂版、聚和堂版、世德堂版、經元堂版、文秀堂版、三讓睦記版等等。但是，就目前我所見過的清同治年間（公元1862年～公元1874年）之後的版本，都對書中的卦例與語句進行了大量的刪減。如以民國錦章書局版《校正增刪卜易》與敦化堂本相較，雖然卷數、章數、卷首《序》無異，但在《天時章》中即脫十九卦，在《疾病章》中又脫十九卦，等等，而字體缺謬、脫文增句的現象，更是比比皆是。清光緒年間（公元1875年～公元1908年）掃葉山房版《增刪卜易》、民國廣益書局版與大成書局版《校正增刪卜易》也大抵如此。我想其中的原因，除多次翻印導致錯誤增多、以偽傳偽之外，更重要的原因，恐怕是『坊本之壞，無與比倫。蓋書賈射利，遇書價高者輒為翻刻，卷數目錄悉照原本，篇中多所減去，使人不知，一部只貨半部之價，使人爭購之㉕』。

今人整理的同屬於此類版本的主要有：

（一）韓少清先生註譯的《增刪卜易》，中國戲劇出版社2007年1月1版1刷，十二卷，一百三十章（因有『第又某某章』七章，古吳本篇目中未編序的《防參劾慮大計章》計入《占面聖上書叩閽獻策條陳劾奏章》，實際為一百三十七章），書前有韓少清先生《內容提要》與《編註說明》、《序一》與《序二》（實際為張文《序》與張文《序》後的一段『辛未仲秋改換首卷』的文字，韓少清先生將『辛

㉕胡朴安：《古書校讀法》，江蘇古籍出版社，1985年7月1版1刷。——鼎升註

未仲秋改換首卷』的文字誤作張文《序》，將真正的張文《序》誤作李我平所作）、《李文輝敘》、《卷首語》（即目前流行的『野鶴曰：卜易之道，乃伏羲、文王、周公、孔子四大聖人之心法也』的野鶴老人《自序》），書後有韓少清先生《後記》，正文有韓少清先生補註、按、附。據其《編註說明》，『依據康熙二十九年（庚午）石刻版本（1690年）；參考民國十年（辛酉）版本（1921年），上海大成書局印行的《校正增刪卜易》；同時參考民國三十年（辛巳）版本（1941年），上海錦章書局印行的《考證增刪卜易》』。但是據我分析，該書所據底本亦為古吳本，且據該書《後記》所言，可能是韓少清先生註譯此版本僅費時『二月有餘』，底本『影印也不清晰』的緣故，書中有一些脫漏、羨奪、語句顛倒、補註失當之處，並有以己之意輕改古書、將自己補註的文字雜入正文的校讎學之大忌。

（二）乾元亨編著的《增刪卜易校評》，國防大學出版社1993年9月1版1刷，四卷，一百二十四章（因有『第又某某章』之故，實際為一百三十二章，與敦化堂本相較，脫《得地於何方章》、《因何事所傷章》、《修補秘法章》、《再占修補吉凶章》、《新亡附葬祖塋章》，多出從《卦象圖章》中單獨分出的《占卦法章》，其餘脫漏與前所述民國錦章書局版《校正增刪卜易》同），書前有乾元亨《說明》與《整理情況》，正文每章後有乾氏按語。據其《說明》，『所據本子，為民國三十年上海錦章書局版，書名為《考證增刪卜易》』。此書脫漏、羨奪、語句顛倒之處頗多，相較我所見的民國錦章書局版《校正增刪卜易》，反而更失《增刪卜易》的原貌。

（三）題為古典真本的《增刪卜易》（正文中簡稱為海洋本），海洋出版社1992年6月1版1刷，六卷，一百三十章（因有『第又某某章』之故，實際為一百三十八章，與敦化堂本相較，卷數多出二卷、但章數、卷首《序》無異）。此版本不知所據底本為何，似乎為大多將《增刪卜易》分為六卷的清光緒年間（公元1875年～公元1908年）的版本，卦例的脫漏亦同前所述民國錦章書局版《校正增刪卜易》，但是此版本錯誤極多，幾無可讀之處。

（四）孫正治先生註譯的《增刪卜易》（上、下冊），中國戲劇出版社2007年1月1版1刷，十二卷，一百三十章（因有『第又某某章』七章，古吳本篇目中未編序的《防參劾慮大計章》計入《占面聖上書叩閽獻策條陳劾奏章》，《卦象圖章》中的《占卦法》單獨列爲《占卦法章》，《三刑章》中的『《六害章》全無應驗，删之不錄』一句單獨列爲《六害章》，《納寵章》中的《占配僕》單獨列爲《配僕章》，實際爲一百四十章），書前有孫正治先生《前言》、《張文序》、《李文輝自序》、《野鶴老人自序》，正文有孫正治先生的註釋、今譯。據其《前言》所述，『本書的校正工作以中國戲劇出版社出版、由韓少清點校的版本爲主要依據，儘管這個版本出現晚，錯誤多，校正困難很大；同時參考了民國三十年上海錦章書局的《考證增删卜易》、上海大成書局印行的《校正增删卜易》、國防大學出版社出版的乾元亨點校的版本，以及互聯網上的多種版本，此外還參考了鼎升先生校註《增删卜易》的手記等資料，訂正了許多錯誤，補充了許多卦例，以至實際上成了一件百衲衣』。值得注意的是，此書的出版社、中國版本圖書館CIP數據號與版次、書號竟與韓少清先生註譯的《增删卜易》完全相同，恐是書商套版所致。

第二類，是臺灣國家圖書館收藏的《野鶴老人書》抄本（以下與正文中簡稱為李紱抄本），題李我平鑒定、野鶴老人著、李文輝增删、臨川李紱手錄，十五卷，卷首有張文《序》與李文輝《自序》，卷末有《雜說附》與李紱《跋》，《雜說附》上有眉批。李紱抄本前無篇目，正文中亦未將篇目編序，與古吳本、敦化堂本相較，除《進神退神章》中缺『丑月癸卯日，占妻病，服此藥愈否』一卦，《用神原神忌神仇神章》中缺『占往營中貨易』、『占防害』兩卦外，其餘卦例完整。李紱抄本卷末《雜說附》與其上眉批，則為李紱據《易隱》、《易林補遺》等書自行抄錄。

李紱，生於清康熙十二年（公元1673年，癸丑年），卒於清乾隆十五年（公元1750年，庚午年）。㉖據《清史稿》記載，李紱，字巨來，江西臨川人。少孤貧，好學，讀書經目成誦。清康熙四十八年（公元1709年，己丑年），成進士，後累遷至廣西巡撫、直隸總督等職。

書中李紱寫於清康熙三十七年（公元1698年，戊寅年）的《跋》所言：『予素好易學，……。丁卯歲，偶得《野鶴老人書》，……。予承乏鹽邑，無所事事，因手錄一編，以識誠敬。』但是清康熙年間（公元1662年~公元1722年）唯一的丁卯年為清康熙二十六年（公元1687年，丁卯年），此時《增刪卜易》尚未成書，書中如何可能出現直至清康熙二十八年（公元1689年，己巳年）兩廣總督吳興祚（《千金賦》『動逢合而絆住』條文）的宦海沉浮？仔細推想，此丁卯歲當為丁丑歲之筆誤，而丁丑歲為清康熙三十六年（公元1697年，丁丑年），與李紱抄錄《野鶴老人書》的時間僅差一年。而此又可證實，李紱抄本確實是在《增刪卜易》成書之後抄錄的。

李紱抄本最大的問題在於對《增刪卜易》中的敘事部分進行了刪削，又對俚俗或論理不徹的文字進行了潤色與增補，而占卜一道，最重事實的反饋，任意刪削、潤色與增補，不僅使原書失去了原貌，也容易使後人據此抄本學習時，產生對卦例的誤讀與誤解。

如古吳本李文輝《自序》中李文輝早年學習占卜前的經歷，李紱抄本僅用『予幼季』三字來概括，

㉖江慶柏：《清代人物生卒年表》，人民文學出版社，2005年12月1版1刷。——鼎升註

春秋筆法，鬼斧神工，一嘆！

又如《進神退神章》中『酉月庚戌日，占何年生子』一卦，古吳本作：

『寅木子孫持世而化進神，寅木旬空，卯木空而且破，許之寅卯年，實空實破，一定連生。此人年未三旬，妻無所出，婢女極多，子年占卦，及至寅、卯年，妻婢同生，自三十一以至四十五歲，連存九子。』

而李紱抄本作：

『寅木子孫持世而化進神，寅木旬空，卯木空而且破，許之寅卯年，實空實破，一定連生。如期妻婢同生，得九子焉。』

很顯然『寅卯年』『連生』『得九子焉』與『自三十一以至四十五歲，連存九子』的差別極大。

再如在《八宮六十四卦名章》中『占疾病者，若得六沖卦，近病不藥而愈，久病妙藥難調』一句下，李紱抄本用小字錄出『八宮之首卦，及天雷无妄、雷天大壯，此十卦為六沖，其餘俱非』一句，很顯然是自行添加的。

而對俚俗文字進行潤色的情況，在李紱抄本中更是比比皆是：如將《新亡附葬祖塋章》中的『殊不知《周易》講理，不尚華辭，文法雖足可觀，其實令人噴飯』改作『夫《周易》講理，因理達數、因數窮理，理數相推，能事畢矣！何事紛紛聚訟為？』，將《隨鬼入墓章》中的『此論隨墓，令人刮目』改作『此論隨墓，理殊真確』，等等。

既然《增刪卜易》成書在前，而李紱抄錄《野鶴老人書》在後，顯然可以證明是李紱在抄錄時自行將這些敘事部分刪削去，又對俚俗或論理不徹的文字進行了潤色與增補。我推想刪削及對文字進行潤色、增補的原因，可能是李紱抄錄此書僅是供自己學習之用，但陰差陽錯，却在不經意間成了一個傳世的版本。當然這種推想也並非向壁虛造，即如李紱抄本卷末《雜說附》上的眉批，雖為李紱據《易林補遺》等書抄錄，但對《易林補遺》等書也進行了刪削與文字的潤色、增補。此外，還有一種概率極低的可能，即李紱所據以抄錄的底本，已經是被不知什麼人刪削與潤色、增補過的。

但是極為珍貴的是，李紱抄錄時的態度極為嚴謹，不僅文字上的錯誤極少，而且很多地方也可補古吳本與敦化堂本的不足。

如《獨發章》中『占請迎父王靈柩允否』的連續兩卦，古吳本與敦化堂本第二卦俱脫日月建『巳月丁卯日』，而李紱抄本未脫。

又如《千金賦》中，古吳本與敦化堂本俱脫『空逢沖而有用』的條文，而李紱抄本未脫。

再如《終身財福章》中『衰世遇扶，因人刱立』條文下一句，古吳本與敦化堂本俱作『屢見日月生世，貴人生世，常得官貴垂青』，而李紱抄本作『野鶴曰：屢見日月生世，貴人生世，每得官貴垂青』。

再如《尋地章》中『卯月戊子日，占地』一卦中的一句，古吳本與敦化堂本俱作『後竟葬之。四年之內，二男一女，相繼而卒，自身又得半身不遂之疾。愚人不怨於己，反怨祖父，起材暴露而不葬。遲二年身死，一同暴露，竟至沒後。應酉年者，謂之再沖之年』，而李紱抄本作『辰年葬後，男女相繼而卒，自身亦得不仁之疾，至酉年而死，遂致絕嗣。應酉年者，謂之再沖之年』。

這些已可證實，李紱抄錄時所據另有比古吳本更早或更好的底本，但更有可能的是李紱抄錄時用功極深，根據他書與自己的思考，補足、修訂了底本中脫漏與錯誤的內容，所以我在此次校注時，也將李紱抄本作為重點依據的一個版本。

今人整理的同屬於此類版本的主要有：

（一）臺灣宋林出版社1997年初版2刷的吳霖先生編著的《野鶴占卜全書》、臺灣武陵出版有限公司2005年4版5刷的《野鶴老人占卜全書》，這兩個版本正文與李紱抄本內容一致，前者未分卷，後者分七卷。二者相較，宋林版正文的文字更忠實於李紱抄本，因其衍字脫字也一並照錄；武陵版正文的排版則更忠實於李紱抄本，因其以不同字體將條文、頂格、『李我平曰』、『按』等諸項內容區分得非常清晰。宋林版前另有今人徐宇蕽先生《序》而無張文《序》；武陵版前存張文《序》與李文輝《自序》，後無李紱《跋》。但是這兩個版本卻俱脫《已定重罪》一章，究其原因，可能是這兩個版本並非真正是從臺灣國家圖書館的影印本進行過錄，我手頭還有一本坊間翻印的李紱抄本，《已定重罪》一章即只存章名而無具體內容。

（二）鄭景峰先生編著的《增註第一卜書》，臺灣大孚書局有限公司1999年初版1刷。十五卷，書首有張文《序》、野鶴老人《自序》（實際為李文輝《自序》）、鄭景峰先生《自序》，書中正文與李紱抄本內容一致，正文前有鄭景峰先生增註的《簡易卜卦過程》、《感情卦判斷大原則》、《財運卦判斷大原則》、《專論『終身卦』》、《六十四卦解釋》、《亂卦形成原因》，正文後有鄭景峰先生增註的《附錄・卜卦實例解說》，正文中還偶有『鄭景峰曰』，是鄭景峰先生對正文中疑難處的點評。此版本中有《已定重罪》一章，但與李紱抄本卻不完全一致：李紱抄本該章最後一句為『雖定輕罪防改重刑』，該版本卻作『雖定輕罪擬改重』，可能是抄錄自類似於民國錦章書局版《校正增刪卜易》一類的版本。

（三）徐宇蕽先生補註的《補註野鶴占卜全書》，臺灣宋林出版社2006年初版2刷。該版本是在臺灣宋林出版社1997年出版的吳霖先生編著的《野鶴占卜全書》基礎上，徐宇蘉先生用硬筆將自己對卦理的理解補註於每卦之側，言簡意賅，天心直指。與臺灣宋林出版社1997年出版的吳霖先生編著的《野鶴占卜全書》相較，書前多出徐宇蘉先生軟筆手書的序文一篇，書後少《卦義》一篇。

（四）張清吉先生校點的《丁耀亢全集》中的《增刪補易》，中州古籍出版社1999年3月1版1刷，題野鶴老人著、李我平鑒定、李文輝增刪，十五卷，一百五十七章（實際內容與李紱抄本一致，但將李紱抄本中的《雜說附》及《雜說附》上的眉批歸入正文，並將篇目重新編序），書首有目前流行的『野鶴曰：卜易之道，乃伏羲、文王、周公、孔子四大聖人之心法也』的野鶴老人《自序》、張文《序》與李文輝《自序》，書末有李紱《跋》。《丁耀亢全集・校點後記》中言『《增刪補易》為青州藏書家李文藻過錄的乾隆抄本』。

李文藻，生於清雍正八年（公元1730年，庚戌年），卒於清乾隆四十三年（公元1778年，戊戌年），㉗山東益都人，清乾隆二十六年（公元1761年，辛巳年）進士，官至廣西桂林府同知。李文藻是有清一代的知名藏書家、金石學家、史學家及文學家，學問廣博，一生嗜書，藏書甚豐。

此版本按說是經李文藻之手整理後的過錄本，校勘自當嚴謹，但是此版本相較李紱抄本而言，有一些脫漏之處，並且出現了一些字形形似的錯誤，尤其是將書名《增刪卜易》誤作《增刪補易》更是令人難以接受，恐是校點者或出版者對占卜之學研究不深，或又參考了其它版本所致。

（五）胡焰棠先生策劃主編的《白話野鶴占卜全書》，臺灣文國書局2009年7月1版1刷，六卷，書首

㉗江慶柏：《清代人物生卒年表》，人民文學出版社，2005年12月1版1刷。——鼎升註

有策劃主編者《前言》、《序一》與《序二》（《序一》與《序二》實際為張文《序》與張文《序》後的一段『辛未仲秋改換首卷』的文字，策劃主編者將『辛未仲秋改換首卷』的文字誤作張文《序》，對真正的張文《序》却未提撰者）、《李文輝敘》、《卷首語》（即目前流行的『野鶴曰：卜易之道，乃伏羲、文王、周公、孔子四大聖人之心法也』的野鶴老人《自序》）。此版本雖名為『白話』，但實際正文與李紱抄本內容一致，策劃主編者并未將文言文譯成白話文，正文中還有策劃主編者『按』、『註』、『註解』、『補註』，是策劃主編者對正文中疑難處的點評、註釋以及補充，但有些『按』、『註』、『註解』、『補註』却犯了雜入正文的校讎學之大忌，又與韓少清本對照，這些『按』、『註』、『註解』、『補註』很多是錄自韓少清本，且對韓少清本的錯誤之處也一併照錄。此版本脫《雜說附》與李紱《跋》，亦脫《已定重罪》一章。

第三類，是百衲本，均為今人整理。此類版本的特點是在李紱抄本的基礎上，與它本補綴在一起，有些地方仍用李紱抄本，有些地方却加入李紱抄本中所沒有的、它本所有的敘事部分。這類書的整理者，應該是發現李紱抄本敘事少而卦例全，它本敘事多而卦例少，在沒有找到類似古吳本或敦化堂本這樣完整的版本時所作。

屬於這類版本的主要有：

（一）臺灣如意堂書店的《重編野鶴卦書》，1999年12月初版，題野鶴老人撰，四卷，書首有張文《序》、李文輝《自序》、編者《序》、目前流行的『野鶴曰：卜易之道，乃伏羲、文王、周公、孔子四大聖人之心法也』的《增刪卜易序》。此版本據編者《序》所言：『本書編輯時參考：康熙庚午年（一六九〇）正古籍木刻版（原書四卷）與光緒丁未年石印版，重編古籍要有二種以上的版本纔能核對！』雖說體現了編者嚴謹的治學態度，但是正文中補綴痕跡却非常明顯，也偶有輕改古書的地方。

然而此版本編者補綴甚勤，對《增刪卜易》的正文整理得也較為完整，如《用神原神忌神仇神章》中有『占往營中貨易』、『占防害』兩卦，我除在敦化堂本中見過之外，它本再無。此版本正文中還偶有對生僻字詞的釋義，有助讀者讀通《增刪卜易》。我在此次校註時也重點參考了此版本。

（二）王虎應先生編著的《增刪卜易評釋》，新加坡時輪造化有限公司2006年出版，四卷，一百三十章（因有『第又某某章』七章，《防參劾慮大計章》計入《占面聖上書叩閽獻策條陳劾奏章》，實際為一百三十七章），書首有王虎應先生《今序》、張文《序》、李文輝《自序》。該書的最大特點是王虎應先生在書中加入多處『新評釋』及佐證卦例，於後學者讀通《增刪卜易》功莫大焉。

Ⅶ 關於校註

校註《增刪卜易》前，我曾有意識地學習過一段時間校勘學前輩的著作，所學所感所用，於我是要受用終身的。

胡適先生曾對校勘學前輩陳垣先生所作的《元典章校補》及《釋例》有過一段議論，十分精當：『我要指出援菴先生的《元典章校補》及《釋例》有可以永久作校勘學的模範者三事：第一，他先搜求善本，最後得了元刻本，然後用元人的刻本來校元人的書；他拼得用極笨的死工夫，所以能有絕大的成績。第二，他先用最古刻本對校，標出了所有的異文，然後用諸本互校，廣求證據，定其是非，使我們得一個最好的，最近於祖本的定本。第三，他先求得了古本的根據，然後推求今本所以致誤之由，作為「誤例」四十二條，所以他的「例」都是已證實的通例，是校後歸納所得的說明，不是校前所假定的依據。』㉘

㉘陳垣：《校勘學釋例》，中華書局，2004年7月新1版1刷。元典章校補釋例序。——鼎升註

這段議論總結的『可以永久作校勘學的模範者三事』，我想，我在校註《增刪卜易》的過程中，已經毫不含糊地做到了。

首先是版本的搜尋與對校。出於對《增刪卜易》的喜愛，我自1995年起，就開始多方搜尋版本，在2006年購得敦化堂本且逐字校註近兩遍的時候，又購到了古吳本，相較之下，決定以古吳本作底本，重新開始校註。這樣雖然影響了進度，但一來可以更好地研究《增刪卜易》傳承過程中版本的致誤之由，二來在尚未發現更早或更好的版本之前，兩本對校，『拚得用極笨的死工夫』，可以使校註本更接近《增刪卜易》祖本的原貌。之後，我又用從臺灣國家圖書館影印出的李紱抄本進行逐句對校，雖然李紱抄本對《增刪卜易》中的敘事部分進行了刪削，又對俚俗或論理不徹的文字進行了潤色與增補，但是全書的框架依然完整，依然可作校勘的依據。這樣幾次下來，就使三個版本中重要的相異之處得以集中體現。

其次是諸本互校。我將三個版本中重要的相異之處歸納，逐本查閱手頭擁有的其餘二十多個版本。因為『凡是考證方面的工作，愈後出的，愈較精密。學者們斷不可抱持「尊古卑今」的陋見，任意輕蔑近人的寫作，相反地應十分加意珍重它㉙』。而經古吳本、敦化堂本、李紱抄本對校後的文本，雖已接近了《增刪卜易》祖本的原貌，但之後的版本，也還有一些地方稍有相異，遂部分加以採納。

第三是註釋和考證。『段氏玉裁云：「校書有二難：一底本之是非，一立說之是非。必先定其底本之是非，而後可斷其立說之是非。」』㉚ 在校註《增刪卜易》之初開列校註計劃的時候，我根本沒有想

㉙張舜徽：《中國古代史籍校讀法》，雲南人民出版社，2004年11月1版1刷。——鼎升註

㉚胡朴安：《古書校讀法》，江蘇古籍出版社，1985年7月1版1刷。——鼎升註

到這部分的工作會最為艱苦，所占的時間比重也最多，這是因為我嚴格遵循了『絕不妄逞臆見，輕於改字』和『從廣泛的材料中找校勘的依據』的原則，也正因為如此，我在進行這部分工作時發現的《增刪卜易》原書中的錯誤也最多。書非校不能讀也，信乎哉！

（一）對生僻字詞與地名、官制、科舉制的註釋。

《增刪卜易》的兩個主要作者野鶴老人與李文輝，都是終身遊走於官場之間，書中所占的卦，也大多涉及到科舉與陞遷，以及官場中人生活的方方面面。而此書的取材範圍跨越明清兩代，有些名詞，甚至有諸本工具書記載不一或不記載的情況：如『僉事』，《辭海》㉛記載為『清初沿用，乾隆時廢』，《辭源》㉜記載為『清廢』，雖說《辭源》所說也不完全為錯，但對於考證史實却顯得粗糙了點；又如『配僕』，我目前查過的工具書中俱未有此詞條，後來通過翻閱清代婚姻制度的一些書籍和論文，纔綜合歸納為一個比較合理的解釋：『配僕，即買奴婢，且不分男女。清代奴婢買賣的契約，有相當一部分是以「婚書」（舊式結婚的文約）的形式來作為文字憑證的，是奴婢被賣、進入主家，成為「卑幼」的法律憑據。奴婢沒有人身自由，其自身和子孫均是主人的財產，主人有權將其出賣、轉送他人。法律上，奴婢處於主人子孫的位置。』

這樣的例子還有很多。我的註釋原則是，以《明史》、《南明史》、《清史稿》、《清實錄》及相關地名、人名、歷史專業辭典為主，以《辭海》與《辭源》等綜合性辭典、今人論文與專著為輔，言必

㉛《辭海》，上海辭書出版社，1980年2月1版2刷。——鼎升註

㉜《辭源》（修訂本），商務印書館，1979年7月修訂1版1刷。——鼎升註

有據，且按照擇其早與擇其優的原則甄選，對於重要的詞條，則盡量做到諸本互參。

此外，在《附錄》中，我還特意編寫了《清初的官制與科舉制》一文。

（二）對引文的補註。

《增刪卜易》的『增刪』一詞，來自李文輝的《自序》：『閉戶二載，遂將野鶴及予之占驗，質證古今卜筮諸書，驗者存之，不驗者刪之，內有不合於理者闢之，另得其巧驗者增之，……。』其所『質證』的『古今卜筮諸書』，大體以《卜筮全書》、《易冒》為主，《易林補遺》、《海底眼》、《卜筮大全》為輔。對於《增刪卜易》中援引的這些『古今卜筮諸書』，《增刪卜易》並未逐字準確照錄，所以我都盡可能地找到了這些『古今卜筮諸書』較早的版本，逐條補註。

如《星煞章》中有云：『《易冒・疾病章》云：「十卦不死，星煞不死，用神生者即生，用神死者必死。」』現在流傳的一些版本，將『十卦』誤作『卜卦』，就是因為不明白『十卦』的準確含義。而清康熙三年（公元1664年，甲辰年）江蘇巡撫採進本《易冒・疾病章》原文作：『考之占驗，四滅沒不死，十卦不死，無鬼無財不死，身空命空不死，凶煞不死。則其所以死者，必用神死則死，用神生則生爾。』其對十卦的解釋為『明彝、觀、賁、大畜、豐、同人、蠱、夬、需、臨是也』。

又如《趨避章》中『世在外，尅在外，宜於家居』條文下有云：『《出行章》云：「路上有官休出外，宅中有鬼莫居家。」』但據明崇禎三年（公元1630年，庚午年）金閶翁少麓梓行的《卜筮全書》所載，實際當出自《卜筮全書・黃金策・求財》，且其原文作：『路上有官休出外，宅中有鬼勿居家。』

此類極多，不再一一列出。

（三）對史實的考證。

有些卦例產生的疑問，則可以通過對史實的考證予以釐定。

如《趨避章》中『尅在內，世在外，宜於外避』條文下有『占流年』一卦，古吳本與李紱抄本俱作『寅月丁未日，得益之睽』，敦化堂本作『寅月丁卯日，得益之睽』，但這三個版本實際排卦却都是『噬嗑之睽』。按照從早的原則，我首先認定日月建是『寅月丁未日』；又按照從眾的原則，認定『益之睽』是『噬嗑之睽』之誤；再根據此卦附在『尅在內，世在外，宜於外避』條文之下，認定『噬嗑之睽』與條文之意相符。

又經查證《清史稿》與《清實錄》中對地震的記載，證實此卦反饋中的『七月』『廿八地震房塌』，當為清康熙十八年（公元1679年，己未年）京師地震。據《清史稿・聖祖本紀一》記載：『十八年秋七月庚申（9月2日，七月二十八日），京師地震，詔發內帑賑恤，被震廬舍官修之。』而此年的寅月有丁未日却無丁卯日。

此類需要多方考證的，在書中也還有一些，不再一一列出。

（四）對各版本異同的甄別。

1. 對敦化堂本與古吳本中所有可能產生歧義之處，均一一註明：可以認定是古吳本誤而敦化堂本正確的，據敦化堂本改正原文，並註明古吳本原文與改正的理由；無法認定的，保留古吳本原文，註明兩個版本的異同。

2. 由於李紱抄本的行文與古吳本、敦化堂本均不同，僅在極個別處古吳本與敦化堂本俱脫漏、錯誤的地方據李紱抄本改正，且註明改正的理由與幾個版本的異同；對於李紱抄本與古吳本、敦化堂本大面積不同且李紱抄本應該更為準確之處，保留古吳本原文，僅僅加註。

3. 對除古吳本、敦化堂本與李紱抄本之外，其餘版本中的重要不同之處，僅僅加註；極個別處有按照其餘版本或文意修改的地方，也一一註明諸本的不同之處。

（五）其它。

1. 對古吳本總目中的章目有與內文中章目文字不同的地方，據內文修改；按照總目，對『防參劾慮大計章』單獨分章並編序；按照內文文意，對『占卦法』單獨分章並編序。

2. 除每卷前另加『山西李凡丁鼎升校註』、每卷后另加『增刪卜易卷某終』（原本每卷后或作『增刪卜易卷某終』，或作『某卷終』，或無）、極個別段落適當重排、頂格和卦象的文字以不同字體區分外，全書正文體例一如古吳本原貌，不作任何修改。

3. 史實的考證、理論的補充說明或有疑問的卦例、個別文字較長的註釋編成『鼎升曰』，以楷體加括號加入正文；其餘所有註釋均為腳註，腳註末註明『鼎升註』三字，以示與原文區別。

4. 對每卷的生僻字詞與地名、官制、科舉制等的註釋，僅在每卷第一次出現時加腳註。

5. 古吳本中卦象大多作簡排，如『子孫申金』作『子申』，『妻財子水』作『財子』，現全部統一作全排，即『子孫申金』、『妻財子水』的格式，不再一一註明。

6. 古吳本中作為第一人稱的『余』與『予』有混用的現象，現全部統一作『予』，不再一一註明；由於古吳本亦屬坊本，其中多有被清代官方稱作『俗體』、『破體』或『省體』的字，且亦有混用的現象，如『礙』與『碍』混用、『醫』與『医』混用、『灣』與『湾』混用、『效』與『効』混用、『竊』與『窃』混用、『鬥』与『鬬』混用，等等，現全部統一作『礙』、『醫』、『灣』、『效』、

「竊」与「閂」等，不再一一註明；對於專有名詞如「无妄」、因避諱而產生的「明彝」、「元武」、「邱墓」等則保持原貌，不再一一註明。

7. 標點時依據《標點符號實用手冊》㉝與《〈校勘學釋例〉、〈史諱舉例〉簡體橫排標點本說明》㉞的作法。

8. 《附錄》中的《增刪卜易·序》出自敦化堂本，《雜說附》與《跋》出自李紱抄本，由於不屬於古吳本的體例，僅原文過錄與標點，未作校註。

9. 除引用部分保持原出處原貌外，公曆年、月、日以阿拉伯數字表示，歷史紀年、干支紀年和夏曆月日以漢字表示。

以上三點，版本的搜尋與對校、諸本互校、註釋和考證，就是我在校註《增刪卜易》時所作的全部工作。特別需要說明的是，我在書中的註釋和考證部分，雖然已經經過認真的比對與斟酌，但也不敢說絕對沒有錯誤，如果有人要在別處轉引，請務必說明。這不僅牽涉到著作權的問題，更重要的是對讀者負責、對學術良心負責。

『校勘的工作只是嚴密的依據古本，充分的用我們所用的知識學問來決定那些偶有疑問的異文的是非，要使校定的新本子至少可以比得上原來的本子，甚至於比原來的刻本還更好一點。如此而已！』㉟

按照胡適先生對校勘工作的這段要求，我想，我作的應該可以及格。

㉝蘇培成：《標點符號實用手冊》，中國社會科學出版社，1994年4月1版1刷。——鼎升註

㉞陳垣：《校勘學釋例》，中華書局，2004年7月新1版1刷。附錄。——鼎升註

㉟陳垣：《校勘學釋例》，中華書局，2004年7月新1版1刷。元典章校補釋例序。——鼎升註

我對《增刪卜易》的搜尋與研究，迄今已經二十年。但限於學力與所見，此次校註雖已竭盡全力，錯誤與遺憾也依然難免，只好先求諸讀者方家，以俟再訂。

伏案校註的過程中，總是不自覺地憶起清乾隆年間（公元1736年～公元1795年）紀曉嵐先生的一首七言詩，心有戚戚，感慨良多：

半生心力坐消磨，紙上煙雲過眼多。
擬築書倉今老矣，只因說鬼似東坡。㊱

是為序。

2015年9月
李凡丁（鼎升）於山西太原城西水系抱月湖畔
441352211@qq.com
http://blog.sina.com.cn/zengshanbuyi

㊱紀昀：《全本閱微草堂筆記》，巴蜀書社，1997年6月1版1刷。——鼎升註

序

易書以揲蓍①求卦之法，示人趨吉避凶之機，諸先賢在說②闡明，各精其義，莫不謂詳且盡矣。野鶴老人學道數十年，博覽群書，依書以斷事，廣集占驗，存驗以考③書，書之屢驗者存之，不驗者删之。如單用世爻，使人有一定之見；删去卦身、世身、星煞、本命，使人無岐路④之疑。其談旬空、月破、刑沖、進神，別有奧理⑤；墓絕、生旺、動散、反伏，剖晰⑥真僞；財、官、父、子，法用分占。盡闢⑦諸書之訛，獨出一心之悟；發先賢未發之理，啓後人易曉之門。惜未成帙⑧問世。覺子得之，不忍秘爲枕中

---

①『揲蓍』，音shéshī【蛇濕】。以蓍草卜卦。用蓍草五十，先取其一，餘四十九分爲兩疊，然後四根一數，以定陽爻或陰爻。——鼎升註

②『在說』，留存的言論或學說。——鼎升註

③『考』，推求，研究。——鼎升註

④『岐路』，錯誤的道路。『岐』，同『歧』。——鼎升註

⑤『奧理』，深奧的義理。——鼎升註

⑥『剖晰』，分析，辨析。——鼎升註

⑦『闢』，駁斥，排除。——鼎升註

⑧『帙』，音zhì【治】。用來包書的套子，用布帛製成。因即謂書一套爲一帙。——鼎升註

藏⑨，加以增刪，編輯成書，亟⑩命剞劂⑪，求序於予。予曰：野鶴有覺子而野鶴傳，覺子有野鶴而覺子亦傳矣。是爲序。

時　康熙庚午⑫秋七月寧陽⑬維則張文撰

⑨『枕中藏』，藏在枕匣裏的書。指珍秘的書籍。——鼎升註
⑩『亟』，音jí【急】。急切。——鼎升註
⑪『剞劂』，音jījué【基決】。刻刀。後因泛稱書籍雕版。——鼎升註
⑫『康熙庚午』，清康熙二十九年，公元1690年。——鼎升註
⑬『寧陽』，今山東省寧陽縣。——鼎升註

辛未⑭仲秋⑮改換首卷

此書首卷，自前十三篇起至二十四篇止，另有一段秘法，單教世之全不知五行生剋之士，亦不必念卦書，只要學會點卦，就知決斷吉凶：知功名之成敗，知財物之得失，知疾病之死生，知禍福之趨避。此四宗大事，竟不必念卦書，則知決斷，乃野鶴老人苦心⑯於世之秘法，萬兩黃金無處求。

⑭『辛未』，清康熙三十年，公元1691年。——鼎升註

⑮『仲秋』，秋季的第二個月，即農曆八月。因處秋季之中，故稱。——鼎升註

⑯『苦心』，辛苦地用在某些事情上的心思或精力。——鼎升註

自序

易之理微⑰乎？曰：微。庖犧氏⑱以一畫開天，始作八卦，通神明之德，類萬物之情；文王周孔⑲繫象、繫爻、繫象⑳，闡明先天㉑至理，精義㉒入神㉓，惟聖人而後知聖人也。

---

⑰「微」，精深，微妙。——鼎升註

⑱「庖犧氏」，即伏羲，古代傳說中的部落酋長。相傳他始畫八卦，教民捕魚畜牧，以充庖廚。又名包犧、宓羲、伏戲。——鼎升註

⑲「文王周孔」，即周文王、周公、孔子。周文王，姓姬名昌。殷時諸侯，居於岐山之下，受到諸侯的擁護，曾被紂囚於羑里。後獲釋，爲西方諸侯之長，稱西伯。子周武王起兵伐紂，滅殷，建立周王朝。周公，姓姬名旦，周文王子，輔助周武王滅紂。周代的禮樂制度相傳都是周公所制訂。孔子，名孔丘，字仲尼。春秋魯國陬邑（今山東省曲阜市）人。曾長期聚徒講學，開私人講學的風氣。古文學家說他曾刪《詩》、《書》，定《禮》、《樂》，贊《周易》，修《春秋》。他的思想經過系統化，形成爲儒家學派。孔子本人也被歷代統治者尊爲至聖先師。——鼎升註

⑳「繫象、繫爻、繫象」，六十四卦，有說是伏羲所自重，有說是周文王所重；卦辭爻辭，有說是周文王所作，有說卦辭是周文王所作，爻辭是周公所作；《彖》、《象》、《繫辭》、《文言》、《序卦》之屬十篇，即所謂《十翼》者，相傳皆孔子作。然而此等傳說，俱乏根據。——鼎升註

㉑「先天」，指伏羲所作之《易》。——鼎升註

㉒「精義」，精深微妙的義理。——鼎升註

㉓「入神」，水平高妙，表達傳神。——鼎升註

微乎，易乎！迨㉔鬼谷㉕之後，諸名賢繼起，别爲五行生尅、世應向背之理，父子兄弟爻、妻財官鬼爻，各以其事爲類，以前民㉖用，而闡聖教㉗。善卜者卜之，不善卜者亦卜之，較先聖人揲蓍㉘求卦之法，更簡而便，其爲趨吉避凶，更明而顯也。

往㉙予幼年，隨先大人㉚宦遊㉛粤西㉜，遇參兩㉝徐先生，卜予兄云：將來繼起者此子，立功封爵，惜

㉔『迨』，音dài【代】。等到。——鼎升註

㉕『鬼谷』，即鬼谷子。戰國時縱横家之祖，傳説爲蘇秦、張儀師。楚人，籍貫姓氏不詳，因其所居號稱鬼谷子或鬼谷先生。——鼎升註

㉖『前民』，語出《周易・繫辭》：『是以明於天之道，而察於民之故，是興神物以前民用。』前，先導也，此句言聖人取蓍草以占事，作人民用以占事之先導。後以『前民』謂引導人民。——鼎升註

㉗『聖教』，儒家稱禹、湯、文、武、周公、孔子等的教導爲聖教。——鼎升註

㉘『揲蓍』，音shéshī【蛇濕】。以蓍草卜卦。用蓍草五十，先取其一，餘四十九分爲兩疊，然後四根一數，以定陽爻或陰爻。——鼎升註

㉙『往』，過去。——鼎升註

㉚『先大人』，此處指死去的父親。——鼎升註

㉛『宦遊』，外出求官，作官。——鼎升註

㉜『粤西』，古稱廣東、廣西爲百粤之地，故稱兩粤，亦稱兩廣。又稱廣東爲粤東，廣西爲粤西。——鼎升註

㉝『參兩』，指天與地。語出《周易・説卦》：『參天兩地而倚數，觀變於陰陽而立卦。』此處則爲古代卜師的代稱。——鼎升註

乎不克㉞其終；卜予身命，謂三十以前，虛譽㉟亦隆㊱，三十以後，垂簾㊲都市，功名不復問矣！彼時先大人處極盛之勢，愚兄弟在蔭庇㊳之下，不足㊴其言，誕㊵而置之矣。嗣後㊶兵燹㊷蜂起㊸，家破從戎㊹，先

㉞『克』，能夠。——鼎升註

㉟『虛譽』，無實的空名。——鼎升註

㊱『隆』，高，興盛。——鼎升註

㊲『垂簾』，典出漢蜀郡人嚴君平。君平，名遵，卜筮於成都市，日得百錢，足以自養，即閉肆下簾讀《老子》。一生不爲官，卒年九十餘。——鼎升註

㊳『蔭庇』，大樹遮住炙人的陽光。舊時比喻尊長照顧著晚輩或祖宗保佑著子孫。——鼎升註

㊴『足』，值得，夠得上。——鼎升註

㊵『誕』，欺詐，虛妄。——鼎升註

㊶『嗣後』，以後。——鼎升註

㊷『兵燹』，因戰爭所遭受的焚燒破壞。『燹』，音xiǎn【險】。——鼎升註

㊸『蜂起』，像蜂飛一樣成群地起來。——鼎升註

㊹『從戎』，從軍。——鼎升註

兄立功封爵，實比螢光，果死非命㊺。迨順治庚寅㊻，予投誠㊼定南㊽藩㊾下，時年三旬有一，壯㊿遊都門(51)，滿擬復職，乃竟歸烏有(52)。旅邸(53)蕭索(54)，廻(55)思參兩之言，信不誣(56)矣。因遍覓卜筮諸書，靜觀兩月，即代人以卜吉凶，有明顯而易見者，有隱微而莫測者。每占一卦，默存其稿，至期探之，驗與不驗，悉以筆記，其不驗者，無處考證(57)。

㊺『非命』，遭受意外的災禍而死亡。——鼎升註

㊻『順治庚寅』，清順治七年，公元1650年。——鼎升註

㊼『投誠』，歸附，歸順。——鼎升註

㊽『定南』，即孔有德。孔有德，明清之際遼東人，明崇禎時參將，後降清。順治初，隨清兵入關；六年（明永曆三年，公元1649年），封定南王，攻占湘桂地區，駐桂林；明永曆六年（清順治九年，公元1652年）爲李定國所破，自焚死。——鼎升註

㊾『藩』，音fān【翻】。封建時代稱屬國屬地或分封的土地，借指邊防重鎮。——鼎升註

㊿『壯』，增加勇氣和力量。——鼎升註

(51)『都門』，京城城門。此處特指清代國都北京。——鼎升註

(52)『烏有』，虛幻；不存在。——鼎升註

(53)『旅邸』，旅館。『邸』，音dǐ【詆】。本爲戰國時諸國客館，後泛稱客棧、旅舍。——鼎升註

(54)『蕭索』，蕭條，荒涼。——鼎升註

(55)『廻』，同『迴』。折返。——鼎升註

(56)『誣』，把沒有的事說成有。——鼎升註

(57)『考證』，研究文獻或歷史問題時，根據資料來考核、證實和說明。——鼎升註

偶於江寧[58]遇同鄉李我平，問予生平所看何書，即以《大全》、《全書》、《海底眼》、《黃金策》、《補遺》、《易冒》諸書[59]以告之。公曰：諸書悉有悖謬[60]。向有野鶴老人，亦存四十餘年之占驗，考證諸書，刪闢其謬。先叔菘任[61]雲南，得此抄本，生平識趨避之途，皆此書之力。久欲刊傳，因未成帙[62]，尚未舉行。送爾抄閱，自知其妙。予拜受領歸，靜中參悟，豁然有會於心，始知從前之驗與不驗，皆書之得失也。

閉戶二載，遂將野鶴及予之占驗，質證[63]古今卜筮諸書，驗者存之，不驗者刪之，內有不合於理者闢之，另得其巧驗者增之，分門別類，輯理成部。內有煩門細事[64]及諸占驗，暨[65]六壬[66]占驗，未及編次[67]，

---

[58]「江寧」，今江蘇省南京市。——鼎升註

[59]「《大全》、《全書》、《海底眼》、《黃金策》、《補遺》、《易冒》諸書」，皆爲古代六爻名著。《大全》即《卜筮大全》，《全書》即《卜筮全書》，《補遺》即《易林補遺》。——鼎升註

[60]「悖謬」，音bèimiù【被繆】。荒謬；不合道理。——鼎升註

[61]「菘任」，官吏到職。——鼎升註

[62]「帙」，音zhì【治】。用來包書的套子，用布帛製成。因即謂書一套爲一帙。——鼎升註

[63]「質證」，質疑論證。——鼎升註

[64]「煩門細事」，多而亂的門類和微小的事情。——鼎升註

[65]「暨」，音jì【既】。和，及，與。——鼎升註

[66]「六壬」，術數的一種。古傳三式太乙、六壬、奇門之一。——鼎升註

[67]「編次」，按一定的次序編排。——鼎升註

以俟[68]再續。是書講解甚明，初學者不用投師，即知占卜，知易者愈得其精，精易者愈得其奧，不須半載工夫，得野鶴老人四十餘年之積學[69]，從此寧[70]有不驗之卦耶？有心覺世[71]者，自不以予言爲狂瞽[72]。是爲序。

康熙二十九年庚午孟夏朔日[73]

湖南李文輝敘[74]

---

[68]『俟』，音sì【四】。等待，期待。——鼎升註

[69]『積學』，積累學問，博學，飽學，淵博的學識。——鼎升註

[70]『寧』，音nìng【濘】。豈，難道。——鼎升註

[71]『覺世』，啓發世人覺悟。——鼎升註

[72]『狂瞽』，愚妄無知。多用作自謙之辭。『瞽』，音gǔ【古】。——鼎升註

[73]『康熙二十九年庚午孟夏朔日』，公元1690年5月9日，四月初一。——鼎升註

[74]『湖南李文輝敘』，李紱抄本作『湖南李文輝覺子甫敘於山樵精舍』。——鼎升註

增刪卜易・總目

《增刪卜易》的前世今生（代自序）

序

自序

卷之一

[75] 原本與敦化堂本內文中，此章並未單獨列出，僅是作為前章的一部分『占卦法』出現。現內文中將此部分單獨分章，章目中『章』、『第又二』據前後文意補。——鼎升註

[76] 原本作『八宮章第三』，據內文補。——鼎升註

卷之二

反伏章第二十五
旬空章第二十六
生旺墓絕章第又二十六⑦⑦
各門類題頭總註章第又二十六
各門類應期總註章第又二十六
歸魂遊魂章第又二十六

卷之三

月破章第二十七
飛伏神章第二十八
進神退神章第二十九⑦⑧
隨鬼入墓章第三十
獨發章第三十一
兩現章第三十二
星煞章第三十三

⑦⑦從此章目始，至『歸魂遊魂章第又二十六』終，原本與敦化堂本俱脱『第又二十六』，據內文補。——鼎升註
⑦⑧原本作『進退章第二十九』，據內文補。——鼎升註

⑲『第』，原本脫，據內文補。——鼎升註

卷之八

卷之九

---

[80]『占』，原本脫，據內文補。——鼎升註

[81]原本與敦化堂本內文中，此章並未單獨列出，僅是作爲前章的一部分『占防參劾、慮大計及已有事尚未結案者』出現，但原本與敦化堂本章目中却俱有『防參劾慮大計章』單獨列出。現內文中將此部分單獨分章，章目中『占』、『及已有事尚未結案者』、『第又六十二』據內文與前後文意補。——鼎升註

囤貨賣貨章第七十三
賣貨宜守宜動章第七十四
往何方買賣章第七十五
買何貨爲吉章第七十六
借貸章第七十七
放債索債章第七十八
買賣六畜章第七十九
博戲章第八十
請會搖會章第八十一
行險求財⑧²章第八十二

卷之十

婚姻章第又八十二
此婚子嗣有無章第八十三
此婚有宜於父母否章第八十四
納寵章第八十五
取離婦跳娼婦章第八十六

---

⑧²『財』，原本作『才』，據敦化堂本改。——鼎升註

卷之十一

卷之十二

增刪卜易總目終

增删卜易·卷之一

野鶴老人著
楚江李坦我平鑒定
湖南李文輝覺子增删
山西李凡丁鼎升校註
婿陳文吉茂生
男茹芝山秀
仝校閱

八卦圖章第一①

乾爲父、震爲長男、坎爲中男、艮爲少男。(俱屬陽)
坤爲母、巽爲長女、離爲中女、兑爲少女。(俱屬陰)

①原本脱『章第一』，據原本章目與文意補。——鼎升註

卦象圖章第二②（點卦由下往上點）

乾三連：丶丶丶

連得三爻俱是單，爲乾卦。（一點爲單）

坤六斷：〃〃〃

連得三爻俱是拆，爲坤卦。（兩點爲拆）

震仰盂：〃〃丶

初爻單，二爻、三爻俱是拆，爲震卦。

艮覆碗：丶〃〃

初爻、二爻俱是拆，三爻單，爲艮卦。

離中虛：丶〃丶

初爻單，二爻拆，三爻又單，爲離卦。

坎中滿：〃丶〃

初爻拆，二爻單，三爻又拆，爲坎卦。

兌上缺：〃丶丶

初爻、二爻俱是單，三爻拆，爲兌卦。

巽下斷：丶丶〃

初爻拆，二爻、三爻俱是單，爲巽卦。

---

②原本脫『章第二』，據原本章目與文意補。——鼎升註

占卦法章第又二（用錢三文）③

一背爲單，點一點∴丶

兩背爲拆，平點兩點∴〃

三背爲重，畫一圈∴○

三字爲交，打上一㐅∴㐅

○圈兒仍筭④一點。

㐅兒仍筭兩點。

丶∴此係單爻，爲陽，今得圈○兒，謂之『陽動』，仍作一點看。

〃∴此係拆爻，爲陰，今得㐅兒，謂之『陰動』，仍作兩點看。

大凡卦中但有圈○兒、㐅兒，謂之『動』。

凡問事者，通誠⑤籍貫、姓名、所占某事，執錢三文擲於盤內，看係幾個字，幾個背，見一背者點一點，兩背者平點兩點，三背者畫一圈，三字者打上一㐅。

---

③此章在原本與敦化堂本中俱作為前章的一部分『占卦法（用錢三文）』出現。現單獨分章，『章』、『第又二』據前後文意補。——鼎升註

④『筭』，同『算』。——鼎升註

⑤『通誠』，禱告，禱祝。——鼎升註

今點一卦爲式：

後式自下往上看					由下往上看
第六次若又得兩背又點兩點	第五次又得三背者亦畫一圈	第四次若得三字者打上一ㄨ	第三次若得三背者畫上一圈	第二次若得兩背者平點兩點	假若初一次得一背者點一點
〃	○	ㄨ	○	〃	丶
六爻	五爻	四爻	三爻	二爻	初爻
上三爻爲外卦			下三爻爲內卦		

初學點卦者，但見一點、兩點容易知之，凡見○兒、ㄨ兒，不甚明白，須要細心慢想。假如占得此卦，另用紙一張點出此卦，將圈○兒改作一點，ㄨ兒改作兩點，便知某卦。

今將前卦改此一卦爲式：

〃
丶
〃
丶
〃
丶

前卦第三爻圈○兒改作一點，乃是離中虛卦，謂之『內卦得離卦』，離爲火。

第四爻ㄨ兒改作兩點，第五爻圈○兒又改作一點，乃是坎中滿卦，謂之『外卦得坎卦』，坎爲水。

水在上，火在下，名爲水火既濟卦。

點卦雖則由下點至上，今排卦名又要由上而往下，此卦水上火下，所以即是水火既濟。

再排一卦爲式：

第一次	第二次	第三次	第四次	第五次	第六次
假若得兩背者點兩點	若得三背者画上一圈	若得兩背者平點兩點	若得一背者點上一點	若得三字者打上一〆	若又得一背又點一點
〃	○	〃	、	〆	、

上三爻外卦，〆兒仍筭兩點，即是離中虛，離爲火。
下三爻內卦，圈○兒仍筭一點，即是坎中滿，坎爲水。
火在上，水在下，卦名火水未濟。

八宮六十四卦名章第三⑥

乾宮八卦：（俱屬金）（須宜念熟）
乾爲天、天風姤、天山遯、天地否、風地觀、山地剝、火地晉、火天大有。
坎宮八卦：（俱屬水）

⑥原本作『八宮六十四卦名』，據原本章目與文意補。——鼎升註

坎爲水、水澤節、水雷屯、水火既濟、澤火革、雷火豐、地火明彝、地水師。

艮宮八卦：(俱屬土)

艮爲山、山火賁、山天大畜、山澤損、火澤睽、天澤履、風澤中孚、風山漸。

震宮八卦：(俱屬木)

震爲雷、雷地豫、雷水解、雷風恒、地風升、水風井、澤風大過、澤雷隨。

巽宮八卦：(俱屬木)

巽爲風、風天小畜、風火家人、風雷益、天雷无妄、火雷噬嗑、山雷頤、山風蠱。

離宮八卦：(俱屬火)

離爲火、火山旅、火風鼎、火水未濟、山水蒙、風水渙、天水訟、天火同人。

坤官八卦：(俱屬土)

坤爲地、地雷復、地澤臨、地天泰、雷天大壯、澤天夬、水天需、水地比。

兌宮八卦：(俱屬金)

兌爲澤、澤水困、澤地萃、澤山咸、水山蹇、地山謙、雷山小過、雷澤歸妹。

乾宮八卦全圖（初學點卦，不會裝卦者，須將占得之卦，照此《全圖》裝排世應、五行）

乾為天

世應	爻	五行	六親
世	丶	戌土	父母
	丶	申金	兄弟
	丶	午火	官鬼
應	丶	辰土	父母
	丶	寅木	妻財
	丶	子水	子孫

天風姤

世應	爻	五行	六親
	丶	戌土	父母
	丶	申金	兄弟
應	丶	午火	官鬼
	丶	酉金	兄弟
	丶	亥水	子孫
世	丶丶	丑土	父母

天山遯

世應	爻	五行	六親
	丶	戌土	父母
應	丶	申金	兄弟
	丶	午火	官鬼
	丶	申金	兄弟
世	丶丶	午火	官鬼
	丶丶	辰土	父母

天地否

世應	爻	五行	六親
應	丶	戌土	父母
	丶	申金	兄弟
	丶	午火	官鬼
世	丶丶	卯木	妻財
	丶丶	巳火	官鬼
	丶丶	未土	父母

風地觀

世應	爻	五行	六親
	丶	卯木	妻財
	丶	巳火	官鬼
世	丶丶	未土	父母
	丶丶	卯木	妻財
	丶丶	巳火	官鬼
應	丶丶	未土	父母

山地剝

世應	爻	五行	六親
	丶	寅木	妻財
世	丶丶	子水	子孫
	丶丶	戌土	父母
	丶丶	卯木	妻財
應	丶丶	巳火	官鬼
	丶丶	未土	父母

火地晉

世應	爻	五行	六親
	丶	巳火	官鬼
	丶丶	未土	父母
世	丶	酉金	兄弟
	丶丶	卯木	妻財
	丶丶	巳火	官鬼
應	丶丶	未土	父母

火天大有

世應	爻	五行	六親
應	丶	巳火	官鬼
	丶丶	未土	父母
	丶	酉金	兄弟
世	丶	辰土	父母
	丶	寅木	妻財
	丶	子水	子孫

坎宮八卦全圖

坎為水

世應	爻	干支	六親
世	、、	子水	兄弟
	、	戌土	官鬼
	、、	申金	父母
應	、、	午火	妻財
	、	辰土	官鬼
	、、	寅木	子孫

水雷屯

世應	爻	干支	六親
	、、	子水	兄弟
應	、	戌土	官鬼
	、、	申金	父母
	、、	辰土	官鬼
世	、、	寅木	子孫
	、	子水	兄弟

澤火革

世應	爻	干支	六親
	、、	未土	官鬼
	、	酉金	父母
世	、	亥水	兄弟
	、	亥水	兄弟
	、、	丑土	官鬼
應	、	卯木	子孫

地火明夷

世應	爻	干支	六親
	、、	酉金	父母
	、、	亥水	兄弟
世	、、	丑土	官鬼
	、	亥水	兄弟
	、、	丑土	官鬼
應	、	卯木	子孫

水澤節

世應	爻	干支	六親
	、、	子水	兄弟
	、	戌土	官鬼
應	、、	申金	父母
	、、	丑土	官鬼
	、	卯木	子孫
世	、	巳火	妻財

水火既濟

世應	爻	干支	六親
應	、、	子水	兄弟
	、	戌土	官鬼
	、、	申金	父母
世	、	亥水	兄弟
	、、	丑土	官鬼
	、	卯木	子孫

雷火豐

世應	爻	干支	六親
	、、	戌土	官鬼
世	、、	申金	父母
	、	午火	妻財
	、	亥水	兄弟
應	、、	丑土	官鬼
	、	卯木	子孫

地水師

世應	爻	干支	六親
應	、、	酉金	父母
	、、	亥水	兄弟
	、、	丑土	官鬼
世	、、	午火	妻財
	、	辰土	官鬼
	、、	寅木	子孫

艮宮八卦全圖

艮爲山

世	丶	寅木	官鬼
	〃	子水	妻財
	〃	戌土	兄弟
應	丶	申金	子孫
	〃	午火	父母
	〃	辰土	兄弟

山天大畜

	丶	寅木	官鬼
應	〃	子水	妻財
	〃	戌土	兄弟
	丶	辰土	兄弟
世	丶	寅木	官鬼
	丶	子水	妻財

火澤睽

	丶	巳火	父母
	〃	未土	兄弟
世	丶	酉金	子孫
	〃	丑土	兄弟
	丶	卯木	官鬼
應	丶	巳火	父母

風澤中孚

	丶	卯木	官鬼
	丶	巳火	父母
世	〃	未土	兄弟
	〃	丑土	兄弟
	丶	卯木	官鬼
應	丶	巳火	父母

山火賁

	丶	寅木	官鬼
	〃	子水	妻財
應	〃	戌土	兄弟
	丶	亥水	妻財
	〃	丑土	兄弟
世	丶	卯木	官鬼

山澤損

應	丶	寅木	官鬼
	〃	子水	妻財
	〃	戌土	兄弟
世	〃	丑土	兄弟
	丶	卯木	官鬼
	丶	巳火	父母

天澤履

	丶	戌土	兄弟
世	丶	申金	子孫
	丶	午火	父母
	〃	丑土	兄弟
應	丶	卯木	官鬼
	丶	巳火	父母

風山漸

應	丶	卯木	官鬼
	丶	巳火	父母
	〃	未土	兄弟
世	丶	申金	子孫
	〃	午火	父母
	〃	辰土	兄弟

震宮八卦全圖

震為雷

〃	戌土	妻財	世
〃	申金	官鬼	
、	午火	子孫	
〃	辰土	妻財	應
〃	寅木	兄弟	
、	子水	父母	

雷水解

〃	戌土	妻財	
〃	申金	官鬼	應
、	午火	子孫	
〃	午火	子孫	
、	辰土	妻財	世
〃	寅木	兄弟	

地風升

〃	酉金	官鬼	
〃	亥水	父母	
〃	丑土	妻財	世
、	酉金	官鬼	
、	亥水	父母	
〃	丑土	妻財	應

澤風大過

〃	未土	妻財	
、	酉金	官鬼	
、	亥水	父母	世
、	酉金	官鬼	
、	亥水	父母	
〃	丑土	妻財	應

雷地豫

〃	戌土	妻財	
〃	申金	官鬼	
、	午火	子孫	應
〃	卯木	兄弟	
〃	巳火	子孫	
〃	未土	妻財	世

雷風恒

〃	戌土	妻財	應
〃	申金	官鬼	
、	午火	子孫	
、	酉金	官鬼	世
、	亥水	父母	
〃	丑土	妻財	

水風井

〃	子水	父母	
、	戌土	妻財	世
〃	申金	官鬼	
、	酉金	官鬼	
、	亥水	父母	應
〃	丑土	妻財	

澤雷隨

〃	未土	妻財	應
、	酉金	官鬼	
、	亥水	父母	
〃	辰土	妻財	世
〃	寅木	兄弟	
、	子水	父母	

巽宮八卦全圖

巽爲風

世應	爻	地支	六親
世	丶	卯木	兄弟
	丶	巳火	子孫
	丶丶	未土	妻財
應	丶	酉金	官鬼
	丶	亥水	父母
	丶丶	丑土	妻財

風天小畜

世應	爻	地支	六親
	丶	卯木	兄弟
	丶	巳火	子孫
應	丶丶	未土	妻財
	丶	辰土	妻財
	丶	寅木	兄弟
世	丶	子水	父母

風火家人

世應	爻	地支	六親
	丶	卯木	兄弟
應	丶	巳火	子孫
	丶丶	未土	妻財
	丶	亥水	父母
世	丶丶	丑土	妻財
	丶	卯木	兄弟

風雷益

世應	爻	地支	六親
應	丶	卯木	兄弟
	丶	巳火	子孫
	丶丶	未土	妻財
世	丶丶	辰土	妻財
	丶丶	寅木	兄弟
	丶	子水	父母

天雷无妄

世應	爻	地支	六親
	丶	戌土	妻財
	丶	申金	官鬼
世	丶	午火	子孫
	丶丶	辰土	妻財
	丶丶	寅木	兄弟
應	丶	子水	父母

火雷噬嗑

世應	爻	地支	六親
	丶	巳火	子孫
世	丶丶	未土	妻財
	丶	酉金	官鬼
	丶丶	辰土	妻財
應	丶丶	寅木	兄弟
	丶	子水	父母

山雷頤

世應	爻	地支	六親
	丶	寅木	兄弟
	丶丶	子水	父母
世	丶丶	戌土	妻財
	丶丶	辰土	妻財
	丶丶	寅木	兄弟
應	丶	子水	父母

山風蠱

世應	爻	地支	六親
應	丶	寅木	兄弟
	丶丶	子水	父母
	丶丶	戌土	妻財
世	丶	酉金	官鬼
	丶	亥水	父母
	丶丶	丑土	妻財

離宮八卦全圖

離爲火

世應	爻	納甲	六親
世	、	巳火	兄弟
	、、	未土	子孫
	、	酉金	妻財
應	、	亥水	官鬼
	、、	丑土	子孫
	、	卯木	父母

火風鼎

世應	爻	納甲	六親
	、	巳火	兄弟
應	、、	未土	子孫
	、	酉金	妻財
	、	酉金	妻財
世	、	亥水	官鬼
	、、	丑土	子孫

山水蒙

世應	爻	納甲	六親
	、	寅木	父母
	、、	子水	官鬼
世	、、	戌土	子孫
	、、	午火	兄弟
	、	辰土	子孫
應	、、	寅木	父母

天水訟

世應	爻	納甲	六親
	、	戌土	子孫
	、	申金	妻財
世	、	午火	兄弟
	、、	午火	兄弟
	、	辰土	子孫
應	、、	寅木	父母

火山旅

世應	爻	納甲	六親
	、	巳火	兄弟
	、、	未土	子孫
應	、	酉金	妻財
	、	申金	妻財
	、、	午火	兄弟
世	、、	辰土	子孫

火水未濟

世應	爻	納甲	六親
應	、	巳火	兄弟
	、、	未土	子孫
	、	酉金	妻財
世	、、	午火	兄弟
	、	辰土	子孫
	、、	寅木	父母

風水渙

世應	爻	納甲	六親
	、	卯木	父母
世	、	巳火	兄弟
	、、	未土	子孫
	、、	午火	兄弟
應	、	辰土	子孫
	、、	寅木	父母

天火同人

世應	爻	納甲	六親
應	、	戌土	子孫
	、	申金	妻財
	、	午火	兄弟
世	、	亥水	官鬼
	、、	丑土	子孫
	、	卯木	父母

坤宮八卦全圖

坤爲地

世應	爻	地支	六親
世	丶丶	酉金	子孫
	丶丶	亥水	妻財
	丶丶	丑土	兄弟
應	丶丶	卯木	官鬼
	丶丶	巳火	父母
	丶丶	未土	兄弟

地澤臨

世應	爻	地支	六親
	丶丶	酉金	子孫
應	丶丶	亥水	妻財
	丶丶	丑土	兄弟
	丶丶	丑土	兄弟
世	丶	卯木	官鬼
	丶	巳火	父母

雷天大壯

世應	爻	地支	六親
	丶丶	戌土	兄弟
	丶丶	申金	子孫
世	丶	午火	父母
	丶	辰土	兄弟
	丶	寅木	官鬼
應	丶	子水	妻財

水天需

世應	爻	地支	六親
	丶丶	子水	妻財
	丶	戌土	兄弟
世	丶丶	申金	子孫
	丶	辰土	兄弟
	丶	寅木	官鬼
應	丶	子水	妻財

地雷復

世應	爻	地支	六親
	丶丶	酉金	子孫
	丶丶	亥水	妻財
應	丶丶	丑土	兄弟
	丶丶	辰土	兄弟
	丶丶	寅木	官鬼
世	丶	子水	妻財

地天泰

世應	爻	地支	六親
應	丶丶	酉金	子孫
	丶丶	亥水	妻財
	丶丶	丑土	兄弟
世	丶	辰土	兄弟
	丶	寅木	官鬼
	丶	子水	妻財

澤天夬

世應	爻	地支	六親
	丶丶	未土	兄弟
世	丶	酉金	子孫
	丶	亥水	妻財
	丶	辰土	兄弟
應	丶	寅木	官鬼
	丶	子水	妻財

水地比

世應	爻	地支	六親
應	丶丶	子水	妻財
	丶	戌土	兄弟
	丶丶	申金	子孫
世	丶丶	卯木	官鬼
	丶丶	巳火	父母
	丶丶	未土	兄弟

兌宮八卦全圖

兌爲澤

世應	爻	干支	六親
世	、、	未土	父母
	、	酉金	兄弟
	、	亥水	子孫
應	、、	丑土	父母
	、	卯木	妻財
	、	巳火	官鬼

澤地萃

世應	爻	干支	六親
	、、	未土	父母
應	、	酉金	兄弟
	、	亥水	子孫
	、、	卯木	妻財
世	、、	巳火	官鬼
	、、	未土	父母

水山蹇

世應	爻	干支	六親
	、、	子水	子孫
	、	戌土	父母
世	、、	申金	兄弟
	、	申金	兄弟
	、、	午火	官鬼
應	、、	辰土	父母

雷山小過

世應	爻	干支	六親
	、、	戌土	父母
	、、	申金	兄弟
世	、	午火	官鬼
	、	申金	兄弟
	、、	午火	官鬼
應	、、	辰土	父母

澤水困

世應	爻	干支	六親
	、、	未土	父母
	、	酉金	兄弟
應	、	亥水	子孫
	、、	午火	官鬼
	、	辰土	父母
世	、、	寅木	妻財

澤山咸

世應	爻	干支	六親
應	、、	未土	父母
	、	酉金	兄弟
	、	亥水	子孫
世	、	申金	兄弟
	、、	午火	官鬼
	、、	辰土	父母

地山謙

世應	爻	干支	六親
	、、	酉金	兄弟
世	、、	亥水	子孫
	、、	丑土	父母
	、	申金	兄弟
應	、、	午火	官鬼
	、、	辰土	父母

雷澤歸妹

世應	爻	干支	六親
應	、、	戌土	父母
	、、	申金	兄弟
	、	午火	官鬼
世	、、	丑土	父母
	、	卯木	妻財
	、	巳火	官鬼

野鶴曰：昔者吾友宦遊⑦時，以此《全圖》相送。友曰：予不知五行，焉知斷卦？予曰：先學點卦，點出卦象看是何卦，即在《全圖》內尋出此卦，照樣裝排世應、五行、六親，不用念卦書，即不知五行生剋之理，亦能决斷四宗大事。不管卦中動與不動，即照《全圖》內，單看世爻。

占防憂慮患者，若得子孫持世，無憂；官鬼持世，憂疑難解，須宜加意防之。

占功名者，若得官鬼持世，即許成名；子孫持世，且宜待時。

占求財，妻財持世者，必得；兄弟持世者，難求。

占疾病者，若得六沖卦，近病不藥而愈，久病妙藥難調。

友曰：何以謂之『子孫持世』？予曰：子孫與世字同在一爻者，即爲子孫持世。倘得官鬼與世字同在一爻者，即是官鬼持世。其餘兄弟妻財持世，皆同此說。

要知何爲六沖卦者，乾爲天、坎爲水、艮爲山、震爲雷、巽爲風、離爲火、坤爲地、兑爲澤，此八宮頭一卦皆是六沖卦，再者天雷无妄、雷天大壯亦是六沖卦，一共十卦，其餘不是。

或問曰：求官者，若得官鬼持世，求名必成；求財者，若得妻財持世，求財必得。倘若官鬼爻與妻財爻，或值旬空月破，或被卦中子孫發動以傷官、兄弟發動以傷財，雖遇官鬼持世、妻財持世，有何益也？予曰：爾知五行之理，神早知之，所得之卦，若非凶中藏吉，定是吉裏藏凶，此乃神聖引人以知其奥，自然要看旬空月破、生剋沖刑。今吾友不知五行之理，神亦早知，如若求名，禱於神曰：功名若成，賜我官鬼持世；倘若失望，賜我子孫持世。如占防憂慮患，禱於神曰：目下若有禍者，卦得官鬼持

---

⑦『宦遊』，外出求官；作官。——鼎升註

世；若能免禍逃災者，賜我子孫持世。所得之卦，自然顯而易見。若又隱微者，即是神亦欺人，何以爲神？況予作此一段簡易之法，單欲教其全不知五行之士學會占卦，即照《全圖》裝排，就知決斷四宗大事。倘若稍知五行之理者，不可以此爲法，務必細看此書後卷，何爲空而不空，破而不破；何爲墓而不墓，絕而不絕；何爲真反吟、假伏吟；何爲進不進、退不退；何爲回頭尅者生，何爲回頭尅者死；何處可用神煞，何處不看用神；何爲占此而應彼，何爲占遠而應近；何爲得其法者百占百靈，何爲不得其法者屢占不驗；何爲元神有力不生用神，何爲忌神無力能害用神；何處闢⑧諸書之謬，何處增巧驗之奇。細觀種種秘法，方能決事如神。

或又問曰：假令占防災慮患，若得子孫持世，自是無憂；若得官鬼持世，驚恐必見。倘卦中並不現者，何以決之？予曰：一卦不現，再占一卦；再占不現，明日又占。昔人泥⑨其不敢再瀆⑩，所以無法。予見《易經》有云：『三人占，聽二人之言。⑪』古人一事既可決於三處，今人何妨再瀆？予生平以來，稍得其奥者，全賴多占之力也。事之緩⑫者，遲日再占；事之急者，歇歇又占。不拘早晚，不必焚香，深更半夜亦可占之。只要單爲此事而占，不可又占他事。但有心懷兩三事而占卦者，非一念之誠，決無靈驗。假令占功名，或是官鬼持世，或是子孫持世，得其一者，得失已知，不必占矣。不可厭其子孫持

⑧『闢』，駁斥，排除。——鼎升註
⑨『泥』，固執，死板，拘泥。——鼎升註
⑩『瀆』，音dú【犢】。輕慢，不恭敬。——鼎升註
⑪語出《尚書・洪範》：『立時人作卜筮，三人占，則從二人之言。』原文言語出《易經》，當誤。——鼎升註
⑫『緩』，原本作『綏』，顯誤，據敦化堂本與李紱抄本改。——鼎升註

世，務必求其官鬼持世而後已，此非理也。如占求財，或是妻財持世，或是兄弟持世，得其一者則止，不必再占。倘一事而與衆人同其禍福者，各占一卦，決之更易：即如行舟遇暴風，家中防火燭⑬，人人俱可占之，但有一卦若得子孫持世，皆同無患；又如占疾病，病人自占，若不得六沖卦者，一家俱可代占，但有一人得六沖之卦，或係近病，或係久病，吉凶自了然矣。

予又告吾友曰：此法甚善，名爲『賽錦囊⑭』。予幼時止會點卦，不知裝卦，照此《全圖》裝排決斷，少經離亂⑮，風波顛險⑯，危處叨⑰安，賴此之力。但予還有秘法，一並教爾。凡係自身之禍福者，只宜暗中卜之，照此決斷，不可令人在傍，占過之時，吉凶自知。切不可又將此卦而問識者。爾若安心問人，神亦早知，所得之卦，定有深奥。寧可存此卦帖，待事過之後，然後問人。

前說防災慮患及占功名、占求財，乃係題頭⑱，爾今初學占卦，恐爾不知何事當占，今予細寫始末，使爾凡遇後事，照此卜之。

---

⑬『火燭』，泛指可以引起火災的東西。——鼎升註

⑭『錦囊』，用錦製成的袋子。古人多用以藏詩稿或機密文件。——鼎升註

⑮『離亂』，戰爭、自然災害等造成的親人分離、社會混亂的現象。——鼎升註

⑯『顛險』，困頓危難。——鼎升註

⑰『叨』，音tāo【掏】。承受。——鼎升註

⑱『題頭』，篇目，標題；文章篇目之上的分類。——鼎升註

占防憂慮患者：

或爲國計民生⑲，陳言⑳獻策㉑；或爲條陳㉒將相，諫諍㉓君非。恐其事之不行，禍先及己。

或爲行江飄海，前途慮賊盜風波。

或見遠方火起，恐災殃延及其家。

或聞瘟疫流行，能爲我害；或見飛蝗遍野，能害我苗；或孤行無伴；或廟宿旅眠；家防火燭、宅見妖邪；或隨營貿易；或踰險越關；或已入是非之場，心憂禍患；或欲管閑事，恐惹災非；或入病家，以防沾染；或誤服毒物，恐致傷生㉔；或服人參㉕藥餌㉖，益於我否；或馭野獸烈馬，恐致驚傷；或已定重罪而盼赦；或已得重病以防危；或見遠處有可疑之舟；或見外來有可疑之人；或買官房公地有後患否；或買山場塋㉗地有是非否；或錯買盜物；或立險處；或見鄰家有獸頭照壁沖射我宅，能爲害否；或見鄰山

---

⑲『國計民生』，國家的財政經濟，人民的生活福利。——鼎升註

⑳『陳言』，陳述的言論；陳述言辭。——鼎升註

㉑『獻策』，貢獻計謀或辦法。——鼎升註

㉒『條陳』，向上級分條陳述意見的文件。——鼎升註

㉓『諫諍』，直言規勸，使改正錯誤。——鼎升註

㉔『傷生』，危及生命。——鼎升註

㉕『人參』，人參是五加科植物人參的乾燥根。甘、微苦，平。歸脾、肺、心經。有大補元氣、復脈固脫、補脾益肺、生津安神的功效。——鼎升註

㉖『藥餌』，藥物。——鼎升註

㉗『塋』，音yíng【營】。墳墓，墳地。——鼎升註

新葬及開窨蓋廟，犯先塋否。
以上皆係防災慮患。但得子孫持世者，安如泰山，當行即行，有吉無凶；若得官鬼持世，憂疑不解，加意防之，即使當行，亦勿行也。
惟陳言諫諍者，又非此論。若果真正爲國計民生，捐軀爲國，即使官鬼持世，亦宜行之。
前說諸事，以子孫持世而爲吉，官鬼持世以爲憂。此二者卦若不現，儘可再占；但有一現者，不必占矣。然又有事之緩急不同：假令江海開舟，倘得官鬼持世，豈有永不開行之理？豈不聞『早開一日以逢凶，遲去半時而免禍』？倘若今日占得官鬼持世，且莫開舟，明日再占，後日又占，但遇子孫持世，即便開行。事之有相似者，悉照此可也。

占功名：

不拘文武，或已仕㉘未仕。但得

官鬼持世，盼陞即陞，候選㉙即選，入場㉚必中，童試㉛必取。罣誤㉜者，官職猶存；黜名㉝者，前

㉘『仕』，舊稱做官。——鼎升註

㉙『候選』，清制，內自郎中外自道員以下的官員，凡初由考試或捐納出身，以及原官因故開缺依例起復，皆須赴吏部報到，聽候依法選用。——鼎升註

㉚『入場』，特指進入考場。——鼎升註

㉛『童試』，明清府、州、縣學的學生，稱爲生員，即秀才。未取得生員資格的知識分子，不論年齡大小，都稱爲文童、儒童或童生。童生要取得生員的資格，必須經過縣試、府試和院試。這一係列的考試，總稱爲童試。——鼎升註

㉜『罣誤』，官吏因過失而受譴責。『罣』，音guà【掛】。——鼎升註

㉝『黜名』，除名。『黜』，音chù【觸】。——鼎升註

程㉞可復∴，林下㉟久居，定蒙起用㊱∴，考職㊲考藝，必取其名∴，納粟㊳者，名登仕籍㊴∴，開墾㊵者，加等即陞∴，問缺㊶者，此缺必得∴，建功者，必建奇功。但不宜子孫持世，一切功名，盡乃目前失望，待有機會，下次再占。

予又以占卜秘法告於友曰∴：防災慮患及占功名，只可自己決疑，不可代人占卜。自占防患者，獨萌一點防患之心∴，占功名者，獨有一點功名之念，自有靈驗。恐其他人不知子孫與官鬼之理，既有慮禍之心，又有求名之念，便難決斷。辟如上書㊷諫言㊸，此人若無官者，未必不欲借此以求名，而防禍之心，亦所不

㉞『前程』，衆人企求的功名、職位。——鼎升註

㉟『林下』，樹林之下。本指幽靜之地，引申爲退隱之所。——鼎升註

㊱『起用』，重新任用已退職或黜免的官員。泛指提拔任用。——鼎升註

㊲『考職』，考官府文書的草擬，合格者可以出職爲小官。——鼎升註

㊳『納粟』，明清富家子弟捐納財貨於官府，以入國子監肄業，取得監生或貢生資格，可以不經州縣府學考試，直接參加鄉試，稱納粟。——鼎升註

㊴『仕籍』，記載官吏名籍的簿册。——鼎升註

㊵『開墾』，清初，在經歷多年兵禍與天災後，田地荒廢，人口減少。為保證財政收入與鞏固統治，清政府在全國範圍内推行『墾政』，一面鼓勵開墾荒地，一面強制報墾陞科，且多次頒佈授官、延遲起科、改徵薄稅等相關政令。如清順治十年（公元1653年）頒佈的《遼東招民墾田授官例》，即根據招民的數量，對招集人授予相應官職，且對招民數多者，每百名加一級。——鼎升註

㊶『缺』，空額（指職位）。——鼎升註

㊷『上書』，用文字向君主或上官陳述意見或反映情況。——鼎升註

㊸『諫言』，規勸的話。——鼎升註

免，有官爵者，既防功名之有失，又慮言出而禍隨；又如身有前程者，或已仕，或未仕，目今罣誤，事尚未結，既慮失官，又防有罪：此三等之人，皆謂之『心懷二念』。卦中倘得子孫持世，爾欲許之無事，又恐神報失名；爾若許之礙於功名，又恐神報無憂。所以教爾自占必驗，代占不靈，非卦不靈，他心不專於一也。

又如在任㊹，占地方之驚變㊺，及旱澇荒災，此即謂之『防災慮患』。若得子孫持世，盜息民安；若得官鬼持世，諸災必見。但不可占遠年，只可占本歲。雖占本歲，亦不可將此數事一卦而占，須宜每事另占一卦可也。

又如已見驚變，惟恐罣誤，此即謂之『慮功名之有失』，最喜官鬼持世，不宜子孫而持世也。

又如在任，無事之時禱於神曰：我蒞㊻此任，將來能於陞否？若得官鬼持世，一定高遷；子孫持世，必有罣誤。

又如未達㊼之士，或才品優長㊽，或武藝過人，占我終能成名否？官鬼持世，食祿㊾有期；子孫持世，終無可望。

㊹『在任』，謂居官。——鼎升註

㊺『驚變』，戰爭或暴力行動所造成的混亂。——鼎升註

㊻『蒞』，治理；統治；管理。——鼎升註

㊼『達』，得到顯要的地位。——鼎升註

㊽『才品優長』，才能和品德優異傑出。——鼎升註

㊾『食祿』，享受朝廷俸祿。——鼎升註

又如或有祖蔭(50)，或已援例(51)，或已立功，凡係已有部劄(52)、批文(53)、委牌(54)等事，問我將來終能出仕否？官鬼持世，一定飛騰；子孫持世，安心株守(55)。

又如士子(56)先占一卦，今科(57)中否？若得官鬼持世，金榜標名(58)；倘得子孫持世，即知今科而失望也。改日再占下科中否？倘又得子孫持世，又知下科不能。另擇一日，再占終身可能中否？若得官鬼持世，終能奮發(59)；倘得子孫持世，改業(60)他圖(61)，可免儒巾(62)之累。

---

(50)『祖蔭』，祖先蔭封。後世子孫以先代官爵而受封。——鼎升註

(51)『援例』，援引捐納的成例向政府交納一定的費用而取得作官的資格。——鼎升註

(52)『部劄』，由吏部下發的委派職務的公文。——鼎升註

(53)『批文』，上級或有關部門批復的委派職務的文字或文件。——鼎升註

(54)『委牌』，即委任狀。派人擔任職務的公文。——鼎升註

(55)『株守』，比喻希圖不經過努力而得到成功的僥幸心理。——鼎升註

(56)『士子』，學子；讀書人。——鼎升註

(57)『科』，從隋唐到清代的分科考選文武官吏後備人員的制度。——鼎升註

(58)『金榜標名』，『金榜』，金字榜，科舉時代稱殿試揭曉的榜；『標名』，寫上名字。『金榜標名』即指科舉得中。——鼎升註

(59)『奮發』，原意爲精神振作，情緒高漲。此處指科舉得中。——鼎升註

(60)『改業』，改行。——鼎升註

(61)『圖』，謀取；計劃。——鼎升註

(62)『儒巾』，古代讀書人所戴的一種頭巾。明代通稱方巾，爲生員（秀才）的服飾。——鼎升註

孝廉[63]占會試[64]，童生[65]占入學[66]，皆同此法。

以上此法，皆秘法也，須要節節問去，卦無不靈。倘若未問目下，先問終身久遠之事，殊不知神報近事者多，世人不識此理，胸中多少未決之事，先問終身，神且報爾胸中之疑，而斷卦之人亦不知此神意，竟以終身斷之，天壤之隔[67]，全無影響。

占財：

問錢糧[68]可能徵收足否？須錢糧可能全領否？妻財持世豐足，兄弟持世貱賠[69]。

問買賣經營、開張店面，及遠處求財，或見貴求財，倘得妻財持世，速宜行之；兄弟持世，須宜止之。

---

[63]『孝廉』，明清兩代對舉人的稱呼。——鼎升註

[64]『會試』，清代科舉考試分鄉試、會試、殿試。鄉試取中者爲舉人，舉人經過磨勘和復試後可參加會試。會試每三年一科，即在鄉試之次年，丑未辰戌年春天在禮部舉行。會試的具體時間，清初定於二月，清雍正五年（公元1727年）將入場之期改爲三月，清乾隆十年（公元1745年）後成爲定例。會試取中者爲貢士，貢士再經復試即參加殿試。——鼎升註

[65]『童生』，明清府、州、縣學的學生，稱爲生員，即秀才。未取得生員資格的知識分子，不論年齡大小，都稱爲文童、儒童或童生。——鼎升註

[66]『入學』，士子經過考試，取得進入府、州、縣學的一種生員（秀才）資格，稱入學，俗稱進學。入學後即須受教官管教，並應按期參加考試。——鼎升註

[67]『天壤之隔』，天上和地下的間隔，形容差別極大。——鼎升註

[68]『錢糧』，指田賦。舊時田賦，或徵收粟帛，或折徵銀錢，或二者並徵，因稱。後泛指租稅。也指薪水。——鼎升註

[69]『貱賠』，賠墊，賠補。『貱』，音bì【閉】。——鼎升註

占經商貿易、開張店面，若已行久矣，問將來興廢何如？若得妻財持世，愈久愈豐；倘得兄弟持世，從今衰矣。

占囤貨者，妻財持世，此貨可收；兄弟持世，切不可買。

占放債者，兄弟持世，有借無還；妻財持世，始終兩好。

占取債，妻財持世，即使目下不得，終須有還；兄弟持世，改日再占。倘若屢占而得兄弟持世者，如水中以撈月⑩也；若屢占而得官鬼持世者，必要經官。

占開金銀銅鐵鉛鑛，及開煤窰礬山，及買山、伐木、園林、鹽池、魚沼，凡係山崗、江海以取利者，若得妻財持世，物阜⑪財豐；兄弟持世，破財折⑫本。

占燒丹煉汞⑬，世無此理，卦不必占，念亦莫起，即使卦得妻財持世，乃應別處之財。曾有人占燒丹，卦得戊土財爻持世，午火子孫發動相生，衹謂戌月一定成丹，誰知九月妻妾子女由數千里而來，異鄉團聚。戊土妻財者而應妻妾，午火子孫者而應子女，此乃占此應彼。可見『易爲君子謀⑭』，非理之求，神不報此，而應彼也。

---

⑩『水中以撈月』，到水中去撈月亮。比喻去做根本做不到的事情，只能白費力氣。——鼎升註

⑪『阜』，音fù【富】。多，豐盛。——鼎升註

⑫『折』，原本作『拆』，當誤，據敦化堂本與李紱抄本改。——鼎升註

⑬『燒丹煉汞』，指道教徒用朱砂（丹）、水銀（汞）等燒煉仙藥。——鼎升註

⑭『易爲君子謀』，語出張載《正蒙》：『易爲君子謀，不爲小人謀。』張載，字子厚，北宋哲學家，理學創始人之一。鳳翔郿縣（今陝西省眉縣）横渠鎮人，世稱横渠先生。——鼎升註

占地下忽見光彩異物，或見黃白奇形，疑其有財者，若得妻財持世，必有金銀；兄弟持世，不獨無財，反有破財之事；倘得官持世者，必是妖邪。

告吾友曰：世人凡有疑難，開口則曰求神問卜，可見欲知未來之吉凶，除卜之外，無他矣。予習《周易》有年，所卜之事，感應之理，就如神聖開口說話，真令人毛骨慄然⑮。因爾不知《周易》之妙，不念卦書，不得不送此秘訣，試去行之，爾見其靈，從此自肯念書學卜。此法甚善，爾亦可以傳人，縉紳⑯士民⑰，行商坐賈⑱，無人不可不用。須要全不知五行生尅之人方用此法，倘若稍知五行者，神必現隱微之卦，須要看用神生尅制化、月破旬空，並看後卷《求名、求財及疾病章》斷法，不可以此爲法。

吾友拜領而去，一別二十餘年，異日相會予曰：蒙賜《全圖》，真如錦囊！數十年來避凶趨吉，全得此力。許多細事⑲，難以枚舉⑳，略以幾宗而告之。忽有一日，有收放錢糧之差，應當委㉑我，聞他人以財幹辦㉒。予占一卦，兄弟持世，知有賠累，聽伊㉓幹之。後果敗賠不已。又因地現銀鑛，衆約予開，

---

⑮『毛骨慄然』，形容極度恐懼與驚慌。『慄』，原本作『慄』，顯誤，據敦化堂本改。——鼎升註

⑯『縉紳』，古代稱有官職的或做過官的人。——鼎升註

⑰『士民』，士子和庶民。即官員和百姓。——鼎升註

⑱『行商坐賈』，『行商』，外出經營的流動商人；『坐賈』，坐地經營的商人。『賈』，音gǔ【古】。——鼎升註

⑲『細事』，小事。——鼎升註

⑳『枚舉』，一一列舉。——鼎升註

㉑『委』，任，派，把事交給人辦。——鼎升註

㉒『幹辦』，經辦；辦理。——鼎升註

㉓『伊』，人稱代詞。他；她。——鼎升註

予占數卦，不見兄弟妻財持世，難以决斷。屢占，見其兄弟持世，知其無益，决意不行。他人開過年餘，費過數千餘兩，後竟掘出泉流，予得免此浪費。又一日，舟泊南昌[84]，忽見西北雲起，疑有風暴，同舟之人俱已占過，不見官鬼子孫持世，亦難决斷。末後[85]稍子[86]占得官鬼持世，予即速命開船，灣[87]於避風之處。[88]少刻狂風大作，江上壞船二[89]十餘隻，獨予得免。又因賤荊[90]偶得瘋疾[91]，危在旦夕，身原[92]虛弱，醫命人參救之，又一醫曰：服人參即死。予占得震爲雷變雷澤歸妹，乃是六沖卦，參藥俱不用服，知其近病逢沖即愈。果於次日退災。還有兩宗大事，身家性命所關，皆得保全。一日解餉[93]十萬，行至花山[94]，午月甲子日，占得艮爲山，官鬼持世，知其有盜，吩咐稍子傳知同行之舟，且莫開行。他船不聽，俱已開去。及至巳

---

[84]『南昌』，即清南昌府，故治在今江西省南昌、新建二縣。一説僅指清江西省南昌縣。——鼎升註

[85]『末後』，後來；最後。——鼎升註

[86]『稍子』，舟子，船夫。——鼎升註

[87]『灣』，停泊。——鼎升註

[88]敦化堂本作：『來後稍，予占得官鬼持世，予即速命開船，灣於避風之處。』當誤。——鼎升註

[89]『二』，敦化堂本作『三』。——鼎升註

[90]『賤荊』，對自己妻子的謙稱。——鼎升註

[91]『瘋疾』，精神錯亂失常。——鼎升註

[92]『原』，敦化堂本作『係』。——鼎升註

[93]『解餉』，運送銀糧。——鼎升註

[94]『花山』，今址不詳。疑为今广西宁明县境內、明江之滨的花山。——鼎升註

時，塘兵[95]報曰：前船被盜！後趕上見之，哭聲兩岸。又於巳月壬申日，與衆鄉人避亂於山，衆曰：此地不穩，移往靈鷄洞[96]避之。予占一卦，問此地穩否？占得天雷无妄，午火子孫持世，約衆勿遷。有不信者，竟自遷去，後被賊人放火薰洞，洞內之人俱遭烟死，獨予合室保全。此數事，非身家性命之所關也？予今願領其教，欲識五行生尅之理，可得聞歟[97]？予曰：《周易》之道，知天時之旱澇，識地利之豐歉，知時運之興衰，知疾病之生死，知功名之成敗，知財帛[98]之聚散，知禍福之趨避，爲人不可不學《易》也。孔子曰：『假我數年，五十以學《易》，可以無大過矣。[99]』爾今先念《渾天甲子六親歌》，占出卦來，會裝五行六親，再學變動。卦中必有動爻，動則必變。既知動變，然後再看用神元神忌神，知此者，即如入《周易》之門也。再看《四時旺相章》、《五行相生、相尅章》、《五行相沖、相合章》、《旬空、月破、生旺墓絶章》，又如升《周易》之堂矣。再看後卷各門各類，占何事以何法斷之。漸漸由淺入深，以得其奥，不須半載工夫，得予數十餘[100]年之積學[101]也。今予先點一卦，教爾學看用神及五行生尅旺衰之理。

凡問事者，先寫年月日辰，再照《六神章》中寫出六神，然後占卦。

---

[95]『塘兵』，驛站的兵卒。專備以傳送文報、巡更查夜等。亦稱『塘卒』。——鼎升註

[96]『靈鷄洞』，今址不詳。疑爲今浙江省桐廬縣畢浦鄉靈鷄洞。——鼎升註

[97]『歟』，音yú【魚】。文言助詞，表示疑問、感嘆、反詰等語氣。——鼎升註

[98]『財帛』，金錢布帛。亦泛指錢財。——鼎升註

[99]語出《論語・述而》：『加我數年，五十以學《易》，可以無大過矣。』——鼎升註

[100]『餘』，敦化堂本無。——鼎升註

[101]『積學』，積累學問；博學，飽學；淵博的學識。——鼎升註

即如占得乾爲天卦——

世			應		
丶	丶	丶	丶	丶	丶
戌土	申金	午火	辰土	寅木	子水
父母	兄弟	官鬼	父母	妻財	子孫

自占吉凶者，以世爻爲用神。此卦世臨戌土，即以此戌土爲自己之身。宜於旺相，最怕休囚，宜逢巳午之火以相生，最忌寅卯之木而相剋，又不宜世爻落空，更不宜世臨月破。

此世爻戌土，有四處生剋沖合：

月建能生剋沖合，一也。

此卦世爻戌土，若在寅卯月占卦，被寅卯之木傷剋，即爲世爻受傷，自占吉凶者，謂之『休囚不利』。若在辰月占卦，辰沖戌土，戌爲月破，此謂之『世爻逢月破』，即如自己身子如破物也，百無所用。

若在巳午月占卦，巳午之火，乃是官星，能生戌土，謂之『火旺土相』，世爻逢旺相，諸事可爲。

若在未丑月占卦，此兩月土旺之時，亦能幫扶戌土，此世爻戌土亦謂之『旺相』，亦以爲吉。

若在戌月占卦，世爻戌土而爲月建，此乃旺相以當時也，自占凶吉，諸事亨通。

若在申酉亥子月占卦，此戌土皆爲洩氣之時，謂之『世爻休囚無力』。

此謂之『月建能生剋沖合世爻戌土之用神』也。

要知何以謂之『用神』者，自占吉凶，用此世爻爲主，不曰世爻而曰『用神』。占父母，以父母爻爲用神。

日辰能生尅沖合，二也。

此卦世爻戌土，若在寅卯日占卦，寅卯之木能尅戌土，此世爻受日辰傷尅，不利之象。

若在辰日占卦，辰沖戌土，謂之『世爻暗動』。

若在巳午日占卦，巳午之火，即是官星，能生戌土，此謂之『世爻逢官星而生旺』，諸事皆吉。

若在未丑二日占卦，土遇土而幫扶，此戌土亦爲得助。

若在戌日占卦，謂之『世爻臨日建』，當令得權。

若在申酉亥子日占卦，此戌土無尅無生。

此謂之『日建能生尅沖合用神』也。

卦中之動爻能生尅沖合，三也。

此卦世爻戌土，倘卦中第二爻寅木發動，能尅戌土；第四爻午火官星發動，能生戌土；第三爻辰土發動，能沖戌土。此謂之『卦中之動爻能生尅沖合用神』。

世爻自動，變出之爻能回頭生尅沖合⑽，四也。

世爻發動，動而必變。變出巳午之火，謂之『回頭生世』；變出寅卯之木，謂之『回頭尅世』；變出辰土，謂之『回頭沖世』；變出卯木，謂之『合世』。

此謂之『用神自動，變出之爻能生尅沖合用神』也。

⑽『沖合』，原本與敦化堂本俱無，據李紱抄本與前後文意補。——鼎升註

以上四處，若得全來生合用神者，諸占全吉；倘有三處相生，一處相尅，亦以吉斷。若有兩處尅，兩處生者，須看旺衰：生用神之神旺相者，則以吉斷；尅用神之神旺相者，可作凶推。倘遇三處相尅，一處相生，若得相生之爻旺相者，亦可謂之『尅處逢生』，凶中得解；若值休囚者，有生之名，無生之實，與四處俱來尅者同斷，諸占大凶。

或問曰：此卦世爻戌土，並無變出寅卯巳午之理。予曰：他爻多有變出回頭生尅，借此以爲法也。

又問曰：卯木能尅戌土，又與戌合，還以之爲尅，還是以之爲合？予曰：《五行相合章》註解極明。

又問曰：此卦乾爲天，卦中午火作官星是也，如何午月午日占卦，亦以此午火作官星，何也？予曰：不拘占得何卦，卦內若以巳午火作官星者，如遇巳午月日占卦，此巳午月日亦作官星；卦中若以巳午之火作財星者，而日月巳午亦作財星。餘倣此。

旺相休囚者，《四時旺相章》查之。

空破者，《旬空、月破章》查之。

沖合者，《五行相沖、五行相合章》查之。

生尅者，《五行相生、五行相尅章》查之。

元神者，《元神章》查之；用神[103]者，在《用神章》查之。

暗動者，在《暗動章》查之。

---

[103]『用神』，原本與敦化堂本俱作『用神官星』，當誤，據李紱抄本與文意改。——鼎升註

回頭生、回頭尅者，在《動變、生尅章》查之。

日辰、月建者，在《日辰、月將章》查之。

占父母者，以卦中之父母爻爲用神。此卦辰、戌兩爻俱是父母，若兩爻俱動，或俱不動，擇其旺者而爲用神；如一爻動者，擇其動者爲用神。父母既臨辰、戌二土，即以土爲父母，宜火相生，怕木相尅，忌臨月破旬空。亦有四處生尅沖合，但宜生多尅少爲吉，與前世爻參看。

占宅舍、舟車、文書⑩、章奏⑮，皆以父母爻爲用神，須在《用神章》細看。

占他人者，以應爻爲用神。此卦應臨辰土，欲其吉者，宜四處相生；欲其衰者，宜四處以沖尅。

占兄弟者，以兄弟爻爲用神。此卦申金兄弟，即用此爻。宜土相生，怕火相尅，忌臨月破旬空。亦有四處生尅，俱是多生少尅爲吉，尅多生少爲凶。

又云『兄弟爻乃劫財之神』，如占弟兄姐妹之否泰者，宜其生旺，不宜臨月破旬空；如占妻妾婢僕及財物者，最宜多尅少生，更喜逢空逢破，使其不能劫我之財、尅我之妻妾婢僕。

占妻妾婢僕及占財物者，以妻財爻爲用神。此卦寅木妻財即是用神。忌臨旬空月破，宜水相生，怕金相尅。亦有四處生尅，多生少尅爲吉，與前同看。

凡占金銀買賣，皆以妻財爲用神，須在《用神章》中細看。

占子孫者，以子孫爲用神。此卦初爻子水即是用神。忌臨月破旬空，喜金相生，怕土相尅。亦有四處生尅沖合，宜其少尅生多，照前同看。

---

⑩『文書』，公文，案卷。——鼎升註

⑮『章奏』，漢代制度，群臣上書有章、奏、表、駁議之別，後來通向皇帝上陳的文書爲章奏。——鼎升註

占他事，以子孫爻爲用神者亦多，《用神章》中查之。
占功名，以官鬼爻爲用神。此卦午火官星，即用此爻。最忌逢空逢破，怕水相尅，宜木相生。亦有四處生尅，與前同看。
占鬼祟⑯、妖孽⑰、亂臣⑱、賊盜⑲，皆以官鬼爻爲用神，須在《用神章》細看。
從前至此所論諸事，後卷俱有細法，恐爾初學，不得其門而入，寫此以爲綱領，引爾以入門也。知此綱領⑳，再細詳後卷各章，由淺入深，自入佳境。

⑯『鬼祟』，偷偷摸摸，不光明正大；鬼怪。——鼎升註
⑰『妖孽』，反常怪異的事物，常認爲不祥之兆；妖怪；害人之物。——鼎升註
⑱『亂臣』，作亂的臣子。——鼎升註
⑲『賊盜』，指偷竊、劫奪財物的人；謂偷竊、劫奪財物；指陰謀禍亂。——鼎升註
⑳『綱領』，泛指起指導作用的原則。——鼎升註

前《八宮全圖》皆是靜爻，然卦必有動，動則必變，後篇雖有《動變章》，恐爾不明，再排一變卦爲式，與爾細詳。

卦有〇兒變出〃，圈兒爲重，重爲陽，陽動變陰。

卦有乂兒變出丶，乂兒爲交，交爲陰，陰動變陽。

即如占得澤天夬——

	世			應	
乂	丶	丶	丶	丶	〇
未土	酉金	亥水	辰土	寅木	子水
兄弟	子孫	妻財	兄弟	官鬼	妻財

變出天風姤卦——

		應			世
丶	丶	丶	丶	丶	〃
戌土					丑土
兄弟					兄弟

上三爻外卦，乃是兌卦，兌爲澤。

下三爻內卦，乃是乾卦，乾爲天。

澤在上，天在下，即是澤天夬卦。即於此《全圖》內尋出澤天夬卦，照樣裝出世應、五行、六親，然後再看動爻。

上三爻兌卦，第六爻交動，乂兒變出丶爻，即是兌卦變乾卦，乾爲天。

下三爻乾卦，初爻重動，○兒變出丶丶爻，即是乾卦變巽卦，巽爲風。

天在上，風在下，即是變出天風姤卦。再往《全圖》內尋出天風姤卦，以姤卦初爻之丑土，寫在前卦初爻發動子水之傍，謂之『子水變出丑土』；以姤卦第六爻之戌土，寫在前卦六爻發動之傍，即是『未土變出戌土』。餘爻不動不變，不必寫出。

安六親者，姤卦之丑土、戌土原是父母，今俱寫兄弟者，何也？六親須照前卦而安也。前卦澤天夬，土爲兄弟，所以變卦之丑、戌二土亦寫兄弟。

餘卦倣此。

渾天甲子章第四

乾在內卦，子水寅木辰土；乾在外卦，午火申金戌土。

坎在內卦，寅木辰土午火；坎在外卦，申金戌土子水。

艮在內卦，辰土午火申金；艮在外卦，戌土子水寅木。

震在內卦，子水寅木辰土；震在外卦，午火申金戌土。

巽在內卦，丑土亥水酉金；巽在外卦，未土巳火卯木。

離在內卦，卯木丑土亥水；離在外卦，酉金未土巳火。

坤在內卦，未土巳火卯木；坤在外卦，丑土亥水酉金。

兌在內卦，巳火卯木丑土；兌在外卦，亥水酉金未土。

假令占得天風姤卦——

、、、、、〃

戌土　申金　午火　酉金　亥水　丑土

上三爻是乾卦，即是乾在外卦，午火申金戌土。

下三爻是巽卦，即是巽在內卦，丑土亥水酉金。

點卦由下點至上，故裝五行亦由下而往上。餘倣此。

六親歌章[111]第五

乾兌金兄土父傳，木財火鬼水子然。　乾宮八卦、兌宮八卦俱屬金。

坎宮水兄火爲財，土鬼金父木子來。

坤艮土兄火爲父，木鬼水財金子路。　坤宮八卦、艮宮八卦俱屬土。

離宮火兄水爲鬼，土子木父金財助。

震巽木兄水父母，金鬼火子財是土。　震宮八卦、巽宮八卦俱屬木。

---

[111]『章』，原本與敦化堂本俱無，據前後文意補。——鼎升註

假令占得乾爲天——

世	丶	戌土	父母
	丶	申金	兄弟
	丶	午火	官鬼
應	丶	辰土	父母
	丶	寅木	妻財
	丶	子水	子孫

此係乾宮卦，即照乾兌金兄、土父、木財、火鬼裝之。所以辰、戌二土爲父母，申金爲兄弟，火爲官鬼，木是妻財，水是子孫。

餘卦倣此。

世應章第六

乾爲天，世在六；天風姤，世在初；天山遯，世在二；天地否，世在三；風地觀，世在四；山地剝，世在五；火地晉，世退在四；火天大有，世退在三爻。

隔世爻兩位即是應爻。餘卦倣此。

動變章第七

六爻不動則不變，動則必變。

〇重爲陽，動則變丶丶；乂交爲陰，動則變丶。

乾卦初爻動　、、○

假令

變成巽卦　、、〃

乾卦上下動　○、○

假令

變作坎卦　〃、〃

坤卦中爻動　〃×〃

假令

變作坎卦　〃、〃

坤卦三爻動　×××

假令

變作乾卦　、、、

假令占得水天需變天水訟——

	ㄨ	子水	妻財	戌土	兄弟
	丶	戌土	兄弟		
世	ㄨ	申金	子孫	午火	父母
	○	辰土	兄弟	午火	父母
	丶	寅木	官鬼		
應	○	子水	妻財	寅木	官鬼

占得水天需爲正卦[112]。

變出天水訟爲支卦[113]。

上三爻坎卦，即是坎在外卦，申金戌土子水，所以四爻申金、五爻戌土、上爻子水。

變出乾卦，即是乾在外卦，午火申金戌土，所以申金變出午火，子水變出戌土，中爻不動則不變。

變出之爻安六親者，仍照正卦而安。餘卦倣此。

---

[112]『正卦』，即主卦。——鼎升註

[113]『支卦』，即變卦。——鼎升註

用神章第八

父母爻：

占父母，即以卦中之父母爻爲用神。

祖父母，伯叔、姑姨父母，凡在我父母之上，或與我父母同輩之親，及師長、妻父母、乳母、拜認之父母、三父八母⑭，或僕占主人，皆以父母爻爲用神。

占天地、占城池⑮、墻垣⑯、宅舍、屋宇、舟車、衣服、雨具、綢緞、布疋、氈貨，及章奏、文書、文章、書館⑰、文契⑱，亦以父母爲用神。物類亦多，在人通變，一切庇護我身者是也。

官鬼爻：

占功名、占官府、雷霆、鬼神、妻占夫，皆以官鬼爻爲用神。

占亂臣、賊盜、邪祟⑲，亦以官鬼爻爲用神。

---

⑭『三父八母』，舊指同居繼父、不同居繼父、從繼母改嫁之繼父，合稱三父；嫡母、繼母、養母、慈母、嫁母、出母、庶母、乳母，合稱八母。——鼎升註

⑮『城池』，城墻和護城河。也指城市。——鼎升註

⑯『墻垣』，墻壁。『垣』，音yuán【原】。——鼎升註

⑰『書館』，古代教授初學之所；教授典籍之所。——鼎升註

⑱『文契』，買賣或借貸雙方所立的文書契約。——鼎升註

⑲『邪祟』，作祟害人的鬼怪。——鼎升註

物類亦多，一切拘束我身者是也。

兄弟爻：

占兄弟、姐妹、族中弟兄、姑姨姐妹、姐丈妹夫、及結拜弟兄，皆以兄爻爲用神。兄弟乃同類之人，彼得志則欺淩，見財則奪。所以占財物，以之爲劫財之神：，占謀事，以之爲阻隔之神：，占妻妾婢僕，以之爲刑傷尅害之神。

占姐丈妹夫，以兄爻爲用神，予屢得驗。

占表兄弟，以兄弟爻爲用神而不驗，還以應爲用神。

妻財爻：

占妻妾婢僕、下役⑳，凡我驅使之人，皆以財爻爲用神。

占貨財、珠寶、金銀、倉庫、錢糧，一切使用之財物、什物㉑、器皿，亦以財爻爲用神。

子孫爻：

占子孫、占女、女婿、侄、甥、門徒，凡在我子孫輩中，皆以子孫爲用神。

占忠臣、良將、醫人、醫藥、僧、道、兵、卒，皆以子孫爲用神。

占六畜㉒、禽鳥，亦以子孫爲用神。

---

⑳『下役』，僕役：，差役。——鼎升註

㉑『什物』，各種物品器具。多指日常生活用品。——鼎升註

㉒『六畜』，指猪、牛、羊、馬、鶏、狗。也泛指各種家畜、家禽。——鼎升註

子孫爲福德之神，爲制鬼之神，爲解憂之神，又爲剝官削職⑫³之神，故謂之『子孫乃是福神，諸事見之爲喜，獨占功名者忌之』。

用神元神忌神仇神章第九

用神，即前各類之用神也。

元神者，生用神之爻，即爲元神。

忌神者，剋用神之爻也。

仇神者，剋制元神不能生用，反生忌神而剋害用神。

假令金爲用神，生金者土也，土爲元神；剋金者火也，火爲忌神；剋土生火者木也，木爲仇神。

⑫³『削職』，免職。——鼎升註

曾於巳月甲寅日，占往營中貨易(124)。得巽卦變渙卦——(125)

世	丶	卯木	兄弟	
	丶	巳火	子孫	
	〻	未土	妻財	
應	○	酉金	官鬼	午火 子孫
	丶	亥水	父母	
	〻	丑土	妻財	

斷曰：不可往，必有仇人爲害。或曰：應爻酉金，尅世爲忌神，何謂仇人？予曰：世爲自己，應爲他人，應爻生世即爲恩人，應尅世，非仇而何？後果被仇人陷害。勿以仇神即仇人也。

(124)『貨易』，貿易；交易。——鼎升註

(125)此卦與後『占防害』一卦，原本與李紱抄本俱無，據敦化堂本補。——鼎升註

又如寅月丙子日，占防害。得坎卦變地水師——

世	〃	子水	兄弟	
	○	戌土	官鬼	亥水 兄弟
	〃	申金	父母	
應	〃	午火	妻財	
	丶	辰土	官鬼	
	〃	寅木	子孫	

此人因仇人詐害占之。予曰：世爲自己，屬子水；應爲仇人，屬午火。水能剋火，乃是你去剋他，這也無妨，但不宜間爻動出土鬼而剋水，間爻者，乃中間之小人也，反是此人爲害。彼曰：然何法治之？予曰：戌鬼雖動，有月建制之；世爻雖衰，幸臨日建。日下[126]有一勢利[127]之人，助爾之仇人生鬼，爾去訪尋，若得見勢利之人，知爾理直，不肯助他，則事散矣。彼曰：何以知之？予曰：日辰沖動午火，日辰乃勢利之人也。彼又曰：即使見此勢利之人，未必聽我之言。予曰：不妨，世爻子水與日辰相比，彼此一定相投[128]。果依此行，戊寅日消釋。應寅日者，戌土原被寅木剋制，今又見寅木，木旺土衰則息矣。

[126]『日下』，目前，目下，即日，當天。——鼎升註
[127]『勢利』，權勢和錢財。——鼎升註
[128]『相投』，彼此合得來。——鼎升註

不拘占何事，先看何爻爲用神。既得用神，須看旺相否，有元神動而生扶否，有忌神動而尅害否。

即於辰月戊申日，占父近病。得乾爲天變風天小畜——

世	丶	戌土	父母	
	丶	申金	兄弟	
	○	午火	官鬼	未土 父母
應	丶	辰土	父母	
	丶	寅木	妻財	
	丶	子水	子孫	

一人執此卦而問予曰：『近病逢沖即愈』，此卦乃係六沖，但予父病之甚重，爾看愈於何日？予曰：此卦辰土、未土、戌土三重父母爻，當擇其旺者而用之。今辰土父母臨月建，即用辰土爲用神。目下病重者，乃因申日沖寅木而暗動，木動以尅辰土。彼問曰：卦中午火發動，寅木雖則暗動，反生午火而生土。卜書云：『忌神與元神同動，得兩生也。』今止曰寅木尅辰土，不曰午火生辰土，何也？予曰：午火雖動，化出未土，午與未合，午火貪合不生辰土，所以此辰土單受寅木之尅，不得午火之生，故此病體沉重。須待丑日沖去未土，而午火無合可貪，午火生土，其災退矣。果於丑日起床。

元神忌神衰旺章第十

元神雖生用神，須要旺相，方可生得用神。⑫⑨

元神能生用神者有五：

元神旺相，或臨日月，或得日月動爻生扶者，一也。

元神動化回頭生，及化進神者，二也。

元神長生帝旺於日辰，三也。

元神與忌神同動，四也。

元神旺動，臨空化空，五也。

古以『臨空化空爲無用』，非也。殊不知動不爲空，皆應沖空實空之日而有用也，故以爲吉，能生用神。

此五者，乃有力之元神也，諸占皆吉。

---

⑫⑨敦化堂本作：『諸占皆以用神爲主，全要元神生扶，而元神又要旺相，方可生得用神。』——鼎升註

即如酉月辛亥日，占謁貴[130]求財。得兌爲澤變雷水解卦——[131]

世	〃	未土	父母		
	○	酉金	兄弟	申金	兄弟
	丶	亥水	子孫		
應	〃	丑土	父母		
	丶	卯木	妻財		
	○	巳火	官鬼	寅木	妻財

斷曰：甲寅日得見，財亦如心。彼曰：卯木財爻，空而且破，又被金尅；初爻巳火官雖生世，亥日沖散，又化旬空。何以爲吉？予曰：神兆機於動，予從來不言散。正因巳火化空，所以目下不見，待甲寅日出空而相見矣！寅木之財以生官，官來生世。果於寅日早見，本日得財。

元神雖現，又有不能生用神者有六：

元神休囚不動，或動而休囚，又被傷尅者，一也。

元神休囚，又逢旬空月破，二也。

元神休囚，動化退神，三也。

元神衰而又絕，四也。

元神入三墓，五也。

[130]『謁貴』，進見地位高貴的人。——鼎升註

[131]敦化堂本無此卦。——鼎升註

元神休囚，動而化絕化尅化破化散，六也。

以上見生不生，乃無用之元神也，雖有如無。

忌神動而尅害用神者有五：

忌神旺相，或遇日月動爻生扶，或臨日月者，一也。

忌神動化回頭生，化進神者，二也。

忌神旺動，臨空化空，三也。

忌神長生帝旺於日辰，四也。

忌神與仇神同動，五也。

以上之忌神者，如斧鉞⑬²之忌神也，諸占大凶。

忌神雖動，又有不能尅用神者有七：

忌神休囚不動，動而休囚，被日月動爻尅者，一也。

忌神靜臨空破，二也。

忌神入三墓，三也。

忌神衰動化退神，四也。

忌神衰而又絕，五也。

忌神動，化絕化尅化破化散，六也。

---

(132)『斧鉞』，古代軍法用來殺人的斧子。泛指刑罰中的殺戮。『鉞』，音yuè【越】。——鼎升註

忌神與元神同動，七也。

此忌神者，乃無力之忌神也，諸占化凶爲吉。

以上論元神忌神之有力無力者，亦要用神有氣。倘若用神無根，謂之『元神有力亦難生，忌神無力何足喜』。

如巳月乙未日，自占病。得澤風大過變火風鼎——

	✕	未土	妻財	巳火	子孫
	○	酉金	官鬼	未土	妻財
世	、	亥水	父母		
	、	酉金	官鬼		
	、	亥水	父母		
應	〃	丑土	妻財		

自占病，世爻亥水爲用神，被未土忌神動而尅水，幸得酉金元神亦動，忌神未土反生元神之酉金，金生亥水，接續相生，化凶而爲吉矣。豈知亥水月沖日尅，值月破而被尅，雖有生扶，生之不起，如樹無根，寒谷[133]不回春也。果卒於癸卯日。應卯日者，沖去元神之日。此謂之『用神無根，元神有力亦難生』。

[133]『寒谷』，爲日光所不及的深山溪谷。——鼎升註

又如丑月戊子日，自占病。得天火同人變旅卦——

應			世		
丶	○	丶	丶	〃	○
戌土	申金	午火	亥水	丑土	卯木
子孫	妻財	兄弟	官鬼	子孫	父母
	未土				辰土
	子孫				子孫

自占病，世爲用神。世爻亥水，子日拱之，又得申金元神動而相生，乃不死之症。疑其申金墓於丑月，恐不能生。請伊母再占一卦。

得離卦變火天大有——

世			應		
⚋	⚊⚊	⚋	⚋	⚋	ㄨ	⚋
巳火	未土	酉金	亥水	丑土	卯木
兄弟	子孫	妻財	官鬼	子孫	父母

寅木
父母

母占子，子孫爲用神。丑土子孫雖逢月建，不宜動化寅木回頭之尅，目下雖則無妨，交春⑬木旺土衰，必死。又合前卦，亥水世爻得申金元神以相生，寅月沖去申金，則危矣。果卒於交春之日。大凡占病，一家俱可代占，合而决之，生死之日月可知矣。

卦宜多占，决禍福而更穩。不然⑬前卦申金元神，動而生世，當許申日退災，因見後卦丑土子孫變寅木之尅，寅月必危，始悟出寅月沖去申金則危矣。⑬

---

⑬『交春』，立春。——鼎升註

⑬『不然』，原本無，據敦化堂本與文意補。——鼎升註

⑬敦化堂本作：『卦宜多占，决禍福而更穩。不然前卦申金元神，動而生世，何得知其寅月之死？後卦寅木尅子，雖則顯然，亦要人之活變。』——鼎升註

五行相生章第十一

金生水，水生木，木生火，火生土，土生金。

凡用神元神，宜於逢生：月建生、日建生、動爻生、動化回頭生。

即如卯月己卯日，弟占兄已得重罪，母叩閽[137]能救否？

	ヽヽ	酉金	子孫	
	ヽヽ	亥水	妻財	
應	ㄨ	丑土	兄弟	午火 父母
	ヽヽ	辰土	兄弟	
	ヽヽ	寅木	官鬼	
世	ヽ	子水	妻財	

兄弟爻爲用神。丑土兄動，日月剋之，明現大罪難脫。幸得兄爻丑土，化午火父母回頭相生。斷曰：速速行之！父母生兄，神告顯然。後果蒙免死。

---

[137]『叩閽』，官吏、百姓到朝廷訴冤。亦稱『叫閽』。『閽』，音hūn【婚】。——鼎升註

又如巳月丙申日，占病。得姤卦——

父母	戌土	⚊	
兄弟	申金	⚊	
官鬼	午火	⚊	應
兄弟	酉金	⚊	
子孫	亥水	⚊	
父母	丑土	⚋	世

醫家執此卦而問予曰：某人得病，雖是危災，予命病人占藥可能救否。此卦月建巳火、應爻午火生世，病必可救，如何服藥無靈？予曰：卦之顯然，乃爾錯看。占藥以子孫爲用神，父母爲忌神。此卦亥水子孫月破無根，申日生之而不起，世爻父母以剋子孫，此之謂『父母持世，妙藥難調』，服藥如何有效？非惟卦不准，乃爾斷不靈。[138]

五行相尅章第十二

金尅木，木尅土，土尅水，水尅火，火尅金。

凡忌神仇神宜於逢尅：月尅、日尅、動爻尅、用神動化回頭尅。

此四者，用神元神但逢一尅，他處不見生扶者，即爲凶兆：占吉事，樂極生悲；占凶事，須宜急急迴避。

---

[138]『非惟卦不准，乃爾斷不靈』，敦化堂本作：『非惟卦不准，只因斷不靈，此之謂也。』——鼎升註

如卯月戊辰日，占父官事，已擬[139]重罪。得澤地萃變天火同人——

	ㄨ	未土	父母	戌土	父母
應	丶	酉金	兄弟		
	丶	亥水	子孫		
	ㄨ	卯木	妻財	亥水	子孫
世	〃	巳火	官鬼	卯木	妻財
	ㄨ	未土	父母		

外卦未土父母，卯月尅之，內卦亥卯未合成木局，又相尅制，月尅日刑，全無救助。果至重刑。

同日，妹占兄官事，同此一案，亦擬重罪。得天地否變天水訟——

應	丶	戌土	父母		
	丶	申金	兄弟		
	丶	午火	官鬼		
世	〃	卯木	妻財		
	ㄨ	巳火	官鬼	辰土	父母
	〃	未土	父母		

[139]『擬』，擬定。——鼎升註

申金兄爻爲用神，巳火鬼動刑剋申金，重罪定矣；幸喜辰日沖動戌土父母，暗動生申，剋處逢生。若有父母，可以救之。後因父年八旬，援例[140]告[141]留免死。

又如卯月癸亥日，新遷住宅，人口不安。占得水天需變乾卦——

	ㄨ	子水	妻財	戌土	兄弟
	丶	戌土	兄弟		
世	ㄨ	申金	子孫	午火	父母
	丶	辰土	兄弟		
	丶	寅木	官鬼		
應	丶	子水	妻財		

申金子孫持世，化午火回頭之剋，乃自身與子孫同受剋，上爻子水財動，又化土剋，財爲妻妾婢僕，乃一家受害之象，速宜遷之。伊曰：另改門戶，能免災耶？予曰：不能。『忌回頭之剋我』，夏天火旺之時，必有凶厄。豈知宅近黃河，逐日欲遷而未遷，午月河決，一家九口，隨波逐浪。應午月者，午火當權，剋世剋子，又沖子水妻財，所以一家被害。

聖人作易，令人趨吉避凶。未卜而不知者，是大數[142]也；卜之而神不告，亦大數也；既已卜之，神已告之，明知而故犯者，亦不可盡委之於數也，命也！

---

[140]『援例』，援引成例。——鼎升註

[141]『告』，請求。——鼎升註

[142]『大數』，自然法則；氣數。——鼎升註

尅處逢生章第十三

受此處之尅，得彼處之生，即爲『尅處逢生』。大凡用神元神，以尅少生多爲吉。忌神者，以尅少生多爲凶。所以忌神宜尅不宜生也。

如辰月丙申日，占弟痘(143)症，業已臨危。得既濟變革卦——

應	〃	子水 兄弟	
	ヽ	戌土 官鬼	
	✕	申金 父母	亥水 兄弟
世	ヽ	亥水 兄弟	
	〃	丑土 官鬼	
	ヽ	卯木 子孫	

斷曰：月建辰土，雖尅亥水兄弟，賴申日以生之，又得動爻相生，臨危有救。果於本日酉時，得名醫而救活，至己亥日以全生。

---

(143)『痘』，急性傳染病名。俗稱天花，亦稱痘瘡或天瘡。症狀是先發高熱，全身出紅色的丘疹，變成疱疹，最後變成膿疱，中心凹陷，十天左右結痂，痂脫落後的疤痕就是麻子。種牛痘可以預防。——鼎升註

動靜生尅章第十四

六爻安靜，旺相之爻可以生得休囚之爻，亦可以尅得休囚之爻。蓋旺相者，如有力之人也。

假令春天寅卯月，占得坤卦——

世	⚋	酉金	子孫
	⚋	亥水	妻財
	⚋	丑土	兄弟
應	⚋	卯木	官鬼
	⚋	巳火	父母
	⚋	未土	兄弟

如占父母，巳火爲父母，二爻之卯木當春旺相，能生巳火，即爲父母旺相。巳火父母既逢春木相生，父旺能尅子孫，如占子孫，子孫衰矣。

春木當令，能尅丑、未二土，土臨兄弟，如占弟兄，謂之『休囚無氣』。餘倣此。

卦有動爻，能尅靜爻，即使靜爻旺相，亦不能尅動爻。

假令寅月，占得兌卦變歸妹——

世	丶丶	未土	父母	
	○	酉金	兄弟	申金 兄弟
	丶	亥水	子孫	
應	丶丶	丑土	父母	
	丶	卯木	妻財	
	丶	巳火	官鬼	

酉金發動，雖則休囚，動而能剋旺相之卯木。卯木當令，能剋丑、未二土，今既木被金傷，亦難剋土。餘倣此。

靜者，如坐如臥；動者，如行走之人也。

動變生尅沖合章第十五

卦有動爻，動而必變。夫變出之爻，能生尅沖合本位之動爻，不能生尅他爻；而他爻與本位之動爻，亦不能生尅變爻。

假令子月卯日，占得坤卦變火地晉——

世			應		
ㄨ	〃	ㄨ	〃	〃	〃
酉金	亥水	丑土	卯木	巳火	未土
子孫	妻財	兄弟	官鬼	父母	兄弟
巳火		酉金			
父母		子孫			

酉金發動，酉爲動爻，變出巳火，巳爲變爻。變爻之巳火，能回頭尅本位之酉金，並不能生尅他爻。

四爻之丑土，動而能生世爻之酉金，不能生變出之酉金；而變出之酉金，亦不能生尅他爻。

然則變爻誰能制之？惟日月能生之、尅之、沖之、合之。何也？日月如天，能生尅動爻、靜爻、飛爻、伏爻、變爻，而諸爻皆不能傷日月。《黃金策》曰：『爻傷日，徒受其名。』即如此卦，子水月建，能尅世爻變出之巳火；卯爲日建，能沖變出之酉金是也。餘倣此。

四時旺相章第又十五

正月，寅爲月建，寅木旺，卯木次之。

二月，卯爲月建，卯木旺，寅木次之。

正、二月木爲旺，火爲相，其餘金、水、土俱作休囚。

三月，辰爲月建，辰土旺，丑、未之土次之；金賴土生，金爲相；木雖不旺，還有餘氣。其餘俱作休囚。

四月，巳爲月令，巳火旺，午火次之。

五月，午爲月建，午火旺，巳火次之。

四、五月火旺土相，其餘俱作休囚。

六月，未爲月建，未土旺，辰、戌之土次之；土生金，金爲相；火雖衰矣，亦有餘氣存焉。其餘俱作休囚。

七月，申爲月建，申金旺，酉金次之。

八月，酉爲月建，酉金旺，申金次之。

七、八月金旺生水，水爲相，其餘俱作休囚。

九月，戌爲月令，戌土旺，丑、未之土次之，土生金，金爲相。其餘俱作休囚。

十月，亥爲月建，亥水旺，子水次之。

十一月，子爲月建，子水旺，亥水次之。

十月、十一月水生木，木爲相，其餘俱以衰論。

十二月，丑爲月建，丑土旺，辰、戌之土次之；土生金，金爲相；水雖衰矣，猶有餘氣。其餘俱作休囚。

月將章第十六

月將即是月建，又爲月令。

掌一月之權，司三旬之令。

一月三十日內當權得令。

操持萬卜之提綱，巡察六爻之善惡；能助卦爻之衰弱，能挫爻象之旺强；制服動變之爻，扶起飛伏之用。

月將乃當權之主帥，萬卜以之爲綱領。

爻之衰弱者，能生之、合之、比之、拱之、扶之，衰而亦旺。

爻之强旺者，能沖之、尅之、刑之、破之，旺而亦衰。

卦有變爻尅制動爻者，月建能制服變爻。

卦有動爻尅制靜爻者，亦能制服動爻。

用神伏藏，被飛神壓住者，月建能沖尅飛神，生助伏神而爲用也。

爻逢月合而有用，爻逢月破以無功。

月建合爻，則爲月合，乃有用之爻也；月沖之爻，即爲月破，無用之爻也。

月建不入爻，亦爲有用；月建一入卦，愈見剛强。

卦無用神，即以月建爲用神，不必尋伏神也。

月建入卦，動而作元神者，爲福更大；動而作忌神者，爲禍更深。不入卦者緩之。

爻值月建，旺相當權，逢空不空，逢傷無害。

古有此說，予試不然，在旬內者，畢竟爲空。

如寅月庚戌日，占求財。得火天大有——

應			世		
丶	〃	丶	丶	丶	丶
巳火	未土	酉金	辰土	寅木	子水
官鬼	父母	兄弟	父母	妻財	子孫

斷曰：寅木財爻爲用神，財爻尅世，此財必得。但目下尚空，要到甲寅日出空可得。果於甲寅得之。古以『逢空不空』，非也，若在旬內還作空亡，必待出旬不爲空也。

逢空亦空，終非落底之空；逢傷亦傷，却有待時之用。

所以用神逢空，勿即指爲不空，畢竟爲空。但此空者，乃目下旬內之空也，待至出空之日，則不空矣。作忌神者，出而爲禍；作元神者，出而爲福。非比休囚之真空，到底而爲空也。

爻值月建，乃爲旺矣，或被他爻所尅，即謂之『逢傷』，占病者目下不愈，占事者目下不成；待至沖去傷爻之日，則不受其傷矣，病者必愈，圖事必成。故曰：『逢傷亦傷，却有待時之用。』

如酉月丙寅日，占謁貴。得山風蠱變山水蒙——

應　　　　世
⚋　⚋　⚋　○　⚊　⚋
寅木　子水　戌土　酉金　亥水　丑土
兄弟　父母　妻財　官鬼　父母　妻財
　　　　　　午火
　　　　　　子孫

世臨月建之官，定得面見。但被午火回頭之尅，須待子日，沖去午火，方得拜謁[144]。果得見於丙子日。故曰：『逢傷亦傷，却有待時之用。』

日絕、日沖、日尅，須察別位有[145]生扶；化絕、化墓、化尅，又怕他爻增制尅。

爻值月建，或絕墓於日，及日建沖尅者，可以敵之，無吉無凶之象。倘得他爻又動而生扶者，更爲吉兆。只恐他爻又來尅制用爻，雖臨月建，亦難敵也。

[144]『拜謁』，拜見。——鼎升註

[145]『有』，原本與李紱抄本俱如此，敦化堂本作『動』。——鼎升註

如寅月丙申日，占陞遷。得艮卦變山雷頤——

世	、	寅木	官鬼		
	、、	子水	妻財		
	、、	戌土	兄弟		
應	○	申金	子孫	辰土	兄弟
	、、	午火	父母		
	ㄨ	辰土	兄弟	子水	妻財

寅木官星持世，臨月建而旺相，雖被申日沖尅，喜申子辰合成水局以生官，不獨無害，定然三月高遷。果於三月陞任雲南。夫應即陞者，乃因又得水局以生扶；應三月者，辰土出空之月也；應雲南者，世與官星皆在六爻之故耳。

又如午月丁未日，占弟被論[146]，吉凶何如？得困卦變雷風恒——

		應			世
、、	○	、	ㄨ	、	、、
未土	酉金	亥水	午火	辰土	寅木
父母	兄弟	子孫	官鬼	父母	妻財
	申金		酉金		
	兄弟		兄弟		

酉金兄爻爲用神，午月剋之，未日生之，可以相敵。但不宜又動出午火相剋，正所謂『最怕他爻增剋制』。彼問：有大害否？予曰：午火爲月建，動於卦中，謂之『入卦者，更見剛强』，又謂之『月建作忌神，得禍不淺』，大凶之象。又問：凶在何時？予曰：酉金兄爻化退神，今歲辰年，太歲相合，自是無妨，恐退至申年而無路矣！果於本年下獄[147]，至申年而被重刑[148]。

[146]『論』，論罪，論處。——鼎升註

[147]『下獄』，關進牢獄。——鼎升註

[148]『重刑』，加重刑罰，施以嚴刑。——鼎升註

大象吉者，從斯而泰；大象凶者，出月遭屯⑭⁹。
尅少生多者，大象吉也；尅多生少者，大象凶也。
大象雖凶，在月內還許不礙，出此月而受其殃。
用神遇之，得福不輕；忌神逢之，得禍不淺。
此言用神臨月建，並無他爻以傷尅者，凡占皆吉。
忌神臨月建，而用神休囚無救者，諸占大凶。
生扶忌神，乃助惡而爲虐；尅制元神，乃邀⑮⁰路以截糧。
忌神尅害用神，得月建尅制忌神者，名爲有救；若月建反生忌神者，助惡而爲虐也。
如用神得元神之生，月建又生元神，吉而又吉；倘月建若尅制元神者，如梟神以奪食也。

（鼎升曰：梟的本義是一種與鴟鵂相似的惡鳥，梟神則是命理學中偏印的一種，指對日主形成陰生陰、陽生陽即同性相生關係的爲偏印，如我日主是甲木，壬水是我的偏印。偏印有多種稱謂，有制爲偏印，無制爲倒食，見食爲梟神。又日主對其所生者形成陰生陰、陽生陽即同性相生關係的爲食神，如我日主是甲木，丙火是我的食神。命理學認爲人的財壽得益於食神，而梟神專門尅制食神，好比梟鳥奪食人的糧食，不利人發財長壽。民間又把『梟神』訛傳爲『小人』。此處『月建若尅制元神者，如梟神以奪食也』，所奪爲『元神』，所以此處僅是比喻，而非真正命理學意義上的『梟神奪食』。）

⑭⁹『屯』，音zhūn【諄】。困頓，境地艱難。——鼎升註
⑮⁰『邀』，阻截。——鼎升註

物窮則變[151]，器滿則傾[152]。

用神衰者，遇時則發。即如用神臨火，冬占不旺，將到春來則旺矣，謂之『物窮則變』。

又如正月占卦，用神臨寅木月建，謂之『太旺』，若到秋來遇金沖剋，不無破敗，故謂之『器滿則傾』。

如寅月辛酉日，占開鋪面。得艮變明夷卦——

世	○	寅木	官鬼	酉金　子孫
	〃	子水	妻財	
	〃	戌土	兄弟	
應	丶	申金	子孫	
	〃	午火	父母	
	ㄨ	辰土	兄弟	卯木　官鬼

世臨寅木，得令當時，目下開張，可許熱鬧。獨嫌日辰剋世，世化回頭之剋，生少剋多，又是六沖卦，六沖不久。彼曰：或是夥計不同心，或是別有他故？予曰：鬼在身邊，須防疾病；夥計[153]從此變心，必受其累。果於六月痢疾，至八月未愈，夥計盜盡，嗚[154]之於官，分文不獲。此謂之『當時旺相無傷，過

[151]『物窮則變』，事物到了盡頭就要發生變化。——鼎升註

[152]『器滿則傾』，容器滿溢，則將傾覆。比喻事物發展超過一定界限就會向相反方面轉化。——鼎升註

[153]『夥計』，原本與敦化堂本、李紱抄本俱作『夥伴』，當誤，據前後文意改。——鼎升註

[154]『嗚』，原意爲喊叫，此處指向上級官府申告。——鼎升註

時受害』。

應六月者，木墓於未；夥計變心者，應爻申金，秋天當令而沖世；財被盜盡者，因子水財落空亡。

逢絕不絕，逢沖不散。日生月剋，兼看生扶；日剋月生，兼查沖剋。

月將當權，豈能衰絕？旺相如剛，豈能沖散？月剋日生，遇幫扶而愈旺；月生日剋，逢剋制而亦衰。

如午月戊辰日，占妹臨產(155)吉凶。得火地晉——

丶	巳火	官鬼			
〃	未土	父母			
丶	酉金	兄弟	世		
〃	卯木	妻財			
〃	巳火	官鬼			
〃	未土	父母	應		

酉金兄爻爲用神，月令剋之，日建生之，許之無礙，明日卯時必生。果於次日卯時生，母子平安。

應卯時者，酉金與辰日相合，《黃金策》曰：『若逢合住，必待沖開。(156)』此月剋而日生，無增剋制幫扶也。

(155)『臨産』，孕婦快要生孩子。——鼎升註

(156)《卜筮全書・黃金策・總斷千金賦》原文作：『如逢合住，須沖破以成功。』——鼎升註

又如未月甲午日，占子痘。得天澤履變風澤中孚——

世	丶	戌土	兄弟	
	丶	申金	子孫	
	○	午火	父母	未土 兄弟
	〃	丑土	兄弟	
應	丶	卯木	官鬼	
	丶	巳火	父母	

申金子孫爲用神，月生日尅，可以相敵，但不宜爻中動出午火，又來尅之。幸得午與未合，目下不礙，防丑日沖去未土，火來傷金則危矣。果卒於丑日。

李我平曰：諸書皆以『月將當權，逢空不空，遇傷無害』，此書以『增尅制，空亦爲空，傷亦爲傷』，明徹之極，實可爲法。《易冒》以『日尅月生，得生之八；月尅日生，得生之七[157]』，七分八分，何以決疑？即如此章所存占驗：占產，不增尅制，危而即安；占痘，疊見逢傷，命之不保。一死一生，七分耶，八分耶？

---

[157]《易冒·月將章》原文作：『日月之力相較，若月尅日生，吉得十之八；日尅月生，吉得十之七。』——鼎升註

日辰章第十七

子水，丑土，寅木，卯木，辰土，巳火，午火，未土，申金，酉金，戌土，亥水。

日辰，即本日之日辰，又爲日建。

日辰爲六爻之主宰，司四時之旺相。

前章言月令『司三旬之令』，令於春則生，令於秋則殺，春夏秋冬，各令其時，獨日辰不然，四時俱旺，操生殺之權，與月建同功。

沖旺相之靜爻，即爲暗動；沖衰弱之靜爻，則爲日破。

爻之旺而靜者，沖之則爲暗動，愈得其力；爻之靜而衰者，沖之則爲日破，愈加無用。

沖空即起，沖合即開。爻之衰弱，能生扶拱合，如時雨⑱以滋苗；爻之强旺，能尅害刑沖，似秋霜之殺草。

爻遇旬空，日辰沖起而爲用，謂之『沖空則實』。

爻逢合住，遇日建以沖開，謂之『合處逢沖』是也。

但凶神合處喜逢沖，吉神合住不宜沖也。

爻之衰弱，日辰能生之、合之、旺之；同類者，比之、扶之。

爻之强旺者，能刑之、沖之、尅之、絕之、墓之。

---

⑱『時雨』，應時的雨水。——鼎升註

爻旺而動，沖之愈動；爻衰而動，沖之則散。

他書有云：『爻逢月建，日沖而不散。⑮⑨』是明知當令，不畏日沖。及至講論禍福，不拘旺相休囚，一概俱以散論，最重者散。獨予屢試，偏不應乎散，神兆機於動，動則必驗，並不見其散也：旺相者，沖之愈强；休囚無氣者，間乎有散，亦百中僅一二也。

逢月破而不破，遇沖尅以無傷。

爻臨日建，月沖不破，月尅無傷；逢動爻之尅，亦不爲害；化回頭之尅，亦不爲殃。似此之强，如山如崗，似與月建同權，中天日麗⑯⓪，旺相之極。

生多尅少，錦上添花⑯①；生少尅多，寡不敵衆。

爻臨日建，卦中又有動爻生扶者，如錦上添花。爻臨日建，而月建、動爻同來尅者，似寡不敵衆。即如酉月卯日占卦，爻臨卯木，謂之『逢破不破』。假使爻中又動出申酉之金，或卯爻動化申酉，此謂之『寡不敵衆』，破亦爲破，傷亦爲傷。他倣此。

---

⑮⑨《易冒·日沖章》原文作：『如動爻遇日辰相沖，苟非月建，則謂之散。』——鼎升註

⑯⓪『中天日麗』，太陽正在天頂發出燦爛的光芒。比喻事物正發展到十分興盛的階段。——鼎升註

⑯①『錦上添花』，在錦上再綉花。比喻好上加好，美上添美。——鼎升註

如申月戊午日，占病。得天山遯變天風姤——

　應　　　世
、　、　、　、　ㄨ　〃
戌土　申金　午火　申金　午火　辰土
父母　兄弟　官鬼　兄弟　官鬼　父母
　　　　　亥水
　　　　　子孫

世爻午火臨日辰，本主旺相，不宜申金月建，生亥水回頭尅世，卒於亥月。

又如巳月丁亥日，占僕何日回？得夬卦變履——

　世　　　應
ㄨ　、　、　○　、　、
未土　酉金　亥水　辰土　寅木　子水
兄弟　子孫　妻財　兄弟　官鬼　妻財
戌土　　　丑土
兄弟　　　兄弟

亥水財爻為用神，亥為月破，雖值日建，破而不破，不宜四重土動以傷之，諺云：『雙拳不敵四手(162)。』

(162)『雙拳不敵四手』，比喻人少的敵不過人多的。——鼎升註

不獨難望歸期，猶防不測。果於午月卯日得信，中途已遭害矣。

此章當與《月建章》參看。

總註：旺之者，爻之帝旺於日也；比之者，爻與日月同也；扶之拱之者，爻與日月同類也；墓之絕之者，爻墓絕於日也。

李我平曰：《易冒》以『爻臨日辰，莫能散之，莫能空之⑯』，謂『逢散而不散，逢空而不空』也。然動逢日沖謂之『散』，既作日辰，寧又有日辰來沖乎？旬空者，乃旬內之所無也，既是旬空，豈又有臨日辰之事？故知諸書之不足據如此。

增刪卜易卷一終

⑯《易冒・日主章》原文作：『故日主所臨，莫能破之，莫能空之，莫能散之。如金如剛，孰之能傷？』——鼎升註

增删卜易・卷之二

野鶴老人著
楚江李坦我平鑒定
湖南李文輝覺子增删
山西李凡丁鼎升校註
婿陳文吉茂生
男茹芝山秀 仝訂

六神章第十八

甲乙日	元武	白虎	螣蛇	勾陳	朱雀	青龍
丙丁日	青龍	元武	白虎	螣蛇	勾陳	朱雀
戊日	朱雀	青龍	元武	白虎	螣蛇	勾陳
己日	勾陳	朱雀	青龍	元武	白虎	螣蛇
庚辛日	螣蛇	勾陳	朱雀	青龍	元武	白虎
壬癸日	白虎	螣蛇	勾陳	朱雀	青龍	元武

諸書無不以青龍爲吉，白虎爲凶。

《天元賦》曰：『身旺龍持多喜慶。①』

《碎金賦》曰：『龍動家有喜，虎動家有喪。②』

《卜筮元龜》曰：『螣蛇白虎憂尊長。③』

《卜筮大全》曰：『畏啣刀之白虎，喜戲水之青龍。』

《闡奧章・占疾病》：『螣蛇主死，白虎主喪。④』

此皆不以五行，竟以六神而斷生死。

惟《千金賦》曰：『虎興而遇吉神，不害其吉；龍動而逢凶曜⑤，難掩其凶。⑥』此正理也。然則六神而不驗耶？非也，乃附合之神也：卦之吉者，逢青龍而更吉；卦之凶者，逢虎蛇而更凶。且元武主盜賊，朱雀主是非，無不驗也。至於家宅墳塋⑦，不可少也。

---

① 《卜筮全書・闡奧歌章・身命章》原文作：『身旺龍持多吉慶，身衰虎併定憂疑。』如意堂本作：『青龍得位終見安康，白虎傷身必成凶咎。』——鼎升註

② 《卜筮全書・闡奧歌章・斷易通玄賦》原文作：『龍動家有喜，虎動主有喪。』原文言語出《碎金賦》，當誤。——鼎升註

③ 《卜筮全書・闡奧歌章・六親章》原文作：『螣蛇白虎憂尊長，玄武勾陳宅母當。』——鼎升註

④ 《卜筮全書・闡奧歌章・占疾病》原文作：『螣蛇白虎憂喪事，身命空亡定入棺。』——鼎升註

⑤ 『凶曜』，指凶神。『曜』，音yào【耀】。——鼎升註

⑥ 《卜筮全書・黃金策・總斷千金賦》原文作：『虎興而遇吉神，不害其爲吉；龍動而逢凶曜，難掩其爲凶。』——鼎升註

⑦ 『塋』，音yíng【營】。墳墓，墳地。——鼎升註

戊子日，占生産⑧。得山地剝變風地觀卦——

朱雀	青龍	元武	白虎	螣蛇	勾陳
世			應		
丶	ㄨ	〃	〃	〃	〃
寅木	子水	戌土	卯木	巳火	未土
妻財	子孫	父母	妻財	官鬼	父母
	巳火				
	官鬼				

子水子孫化絕變鬼，本日落草⑨而亡。却是青龍臨子孫，亦可謂之『喜』耶？

---

⑧『生産』，孕婦生孩子。——鼎升註

⑨『落草』，謂嬰兒出生。——鼎升註

又如申月甲辰日，占兄病。得屯之震——

元武　白虎　螣蛇　勾陳　朱雀　青龍

應　　　　　　世

〃　○　ㄨ　〃　〃　、

子水　戌土　申金　辰土　寅木　子水

兄弟　官鬼　父母　官鬼　子孫　兄弟

申金　午火

父母　妻財

子水兄爻爲用神。卦中忌神、元神同動，土動生申，申金動而生子水，月建又生子水，至戊申日沉痾⑩復起。豈可謂之『蛇動主死，虎動主喪』耶？

⑩『沉痾』，拖延長久的重病，難治的病。——鼎升註

又如辰月己巳日，占會試⑪。得觀之否——

勾陳		丶	卯木	妻財		
朱雀		丶	巳火	官鬼		
青龍	世	ㄨ	未土	父母	午火	官鬼
元武		〃	卯木	妻財		
白虎		〃	巳火	官鬼		
螣蛇	應	〃	未土	父母		

青龍加未土文章持世，動化回頭之生，日建五位作官星，共來生世，必然鼎甲傳臚⑫。果中鼎甲。

---

⑪『會試』，清代科舉考試分鄉試、會試、殿試。鄉試取中者爲舉人，舉人經過磨勘和復試後可參加會試。會試每三年一科，即在鄉試之次年，丑未辰戌年春天在禮部舉行。會試的具體時間，清初定於二月，清雍正五年（公元1727年）將入場之期改爲三月，清乾隆十年（公元1745年）後成爲定例。會試取中者爲貢士，貢士再經復試即參加殿試。——鼎升註

⑫『鼎甲傳臚』，『鼎甲』，科舉考試殿試名列一甲的三人，即狀元、榜眼、探花的總稱。『傳臚』，指殿試後宣讀皇帝詔命唱名。——鼎升註

又如未月戊辰日，占官事罪之輕重。得巽之渙——⑬

朱雀	青龍	元武	白虎	螣蛇	勾陳
世			應		
丶	丶	〃	○	丶	〃
卯木	巳火	未土	酉金	亥水	丑土
兄弟	子孫	妻財	官鬼	父母	妻財
			午火		
			子孫		

世臨卯木，既墓於未月，又遇酉金鬼動沖剋世爻、加臨白虎，謂之『白虎啣刀』。予曰：罪之凶極。彼問：凶在何時？予曰：酉金化午火，目下無礙，秋後防之。果至重刑。

以上二卦，逢龍更吉，逢虎更凶。

六合章第十九

子與丑合，寅與亥合，卯與戌合，辰與酉合，巳與申合，午與未合。

相合之法有六：

⑬『占官事罪之輕重。得巽之渙』，原本無，據李紱抄本補。敦化堂本作『占官事罪之輕重』。——鼎升註

日月合爻者，一也。
爻與爻合，二也。
爻動化合者，三也。
卦逢六合，四也。
六沖卦變六合，五也。
六合卦變六合，六也。

日月合爻者，假令丑月占得坎卦，世爻子水與月建作合是也。
爻與爻合者，假令占得天地否卦，世應二爻俱動，卯與戌合是也。但有一爻不動，亦不爲合。
爻動化合者，假令占得天風姤卦，世爻丑動，化出子水作合是也。
卦逢六合者，即如天地否卦，內外六爻自相和合是也。不動亦是。
六沖卦變六合者，假令占得乾爲天，乃是八純六沖卦，若外卦三爻俱動，乃是乾之泰卦，謂之『六沖而變六合』是也。
六合卦變六合者，即如占得旅卦變賁卦是也。
爻之合者，靜而逢合，謂之『合起』；動而逢合，謂之『合絆』。
爻與爻合，謂之『合好』；爻動化合，謂之『化扶』。
爻靜，或與日月動爻合者，得合而起，即使爻值休囚，亦有旺相之意。
爻動，或與日月動爻合者，謂之『動逢合而絆住』，反不能動之意。
爻動與動爻相合，乃得他來合我，與我和好相助之意。

爻動，化出之爻回頭相合者，謂之『化扶』，得他扶助之意。

凡得諸合，諸占皆以爲吉：占名名成，占利利就，占婚必成，占身發積⑭，占宅興旺，占風水聚氣藏風，占求謀遂心合意。然必用神有氣相宜，用若失陷無益。

卜書曰：『萬事欣喜三六合，諸事必得久遠，有始有終。』

但宜吉事逢之，事之必就；不宜凶事逢之，事之難結。

如丑月戊申日，占歲考⑮。得坎之困卦——

世	〃	子水	兄弟	
	丶	戌土	官鬼	
	ㄨ	申金	父母	亥水 兄弟
應	〃	午火	妻財	
	丶	辰土	官鬼	
	〃	寅木	子孫	

---

⑭『發積』，猶發跡。發達，得意。——鼎升註

⑮『歲考』，清代各省學政（官名。由朝廷在侍郎、翰林等官員中選進士出身者擔任，三年一任。不問本人官階大小，在充任學政期間，與總督、巡撫平行）巡廻所屬各州縣對生員（秀才）舉行的考試，考察生員平時的學業。歲考按成績分爲六等，並按等進行獎懲。亦稱歲試。——鼎升註

斷曰：世爻子水，丑月合之，申日作父母而生世，卦中申金又動，又是六沖變六合，卦之全美，上卷⑯無疑。果考一等，即於子科高發。後探之，前試考過四等。所以卦得六沖變合，先否後泰之象。

又如戌月丁卯日，占訟事。得泰卦——

應	〃	酉金	子孫
	〃	亥水	妻財
	〃	丑土	兄弟
世	、	辰土	兄弟
	、	寅木	官鬼
	、	子水	妻財

予曰：雖係爻逢六合，不宜戌月沖世、卯日尅世，而應爻暗動，月建生之。彼之得志，官事必輸。果被杖責，卯木尅世之故耳。用神受尅，六合亦無益矣！所以凡得諸合，若世爻失陷，難以吉斷。

又如申月丙子日，占出行。得明夷之小過——

	〃	酉金	父母		
	〃	亥水	兄弟		
世	ㄨ	丑土	官鬼	午火	妻財
	、	亥水	兄弟		
	〃	丑土	官鬼		
應	○	卯木	子孫	辰土	官鬼

---

⑯『上卷』，成績優異的試卷。——鼎升註

世動，被子日合住，必有事絆，不能動身。伊⑰曰：因何而阻？予曰：卦中子動變鬼，防兒女少安。彼曰：正因小女多病，男家催促成婚，今欲往外求取，以備裝奩⑱。予曰：所得何病？彼曰：血枯成癆⑲。予曰：卯木子孫，申月絕之，子日刑之，且又動而變鬼，恐嫁之不及矣！後因病沉，此人未去，女死辰日。夫應不去者，世動而逢合也；女死辰日者，卯木子孫變辰土鬼之故耳。

以上乃爻之遇合、卦逢六合之驗也。

予又驗其六沖卦變六合者：

如未月丁巳日，占已悔婚，還可成否？得離卦變火山旅——

世	丶	巳火	兄弟	
	〃	未土	子孫	
	丶	酉金	妻財	
應	丶	亥水	官鬼	
	〃	丑土	子孫	
	○	卯木	父母	辰土 子孫

斷曰：此卦從來難以吉斷。因得屢驗六沖變合，散而復聚、離而必合，此婚一定還成。果於次年三月仍復成婚。

⑰『伊』，人稱代詞。他；她。——鼎升註

⑱『裝奩』，同『妝奩』。女子梳妝用的鏡匣。借指嫁妝。『奩』，音lián【連】。——鼎升註

⑲『血枯成癆』，中醫指婦女閉經、身體瘦弱、皮膚乾枯、面色暗黑等症狀。——鼎升註

諸合皆以用神旺者爲吉，獨此六沖卦變六合者，不看用神，竟以吉斷。

占婚姻，先吳越⑳而後朱陳㉑；占夫妻，先參商㉒後必合好；占功名，始則艱難，終須榮顯㉓；占求謀，先難後易；占身命，先困後亨㉔；占風水，巧處奇逢；占家宅，先頹後盛。曾因妻陷賊營，終須會合；田園賣出，仍舊歸來。

六合卦變六合：

爻逢六合，已爲吉兆，動而又變六合，謂『始終而作合』也。

占風水，百代簪纓㉕；占宅舍，千秋基業；占婚姻，白頭相守；占夥計，管鮑㉖雷陳㉗；占功名，仕

---

⑳『吳越』，古代的吳國越國，在今江浙一帶。因吳越互相敵對，轉指敵對的兩國。——鼎升註

㉑『朱陳』，村名，在今江蘇豐縣東南。唐白居易《長慶集》中有《朱陳村》詩：『徐州古豐縣，有村曰朱陳。……一村唯兩姓，世世爲婚姻……』後用爲締結婚姻之詞。——鼎升註

㉒『參商』，二星名。參在西，商在東，此出彼沒，永不相見。比喻雙方隔絕。『參』，音shēn【身】。——鼎升註

㉓『榮顯』，榮華顯貴。——鼎升註

㉔『亨』，通達，順利。——鼎升註

㉕『簪纓』，音zānyīng【糣英】。古代官吏的冠飾，因以喻顯貴。——鼎升註

㉖『管鮑』，春秋齊國管仲與鮑叔牙交情深厚，後因稱知交友情爲管鮑。——鼎升註

㉗『雷陳』，東漢雷義與陳重同郡爲友，陳重讓孝廉（漢代選拔統治人才的科目之一。孝指孝順父母，廉指清廉品格高的人）給雷義，雷義讓茂才（即秀才。東漢時因避光武帝劉秀名諱改爲茂才，後世沿用）給陳重，俱不受。後因以雷陳比喻友好情篤。——鼎升註

路㉘亨通；占財帛㉙，聚積如山；占弟兄，累㉚世同居；占學藝，始終成就；占修煉㉛，指日丹㉜成。

諸占用神旺臨日月者，吉之而又吉也。

惟占訟獄不利，冤仇難解；及占憂疑怪事，終不開心。占孕胎安，占産難生。再若用神受尅，更爲凶兆。

如卯月甲寅日，占風水。得困之節——

元武		、、	未土	父母		
白虎		、	酉金	兄弟		
螣蛇	應	○	亥水	子孫	申金	兄弟
勾陳		、、	午火	官鬼		
朱雀		、	辰土	父母		
青龍	世	ㄨ	寅木	妻財	巳火	官鬼

㉘『仕路』，進身爲官之路；指官場。——鼎升註

㉙『財帛』，金錢布帛。亦泛指錢財。——鼎升註

㉚『累』，音lěi【磊】。連續。——鼎升註

㉛『修煉』，此處指道教的修道、煉氣、煉丹等活動。——鼎升註

㉜『丹』，道家謂以自身的精氣煉成的丹爲『內丹』，以燒煉金石成丹爲『外丹』。——鼎升註

予曰：占祖塋必有其故，自葬後何事不亨？今日之念因何而問？明以告我，方敢決斷。彼曰：自葬後，功名因被論㉝而歸，年近五旬，尚無子息㉞。是以問之，因此塋之礙否？予曰：龍㉟自右脉㊱而來，水㊲亦從左而遶，源流水不歸漕㊳之故耳。彼曰：何以知之？曰：亥水子孫化申金生之，申爲源流，寅日沖散。若能使水歸漕，不至傍流者，明年起用㊴，再拜丹墀㊵，中年定生麟種㊶。彼問：久遠否？予曰：六合化六合，萬載安然。

古法『子與丑合，丑中有土，土尅子水，謂之「合中帶尅，尅三合七」；巳與申合，巳火尅申金，謂之「尅七合三」』，皆非通論。

予得驗者，子丑作合，若於辰戌丑未月日占之，而子水並無他處生扶者，言尅不言合也；若有生扶，仍作合看。

㉝『論』，論罪，論處。——鼎升註

㉞『子息』，子嗣，兒子；泛指兒女。——鼎升註

㉟『龍』，堪輿家喻指山勢，因山脉逶迤起伏如龍形，故稱。龍脉，即山水氣脉。——鼎升註

㊱『右脉』，原本與敦化堂本、李紱抄本俱如此，疑爲『左脉』之誤。——鼎升註

㊲『水』，別稱外氣。堪輿家認爲，水爲氣之母，脉氣靠水運送而行，因水攔截而止。尋龍點穴，要根據水流的有無、大小、方向、形態等作出判斷和印證。——鼎升註

㊳『漕』，水道，溝渠。——鼎升註

㊴『起用』，舊指重新任用已退職或黜免的官員。泛指提拔任用。——鼎升註

㊵『丹墀』，古代宮殿前漆成紅色的石階。『墀』，音chí【遲】。——鼎升註

㊶『麟種』，麒麟的後代。喻貴族子孫。——鼎升註

所以子水逢丑月、戌土遇卯月、申金逢巳月，再遇日建動爻剋者，剋之而又剋也，豈言合耶？

『剋七合三、剋三合七』，來人問其凶吉，若以三七而答之，何以決人之疑？

如丑月庚辰日，占子病。得剝卦——

	世			應	
寅木	子水	戌土	卯木	巳火	未土
妻財	子孫	父母	妻財	官鬼	父母
丶	〃	〃	〃	〃	〃

子水子孫與月建作合，卦無生扶，言剋不言合也。又加日辰剋制，辰日又沖動戌土以剋子水，只恐難過辰時。彼因生過九子，俱係促死，心疼之甚，即將此子令乳母抱卧於大廳之上，請諸親顯爵㊷者而圍遶之，圍至辰時，而乳母哭矣！

此乃合中遇剋，病之不救，豈可謂之『剋三合七』耶？

又有三合者：

申子辰合成水局，巳酉丑合成金局，寅午戌合成火局，亥卯未合成木局。

此三合者有四：

一卦之內，有三爻動而合局者，一也。

若兩爻動，一爻不動，亦成合局，二也。

㊷『顯爵』，顯貴的爵位。——鼎升註

有內卦初爻、三爻動，動而變出之爻成三合者，三也。
又有外卦四爻、六爻動，動而變出之爻成三合者，四也。
然此三合局者，有凶有吉：
如占功名，合成官局，謂之『官旺』；合成財局，財旺生官；倘合成子孫局者，乃傷官之神也。
如占求財，合成財局者，謂之『財庫㊸』；合成子孫局者，謂之『子局生財』；倘若合成兄弟局者，乃破敗耗財，阻隔之神也。
如占祖塋家宅，宜父母爻而合局。
如占婚姻夫婦，宜財官旺而合局。
凡占久遠喜慶之事，宜於成局，永遠堅牢。
若占官訟憂疑而合局者，終身錮結㊹其心，難於消釋。
但三合其局者，必要世爻在局爲美；若不在於局內，須要局生世爻爲吉，局尅世者爲凶。
日建月建但有一而在局中，謂之『局旺』，更吉。
三爻若有兩爻動，不成其局，須待後之日月補湊，合成其局，謂之『虛一待用』。
一爻明動，一爻暗動，亦作兩爻動。
三合局中有一空破者，待填實之月日成之。
有一爻入墓者，待沖開之日成之。

㊸『財庫』，原本與敦化堂本、李紱抄本俱如此，疑誤。——鼎升註
㊹『錮結』，牢固纏結。『錮』，通『固』。——鼎升註

凡得三合，名利婚姻、家宅風水，用神旺者無不爲吉，必要世爻在局爲美；若不在於局內，須要局生世爻爲吉，局尅世者爲凶。

如占功名，三合官局而生世者利於我，如生應爻利於他。

又如占財，財局生世利於我，財局生應利於他。

占出行，用神在三合之內，被合而留。

占行人，用神在三合之內，被合不回。

又有內卦外卦而成三合者，須分內外：

如占家宅，若居內㊺宅，不宜外卦尅內；若居外宅，須宜內卦生外。

如占彼此之形者，內卦爲我，外卦爲他，外卦合局而生內卦者爲吉，尅內卦者爲凶。

㊺『內』，原本與敦化堂本俱作『外』，顯誤，據李紱抄本與文意改。——鼎升註

如卯月丁巳日，上下兩村因爭田水厮打。得離之坤——

世	○	巳火	兄弟	酉金	妻財
	ヽヽ	未土	子孫		
	○	酉金	妻財	丑土	子孫
應	○	亥水	官鬼	卯木	父母
	ヽヽ	丑土	子孫		
	○	卯木	父母	未土	子孫

斷曰：內卦爲我村，亥卯未合成木局；外卦爲外村，巳酉丑合成金局。金來尅木，幸衰金不尅旺木，不足畏也。況係六沖卦變六沖，有人解散，必不成非。後果勸散。

或問：彼此之勢，必以世應爲主，如何不言世應？予曰：若無內外合局者，須看世應。今彼此兩村，即內外兩卦，人衆同心，彼此合局，神之妙用，靈驗顯然，故棄世應而不用也。若非卦化六沖，未有不成非也。

又如巳月丁酉日，占功名。得乾卦變水天需——

世　　　　　應
○　、　○　、　、　、
戌土　申金　午火　辰土　寅木　子水
父母　兄弟　官鬼　父母　妻財　子孫
子水　　　申金
子孫　　　兄弟

此公向蒙㊻大部㊼考過才能㊽第一，後因他故而未得用。今有選才能之缺，意欲遞呈㊾，又因督勦㊿之官亦討才能，隨營補用(51)，故不敢遞。予曰：爾已禱告，指此缺而問神，神許之而必得，旺官生世，再無

㊻『蒙』，受。——鼎升註

㊼『大部』，隋、唐以後中央行政機構中，吏、戶、禮、兵、刑、工六部的總稱；一說大部特指吏部，吏部掌天下官吏選授、勛封等事，隋代以後吏部列爲六部之首，因又稱大部。——鼎升註

㊽『才能』，清代對八旗武官的考核內容之一。清代對八旗武官的考核分操守、才能、騎射、年歲四個方面，以行止端方、當差勤慎、弓馬嫻習、馭兵有律、給餉無虛爲合格。——鼎升註

㊾『遞呈』，當面交送。——鼎升註

㊿『督勦』，監督指揮勦滅、討伐（敵軍、土匪等）。——鼎升註

(51)『補用』，補缺任用。——鼎升註

他去之理。只因寅午戌三合官局，內少寅字，須待寅日具呈[52]，管許必得此缺。果於寅日遞呈，特簡[53]題用[54]。此應虛一以待用也。

又如寅月丙辰日，占選期[55]。得乾之小畜——

世	丶	戌土	父母	
	丶	申金	兄弟	
	○	午火	官鬼	未土 父母
應	丶	辰土	父母	
	丶	寅木	妻財	
	丶	子水	子孫	

予曰：此卦以古法斷之，午火官星一爻獨發，當許午月；若以動而逢合，必待沖開，許子丑之月。今予不以此斷。午火明動，戌爻暗動，三合而少寅字，借月建以成三合，本月必選。果於本月選於閩中[56]。夫應選於閩者，世動於六爻，又是官臨午火之故耳。此乃明動、暗動合成局也。

---

[52]『具呈』，謂備辦呈文。——鼎升註

[53]『特簡』，皇帝對官吏的破格選用，在特定範圍內選用某些官吏。——鼎升註

[54]『題用』，題名任用。——鼎升註

[55]『選期』，古時指赴吏部報到聽候選用的日期。——鼎升註

[56]『閩中』，古郡名。秦置。治所在治縣（今福州市）。轄境相當今福建省和浙江省寧海及其以南的靈江、甌江、飛雲江流域。秦末廢。後以『閩中』指福建一帶。——鼎升註

又如辰月丁亥日，占辨復[57]。得萃之革——

父母	未土	〃			
兄弟	酉金	丶	應		
子孫	亥水	丶			
妻財	卯木	ㄨ		亥水	子孫
官鬼	巳火	〃	世		
父母	未土	ㄨ		卯木	妻財

內卦亥卯未合成財局，生世爻巳火之官，世爻巳火驛馬加臨，亥日沖之而暗動，莫惜所費，未月定蒙題允[58]，即得美缺[59]。後至未月果遂題復[60]，得補楚[61]中。應未月者，乃實空之月也。

---

[57]『辨復』，科舉時代士人因犯法革去功名，後由於申辯而得以恢復。辨，通『辯』。——鼎升註

[58]『題允』，謂上奏章請示，得到准許。——鼎升註

[59]『美缺』，好職位，常指如意的官職。——鼎升註

[60]『題復』，謂上奏章請求恢復因事降革官員的原官原銜。——鼎升註

[61]『楚』，指湖北和湖南，特指湖北。——鼎升註

六沖章第二十

子午相沖，丑未相沖，寅申相沖，卯酉相沖，辰戌相沖，巳亥相沖。

相沖之法有六：

日月沖爻者，一也。

卦逢六沖，二也。

六合卦變六沖，三也。

六沖變六沖，四也。

動爻變沖，五也。

爻與爻沖，六也。

沖者，散也。凡占凶事，宜於沖散，占吉事而不宜。亦必兼用神而言：用神旺，雖沖不礙；用神失陷，凶而又凶；六合卦變六沖者，用神若旺，始吉終凶，圖事雖成，有始而無終也。

爻沖有五：

爻遇月沖爲『月破』；爻遇日沖爲『暗動』；休囚而遇日沖，謂之『日破』。

動爻自化回頭沖，如逢仇敵；爻與爻沖，謂之『相擊』。

如亥月壬子日，占子遇害否？得雷天大壯變地天泰——

世　　　應
〃　〃　○　丶　丶　丶
戌土　申金　午火　辰土　寅木　子水
兄弟　子孫　父母　兄弟　官鬼　妻財
　　　　　丑土
　　　　　兄弟

此人之子聞傳言被人辱罵，趕去斷打，其父卜之。予曰：六沖變六合，必有人勸解。父爻持世而尅子，乃爾之責子也，不受他人之害。少刻，果有人請去論理，其子理虧，父執棍而擊之，亦被勸住，其父與子向衆賠禮而回。然斷打不成者，乃六沖之變合也；父擊子而被勸者，乃因日辰子水沖尅世爻，不能以擊子也。

他書最重者，『動而逢沖曰「散」，「散」猶空也，如全無之象，縱有生扶，不可救也』。

野鶴曰：此卦午火世動，冬令休囚之極，動遇子日沖之，何嘗見散，何嘗全無？世爻發動，身已動矣；父動尅子，已擊子矣。予常論之，神兆機於動，動則必驗，只看旺衰以言重輕，不可以『散而如無』也。

巳月戊戌日，占財。得風雷益——

應			世		
丶	丶	〃	〃	〃	丶
卯木	巳火	未土	辰土	寅木	子水
兄弟	子孫	妻財	妻財	兄弟	父母

辰土財爻持世，因值旬空，戌日沖空則實，本日即得。

又如午月丙辰日，占出外貿易，財喜⑫何如？得恒之豫——

應			世		
〃	〃	丶	○	○	〃
戌土	申金	午火	酉金	亥水	丑土
妻財	官鬼	子孫	官鬼	父母	妻財
			卯木	巳火	
			兄弟	子孫	

世爻酉金化卯相沖，乃反吟之卦，幸辰日合之，沖中逢合，又得戌土爲財，暗動生世，雖則反復不常，却有財利。果此人去而復反者三，盡在中途發貨。前曰『爻動化沖，如逢仇敵』，乃是化回頭之尅也，此卦世爻酉金化卯沖世而不尅世，又得辰日沖動戌財生世，所以爲吉。

⑫『財喜』，財運。——鼎升註

又如酉月庚子日，占文書[63]。得訟之睽——

	丶	戌土	子孫		
世	○	申金	妻財	未土	子孫
	丶	午火	兄弟		
	〃	午火	兄弟		
	丶	辰土	子孫		
應	ㄨ	寅木	父母	巳火	兄弟

寅木父爻爲文書，動而生世，文書必妥。但嫌申金財動，沖尅文書，須待寅日反沖去申金，文書必發。果於寅日領。

古以『爻沖爻，亦謂之「散」，旺相之爻，能沖散衰弱之爻』，此卦申值秋天，不爲不旺，旺金沖寅，而寅木不見散也。

[63]『文書』，公文，案卷。——鼎升註

又如子月己巳日，占以財博藝。得坤卦——

世			應		
〃	〃	〃	〃	〃	〃
酉金	亥水	丑土	卯木	巳火	未土
子孫	妻財	兄弟	官鬼	父母	兄弟

斷曰：世尅應爻，乃爲我勝，但因巳日沖動亥水之財，反生應爻，藝雖精，不能取勝。幸得卦逢六沖，必不終局。果輸不多，因他事而沖散矣。

古以『六沖卦，諸占不吉』，予屢試之，用神失陷，實不爲吉；用若得地，須以用神斷之。惟占病有遠近之分，不用用神，近病逢沖即愈，久病逢沖則死；及占風水，六沖飛砂走石，亦非久遠之象。其餘必兼用神而言。

又如酉月乙未日，占子久出不歸，生死何如？

世			應		
〃	〃	〃	〃	〃	〃
酉金	亥水	丑土	卯木	巳火	未土
子孫	妻財	兄弟	官鬼	父母	兄弟

世臨子孫，以臨月建，未日生之，雖是六沖卦，此子必歸。果於子年占，卯年得意而回。此應靜而逢沖之年也。

又有巳月甲寅日，占延師訓子㊹。得天地否變乾卦——

應	丶	戌土	父母		
	丶	申金	兄弟		
	丶	午火	官鬼		
世	ㄨ	卯木	妻財	辰土	父母
	ㄨ	巳火	官鬼	寅木	妻財
	ㄨ	未土	父母	子水	子孫

以應爲用神。世應相合，應臨戌父，巳月生之，可稱飽學。獨嫌卦變六沖，合而變沖，不久之兆。

彼問曰：因何事而不久？予曰：子水子孫值旬空，卦中未土父動，防子孫災變。後果兩月，其子得病，辭師未久而子死矣。

凡得六合變六沖者，諸占先合後離，先親後疎，先濃後淡，始榮終悴㊺，初好後違，先亨後否，得而復失，成而復敗，事就而又變也。惟占官非、盜賊、結絕事者，宜也。

㊹『延師訓子』，聘請教師對孩子進行教導。——鼎升註

㊺『悴』，原本與李紱抄本俱如此，敦化堂本作『瘁』。——鼎升註

又如午月丙子日，占開典鋪⑥⑥。得大壯變巽——

世　　　　應
戌土　申金　午火　辰土　寅木　子水
兄弟　子孫　父母　兄弟　官鬼　妻財
ㄨ　ㄨ　○　、　、　○
卯木　巳火　未土　　　　丑土
官鬼　父母　兄弟　　　　兄弟

斷曰：世臨午火，月建當時，日沖不散；又化未土，乃爲化合。得助得扶，堪稱吉卦。不宜六沖又變六沖，用神雖旺，必開不久。果未經一載，因財東⑥⑦爲事⑥⑧，抄沒其家，而鋪面收矣。

凡得六沖變沖，乃內外變動，交相沖擊，必主上下不和，至親反目，彼此懷奸，始終不就。若用神再受尅者，大凶之兆；用神旺相者，亦不久長。

---

⑥⑥『典鋪』，即『當鋪』，收典當物作爲抵押而貸款的店鋪。——鼎升註

⑥⑦『財東』，店鋪或企業的所有者。——鼎升註

⑥⑧『爲事』，出事。——鼎升註

如申月乙卯日，父子七人俱蒙拿問[69]。得巽卦變坤卦——

世			應		
○	○	〃	○	○	〃
卯木	巳火	未土	酉金	亥水	丑土
兄弟	子孫	妻財	官鬼	父母	妻財
酉金	亥水		卯木	巳火	
官鬼	父母		兄弟	子孫	

此係卦變：巽木化坤土，名爲『化去』，化去不尅，當主無妨。只因世爻變鬼，卯木化酉金，木被金傷，巳火子孫又化亥水，父子兩爻皆被其傷。六沖變沖，亂沖亂擊。果俱受刑。

古法皆以『六沖卦宜於官事，喜其沖散』，然必看事之大小，又宜兼用神而言。此卦六沖變沖，亦可謂之『官事逢沖而散』耶？

[69]『拿問』，捉拿審問。——鼎升註

三刑章第二十一

寅刑巳，巳刑申，子刑卯，卯刑子，丑戌相刑，未辰相刑。又云：辰午酉亥，謂之『自刑』。

夫三刑者，予屢試之，或因用神休囚，又兼他爻之剋，內有兼犯三刑者，則見凶災。而獨犯三刑，得驗者少，占過數十年來，止驗一卦。

寅月庚申日，占子痘[70]症。得風火家人變離卦——

	丶	卯木	兄弟		
應	〇	巳火	子孫	未土	妻財
	✕	未土	妻財	酉金	官鬼
	丶	亥水	父母		
世	〃	丑土	妻財		
	丶	卯木	兄弟		

斷曰：巳火子孫既當春令，子孫旺相，許之可治。後死於寅日寅時。始悟月建在寅，日建在申，與巳爻子孫共作三刑。獨此一卦，無他爻之傷也。至於子卯、辰戌丑未，亦有驗者，皆附和而爲凶也。

《六害章》全無應驗，删之不錄。

---

[70]『痘』，急性傳染病名。俗稱天花，亦稱痘瘡或天瘡。症狀是先發高熱，全身出紅色的丘疹，變成疱疹，最後變成膿疱，中心凹陷，十天左右結痂，痂脫落後的疤痕就是麻子。種牛痘可以預防。——鼎升註

暗動章第二十二

靜爻旺相，日辰沖之爲『暗動』；靜爻休囚，日辰沖之爲『日破』。

暗動者有喜有忌：

用神休囚，得元神暗動以相生；忌神明動於卦中，得元神暗動而生用：此皆謂之『喜』也。

用神休囚無助，若遇忌神暗動剋害用神者，此則謂之『忌』也。

古以暗動『福來而不知，禍來而不覺(71)』。

又曰『吉凶之力則半，遲速之應則緩(72)』，非此論也。何嘗不知不覺？報應亦非緩也。

---

(71)《卜筮全書·通玄妙論·逢沖暗動》原文作：『福來而不知，禍來而未覺。』——鼎升註

(72)《易冒·日沖章》原文作：『然爲吉凶之力則半，遲速之報則緩，災祥之應則暗，如萌如窟，若啓若擊，用而喜之，忌而惡之，其機如此。』——鼎升註

即如寅月乙未日，占女痘。得坤之師——

世	〃	酉金	子孫		
	〃	亥水	妻財		
	〃	丑土	兄弟		
應	〃	卯木	官鬼		
	ㄨ	巳火	父母	辰土	兄弟
	〃	未土	兄弟		

酉金子孫，雖則春令休囚，得日辰生之，二爻巳火動而剋金，得未日沖動丑土，火動生土，土動生金，花雖密以全生[73]。彼曰：目下甚危。予曰：不妨，今日未申時有救。果於申時遇明醫救治，何嘗緩也？

動散章第二十三

古以『日辰而沖動爻，謂之「沖散」』；又以『爻動沖爻，亦能沖散』。予屢試之，旺相者，沖之不散；有氣者，沖之不散；休囚者間有沖散，亦千百中之一二也。其故何也？神兆機於動，動必有因，雖則今日受制，後逢值日而不散矣！

[73]『全生』，保全生命。——鼎升註

如丑月丁酉日，占父出外，一載無音。得風水渙變坎卦——

官鬼	子水	○	卯木	父母	
		丶	巳火	兄弟	世
		〃	未土	子孫	
		〃	午火	兄弟	
		丶	辰土	子孫	應
		〃	寅木	父母	

卯木父爻動而生世，又化子水回頭生，許之在外平安。世空者速至，交春⑭即歸。果於二月得意而回。此非卯動，酉日沖之？何嘗散耶？

李我平曰：《黃金策》以空亡爲重，沖散爲輕。《易冒》最重沖散，細閱占驗，多因錯誤。《疾病章》中，有卯月丙寅日，占子病，得漸之觀。⑮占病遇子孫而變鬼，百無一生，明係申金子孫變鬼，誤作寅日沖散。又如《進退章》中，申月占卦，酉爻發動，遇卯日沖之，亦謂之『散』。⑯往往錯誤如此。

---

⑭『交春』，立春。——鼎升註

⑮《易冒・疾病章》原文作：『動散，如卯建丙寅日占子病，得漸之觀是也。』——鼎升註

⑯『申月占卦，酉爻發動，遇卯日沖之，亦謂之「散」』，《易冒・進退章》原文作：『申建癸卯日用兄，得兌之豐。酉已沖散，物不能扶，雖變申爲月建，亦不及退也。』——鼎升註

卦變生尅墓絕章第二十四

卦之變者，有變生、變尅、變墓、變絕、變比和。予得驗者，凡遇卦化尅者，不論用神之衰旺，皆以凶推。

此乃巽卦變坎卦——

○ 丶 〃 ○ 丶 〃

〃 丶 〃 〃 丶 〃

巽木變坎水，謂之『化生』，水回頭以生木也，即以吉斷。

此乃震木化乾金——

ㄨ ㄨ 丶 ㄨ ㄨ 丶

丶 丶 丶 丶 丶 丶

震木變乾金，謂之『化尅』，金回頭以尅木也，即以凶推。

又有化尅而不尅者，不可不知。

此乃兌金變震木——

〃 ○ 丶 〃 ○ 丶

〃 〃 丶 〃 〃 丶

此乃震木變兌金——

〃 〆 丶 〃 〆 丶

〃 丶 丶 〃 丶 丶

兌金變震木，謂之『化去』。正卦[77]爲我，我去尅他，不爲凶也，此則謂之『化尅而不尅』也。

震木變兌金，謂之『化來』。他來尅我，回頭之尅，即爲凶兆，諸占大凶。

卯月辛巳日，來人不言所事[78]。占得巽變乾——

丶 丶 〆 丶 丶 〆

丶 丶 丶 丶 丶 丶

問之所占何事？伊曰：代卜長輩功名。予曰：功名須要親占，代占難取用神，從不敢斷。幸此卦顯而易見，巽木化乾金，即爲『化來』，回頭來尅，爲絕卦也。不必問名，壽亦不久。果於午月削職[79]，七月而終。

又如午月丙寅日，占主病。得離變坎——

○ 〆 ○ ○ 〆 ○

〃 丶 〃 〃 丶 〃

離火變坎水，回頭來尅，但因午月火旺，許之冬令必危。果卒於九月丁亥日。此皆不看用神之衰旺也。

---

[77]『正卦』，即主卦。——鼎升註

[78]『所事』，指某一件事，這件事。——鼎升註

[79]『削職』，免職。——鼎升註

古以『占家宅墳塋大事者忌之』，盡屬揣摹[80]之論，非留心於占驗。予存四十年之占驗，無一卦不關心也，但遇一人占得有疑之卦，數年存意探之。

如卯月乙酉日，占索房價。得坎變坤——

〃〇〃〃〇〃

〃〃〃〃〃〃

予疑此卦坎水變坤土回頭之剋，對伊而曰：房價事小，此卦甚凶，今年諸事須宜謹慎。後於巳月覆舟而死。占此應彼，神預告其凶，令人早知趨避也。

古以『占大事忌之』，此卦豈非占小事而應大凶耶？

李我平曰：《易冒・墓絕章》云：『日月當令非真。[81]』却不知凶事將來，神機早兆，日月當時雖旺，過時則有虧消。即如此篇占主病，午月得離變坎，目今夏火雖炎，冬來豈不絕耶？

《易冒・反伏章》云：『日月從往則非，空破從往則重。[82]』又曰：『半從往，半從來，半凶半吉。[83]』種種議論，皆非經驗。卦體如人之根本，卦變剋絕，如樹連根出土，目前枝葉雖青，能保長不朽

---

[80]『揣摹』，同『揣摩』。仔細推想探求。——鼎升註

[81]《易冒・墓絕章》原文作：『卦莫凶於墓絕，或沖絕破，或值空亡，則非真矣；或本卦臨日月，亦非墓絕。如離變乾爲墓絕，若午日月或甲子旬，是僞非真，若逢日月填實其乾，則爲凶象矣！又有墓而不絕，絕而不墓，均非真也。』——鼎升註

[82]《易冒・反伏章》原文作：『日月從往，空破從來則非；空破從往，日月從來則重。』——鼎升註

[83]《易冒・反伏章》原文作：『半從半往從來則輕，此所謂卦反也。有一半值空破，一半值日月，則半凶而輕也。如未建坤之艮，或甲戌旬艮之坤類是也。』——鼎升註

乎？當時雖旺，過時而衰；空破雖虛，填實則應。且半凶半吉之論，難作後人之法。

此書止以回頭剋者爲凶，予見《易冒・反伏章》中之占驗，明是回頭之剋，誤作反吟休囚：

有寅月甲子日，占母病。得坤變巽卦——

╳ ╳ 〃 ╳ ╳ 〃

、 、 〃 、 、 〃

坤土化巽木，此非回頭之剋耶？伊書則曰：『雖化旬空，休囚之反吟亦凶。』㉞既曰『空破則重』，又曰『亦凶』，且又牽扯『亥水沖破巳火』，所以凶也。既得卦變，止觀卦象，不看用神，即使爻吉，泉竭根枯，亦能久耶？

又有寅建癸酉日，占長子病。得震之兌——

〃 ╳ 、 〃 ╳ 、

〃 、 、 〃 、 、

此非震木化兌金回頭之剋耶？此二卦竟未看出。土遭木剋，木被金傷，猶以震爲長男，占長子所以不吉。㉟殊㊱不知卦變回頭之剋，少女亦難保也！今以彼之占驗而證彼之錯誤，無他說也。

㉞《易冒・反伏章》原文作：『若動爻與卦內動爻自相沖散，雖化旬空休囚之反吟，亦凶而無用也。如寅建甲子日占母病，得坤之巽，卦中巳父先與亥財沖散，化亥反吟，縱空而亦不救也，後驗。况休囚之爻乎？』——鼎升註

㉟《易冒・反伏章》原文作：『如寅建癸酉日，占長子病，遇震之兌，子遇長生，本主無事，兌乃反吟，後仲秋而卒，不論其用也。』——鼎升註

㊱『殊』，原本作『硃』，顯誤，據敦化堂本與李紱抄本改。——鼎升註

反伏章第二十五

卦有卦變，爻有爻變。

卦變者，內外動而反吟，同一卦也；

如乾變坤是也——

○ ○ ○ ○ ○ ○

爻變者，內外動而反吟者，非同一卦也；

如升之觀是也——

× × 〃 ○ ○ 〃

又有外卦反吟，而內卦不動者；

如觀之坤是也——

○ ○ 〃 〃 〃 〃

又有內卦反吟，外卦不動者；

如巽之觀是也——

、 、 〃 ○ ○ 〃

內卦反吟，內則不安；外卦反吟，外則不寧；內外反吟者，內外不安之象也。

皆主成而敗、敗而成，有而即無、無而即有，得而失、失而得，來而去、去而來，散而聚、聚而散，動而思靜、靜而思動。

占功名者，用爻旺相，遷而又遷，陞往他處，仍復陞來；用神失陷者，或降或陞，或得或失。

占財物，聚散不常；買賣經營，興廢往來不定。

占墳塋宅舍，欲遷不遷，或遷之而再遷，或目下就有遷移之事。

占已經久遠之事者，目前即有變動。

占天時，晴而即雨，雨而又晴。

占婚姻，反復難成。

占疾病，愈而又病。

占盜賊官非，見而又見。

占出行，行至中途亦反⑰，即使到彼，一事無成。

占行人，外卦反吟者，用神旺相必歸，不然亦移他處。

在外之人而占家宅者，內卦反吟，家庭人口不安⑱。

占彼此之形勢者，內反吟我亂他定，外反吟他亂我安。

以上用神旺相不變沖尅者，雖則反伏，事之必成；第恐用神而化回頭之沖尅者，即如卦變，大凶之象。

---

⑰『反』，通『返』。——鼎升註

⑱『安』，敦化堂本與李紱抄本俱作『定』。——鼎升註

如卯月壬申日，占隨官府[89]上任。得比之井——

應	ヽヽ	子水	妻財		
	ヽ	戌土	兄弟		
	ヽヽ	申金	子孫		
世	ㄨ	卯木	官鬼	酉金	子孫
	ㄨ	巳火	父母	亥水	妻財
	ヽヽ	未土	兄弟		

斷曰：世臨官星，值月建而旺，隨去必成；因係內反吟，必有反復；不宜世爻絕於申日，又化回頭沖剋，此行不吉，不去者爲上。後因官府掣籤[90]，得缺近於賊營，辭而不去。及至官府去後，忽又因他故而隨去矣。至七月城破，與官府一同被害。與同官府受害者，世爻與官鬼同受酉金之沖剋也；不去而又去者，卦得反吟之故也。

---

[89]『官府』，指官吏。——鼎升註

[90]『掣籤』，抽籤。明代吏部選授遷除，初用拈鬮法，明萬曆二十二年（公元1594年）孫丕揚爲吏部尚書，改爲候選者自行掣籤。清代沿襲此法，外省官吏分散任用，由吏部掣籤決定分發何省。——鼎升註

又如卯月己亥日，占陞遷。得臨變中孚——

子孫	酉金	ㄨ		官鬼 卯木
妻財	亥水	ㄨ	應	父母 巳火
兄弟	丑土	〃		
兄弟	丑土	〃		
官鬼	卯木	丶	世	
父母	巳火	丶		

斷曰：世臨卯木月建之官，又長生於亥日，世與官星同臨旺地，許之即陞。果於本月聞報㉑，由江右㉒陞任山東，未及一載，復任江西。應本月陞者，卯官而值月令；陞山東者，官臨卯木；復任江西者，外卦反吟，去之而復反也。

伏吟卦者，有內外而伏吟也。如无妄而變大壯者是也。

㉑『報』，向陞官或考中科舉的人家裏送的喜報。但根據文意，此處也可能是指『邸報』，即封建王朝的官報。邸報約始於唐代。當時稱爲『進奏院狀報』、『報狀』等，主要刊載皇帝的諭旨、臣僚奏章、邊防戰報等。宋代始稱『邸報』，後世並有『邸抄』、『朝報』、『京報』等名稱。初爲手抄，宋代起已有雕版印刷，明代有木活字版印刷，並有民間自設報房印刷出售。——鼎升註

㉒『江右』，即江西省。亦有稱長江下游以西之地爲江右。——鼎升註

无妄之大壯——

○　○　、　〤　〤　、

內外伏吟者，內外憂鬱呻吟之象。

亦有內卦動變伏吟，內則呻吟；外卦伏吟，外則不寧。

諸占皆不如意，動如不動，焦惱呻吟。

占名者，久困宦途[93]，淹留[94]仕路[95]。

占利者，財源耗散，本利消乏。

占墳塋宅舍，欲遷而不能，守之而不利。

占婚姻，憂而不樂。

占疾病，久病呻吟。

占口舌官非，事之難結。

占出行，難於動移。

占行人，在外憂鬱。

占彼此之形勢者，內卦爲我，外卦爲他，內伏吟我心不遂，外伏吟他意不安。

然伏吟而較反吟者，反吟有沖有尅，用神受尅，得禍不輕。伏吟之卦，用神旺相，沖開之年月其志

---

[93]『宦途』，仕途；做官的經歷、路徑。——鼎升註

[94]『淹留』，逗留；滯留。——鼎升註

[95]『仕路』，進身爲官之路；官場。——鼎升註

則伸；用神休囚，沖開之年月憂鬱而已。

如申月癸巳日，占父外任⑯平安。得姤之恒——

	○	戌土 父母	戌土 父母
	○	申金 兄弟	申金 兄弟
應	ヽ	午火 官鬼	
	ヽ	酉金 兄弟	
	ヽ	亥水 子孫	
世	〃	丑土 父母	

斷曰：巳火日辰生父母，當許在任平安。獨嫌卦得伏吟，乃是不寧之象，任上必有事故，不得意以呻吟也。彼曰：聞地方苗獞⑰之變，可有礙否？予曰：日建生父，他事無虞。又問：何時歸來？曰：伏吟欲歸而不能，辰年可盼。後知苗傜⑱作祟，地方不寧，驚險異常。寅年占卦，辰年裁缺⑲而歸，午年又補⑩四川。應辰年者，戌父化戌父，沖開戌父之年也；應裁缺者，巳日沖起亥水，暗動以剋官也；應午年又

⑯『外任』，謂任地方官。——鼎升註

⑰『獞』，音zhuàng【壯】。舊時對少數民族壯族的侮辱性稱謂。——鼎升註

⑱『傜』，原本與敦化堂本俱如此，李紱抄本作『獞』。『傜』是歷史文獻中對瑤族的稱謂。——鼎升註

⑲『裁缺』，官吏免去原任官職，等候補缺。——鼎升註

⑩『補』，補缺任用。——鼎升註

補官者，占時遇巳日拱起午火之官，當以⑩亥水尅之而不盡，今午火官星值年，依然旺矣。

（鼎升曰：據清人魏源《聖武記・土司苗瑤回民》記載，『有觀於西南夷者曰：「曷謂苗？曷謂蠻？」魏源曰：無君長，不相統屬之謂苗；各長其部，割據一方之謂蠻。若粵之僮、之黎，黔楚之瑤，四川之僰、之生番，雲南之倮、之野人，皆無君長，不相統屬，其苗乎』。所以此處所述『苗獞』或『苗傜』，當泛指西南一帶少數民族，而非特指苗族、壯族或瑤族。）

李我平曰：《易林補遺》有曰：『爻有伏吟不吉，術者未聞；卦有反吟最凶，卜家誰覺？⑩』不看用神之衰旺，竟以反伏爲畏途。今野鶴此論，以比之井卦，世逢沖尅，事反伏，身受其殃；臨之中孚，世官得地，雖反伏，官連遷轉。教人之法，何等透徹！

---

⑩『以』，原本與李紱抄本俱作『日』，當誤，據敦化堂本與如意堂本改。——鼎升註

⑩《易林補遺・易林總斷章》原文作：『爻有伏吟不吉，術者未聞；卦有反吟最凶，星家誰覺？』——鼎升註

旬空章第二十六

甲子旬中，戌亥空；甲戌旬中，申酉空；甲申旬中，午未空。

甲午旬中，辰巳空；甲辰旬中，寅卯空；甲寅旬中，子丑空。

何謂『旬空』？如甲子至癸酉日爲一旬，此十日之内並無戌亥，所以爻逢戌亥爲空亡，又名『旬空』。餘倣此。

旬空之法，諸書之論太繁，有真空、假空、動空、沖空、填空、援空⑩③、無故自空、有故而空、墓絶空⑩④、害空⑩⑤、安空⑩⑥、破空⑩⑦。

野鶴曰：旺不爲空；動不爲空；有日建動爻生扶者，亦不爲空；動而化空、伏而旺相，皆不爲空。月破爲空，有氣不動亦爲空，伏而被尅亦爲空，真空爲空。

真空者，春土夏金秋是木，三冬逢火是真空。

予初學卜，凡遇旬空，無法而斷：欲以之爲到底全空，却又應乎填實之日而不空；以之爲不空，却又到底全空。後得多占之法，凡遇旬空，命之再占：卦吉者，許之出旬而不空；卦得凶者，許之空矣。

---

⑩③『援空』，動爻日辰生空爻，爲援空。——鼎升註

⑩④『墓絶空』，空爻墓絶於月，爲墓絶空。——鼎升註

⑩⑤『害空』，動爻日辰與空爻相害，爲害空。——鼎升註

⑩⑥『安空』，日月動爻俱不尅空爻，爲安空。——鼎升註

⑩⑦『破空』，月破值空，爲破空。——鼎升註

如辰月乙卯日，占求財。得家人之賁——

應	、	卯木	兄弟	
	○	巳火	子孫	子水 父母
	〃	未土	妻財	
	、	亥水	父母	
世	〃	丑土	妻財	
	、	卯木	兄弟	

丑財持世遇旬空，雖有巳火之生，巳火又化回頭之尅，不能生丑土之財，此財既無生扶，當主難求。又因三月之丑土，財還有氣，古法『有氣不爲空』，不敢竟斷，命之再占。

得睽之損——

	伏	、	巳火	父母	
	子水 妻財	〃	未土	兄弟	
世		○	酉金	子孫	戌土 兄弟
		〃	丑土	兄弟	
		、	卯木	官鬼	
應		、	巳火	父母	

因得此卦，合前卦而決之，竟斷曰：財無氣矣，不必勞心。彼問：何故？予曰：前卦丑財，雖則空而有氣，後卦子水財空，伏於五爻未土之下，伏而又空，空而被剋，知其無財而無疑也。果後全無。

又如子月辛亥日，占遠行求財。得大畜——

	應			世	
丶	〃	〃	丶	丶	丶
寅木	子水	戌土	辰土	寅木	子水
官鬼	妻財	兄弟	兄弟	官鬼	妻財

世逢寅木，子月、亥日俱作財神而生世，又喜應爻爲地頭，世應相生，乃全美之卦。獨因世值旬空，若執古法斷者，『無故自空，大凶之兆』，敢許之而遠去耶？命之再占。

又得明夷之豐——

		世			應
〃	〃	ㄨ	丶	〃	丶
酉金	亥水	丑土	亥水	丑土	卯木
父母	兄弟	官鬼	兄弟	官鬼	子孫
		午火			
		妻財			

斷曰：此卦與前卦相同，此行大有所得。世爻丑土化午火回頭相生，目下月破，爾到地頭已出月矣，出月而不爲破。開春寅卯月，以前卦决者，乃世爻出空之月也，逢子、亥財生，美心如願(108)。彼曰：去得成否？予曰：甲寅日世爻出空之後，准行無疑。果於乙卯日起程。後到彼地，寅、卯月間，諸事遂心，滿(109)載而歸。

野鶴曰：多占之法，損許多疑惑。不然止以前卦決斷者，無故自空，如入深淵大壑(110)；旺財生世，腰纏萬貫(111)之徵。許之去耶，阻之勿去耶？

又如寅月辛卯日，占父何日回。得觀之否——

	、	卯木	妻財	
	、	巳火	官鬼	
世	乂	未土	父母	午火 官鬼
	〃	卯木	妻財	
	〃	巳火	官鬼	
應	〃	未土	父母	

此卦父遇真空，日、月傷尅，雖則動不爲空，疑其傷之太重，予不敢斷。問之去了幾時？彼曰：父

(108)「美心如願」，形容心滿意足，事情的發展完全符合心意。——鼎升註

(109)「滿」，李紱抄本作「捆」。——鼎升註

(110)「深淵大壑」，比喻艱難的境地和險境。——鼎升註

(111)「腰纏萬貫」，形容攜帶錢財極多。——鼎升註

開店於某處，離此三百多里，常去常來。昨有信回，這兩日要到，不知起身否？予命之再占。

得履變中孚——

世				應	
丶	丶	○	〻	丶	丶
戌土	申金	午火	丑土	卯木	巳火
兄弟	子孫	父母	兄弟	官鬼	父母
		未土			
		兄弟			

此卦又是父動逢空，幸得日、月生父，較前卦不同。又喜父動尅世，尅世者速至，許甲午乙未日必到。果於未日返舍。或曰：此卦日、月生父，許之必來，是也；前卦真空，何以無凶？神無二理，此卦若是，前卦爲非。予曰：前卦何嘗不是？未父持世，目下旬空，出空而見父也。決課之人，要識來人之念：伊父遠涉天涯，存亡未審，必存吉凶之念而問，若遇真空，必不歸也；今乃往來熟道，所問者何日而回，湊至未日必到。猶伊問曰：我父何日歸家？猶神告曰：爾父未日即至。我初得見，我亦動疑，故命之再占。若再得凶卦，即以凶斷也；既得吉卦，合而決之，參悟神之意矣。

予曾於午月己丑日占陰晴，得臨之師卦，初爻巳火父動，當應巳日必雨。及至癸巳日早，滿天紅日，值狄友在座，亦知易理，命之卜今日雨否？

午月癸巳日，得既濟變澤火革——

應　　世

〃　丶　乂　丶　〃　丶

子水　戌土　申金　亥水　丑土　卯木

兄弟　官鬼　父母　兄弟　官鬼　子孫

　　亥水

　　兄弟

予曰：今日申時有雨。狄曰：申父雖動，日、月尅之，況巳與申合，合住父爻不雨，雨從何來？予曰：不然，定有大雨。果於申、酉時雷雨交作[112]。次日，狄曰：不以月傷日合，而斷大雨，何其神乎？予曰：非獨昨日之卦也！丑日占過，原應巳日必雨，猶我而問神曰：前卦應今日之雨，今果雨否？猶神而曰：今日申時有雨，不在乎尅與合也。

前卦而斷行人，亦猶彼曰：我父何日而歸？亦猶神曰：未日必到，不在乎空而真也。凡卜易卦，必與鬼神合其機，勿膠柱而鼓瑟[113]。予得多占之法，雖不能合鬼神之機，能參悟鬼神之機也！

李我平曰：空亡之說，鬼神不測之妙，似有又無，似無又有，實有到底全空，亦有填實不空，此以多占兩卦，合而決之，實爲洩盡鬼神之機也。天地之理，皆從空而生，謂之『懸空以待』。凡占遇空，不可即以爲空，須視其所占之事，或近或遠：如在旬內，則爲空也，然亦有沖空之日、實空之時，事在

[112]『交作』，迭起，齊作。——鼎升註

[113]『膠柱而鼓瑟』，用膠把絃柱粘住以後奏琴，絃柱不能移動，就無法調絃。比喻固執拘泥，不知變通。——鼎升註

一旬之外，許其出空之日而應之。若占遠大之事，尚無定期，非出旬可以成者，大象不吉，乃可謂『到底空』也；大象若吉，太歲月建亦可填之。然又不如多占兩卦，實爲妙法。

生旺墓絕章第又二十六

長生、沐浴、冠帶、臨官、帝旺、衰、病、死、墓、絕、胎、養。

予得驗者，止驗生旺墓絕，其餘不驗，不必用之。

金長生在巳，旺在酉，墓在丑，絕在寅。

木長生在亥，旺在卯，墓在未，絕在申。

火長生在寅，旺在午，墓在戌，絕在亥。⑪④

水、土長生在申，旺在子，墓在辰，絕在巳。

且如主事爻屬木，若在亥日占卦，即是主事爻長生於亥日；若在卯日占卦，木旺於卯；若在未日占卦，木墓於未；若在申日占卦，木絕於申。餘倣此。

又如主事爻屬木，卦中動出亥爻者，亦謂之『主事爻遇長生』；動出未爻者，謂之『主事爻入動墓』；卦中動出申金者，謂之『主事爻逢絕』。餘倣此。

又如主事爻屬木，動而變出亥水者，謂之『化長生』；動而變出卯木者，謂之『化旺』；動而變出

---

⑪④原本與敦化堂本俱無，據李紱抄本補。——鼎升註

未土者，謂之『化墓』；動而變出申金者，謂之『化絕』。餘倣此。

覺子曰：金雖長生在巳，須宜金爻旺相，或日月動爻生扶，再遇巳日占卦，或是卦中動出巳爻，或是金爻動而化出巳火，皆謂之『遇長生』；倘若金爻休囚無氣，再遇巳午火多者，烈火煎金，論尅不論生也。

金爻雖墓於丑，若得未土沖動，或卦中土多生金，論生不論墓也。

土爻雖絕於巳，必須休囚無氣，又逢巳者，謂之『絕』也；若土爻旺相，或得日月動爻生扶，再遇巳爻者，巳火反能生土，論生不論絕也。

巳爻雖長生於寅，倘日月動爻及變出之爻又逢申字者，謂之『三刑』，論刑不論生也。

古以『土爻長生在申』，又曰『土長生在寅』，無處考證。予以天時考之，常見土臨父母，有申日雨者，亦有子日雨者；又見土臨子孫，有申日晴者，有子日晴者。故知土長生於申，旺於子，實知土寄生於申而無疑也。曾於

午月己卯日，占妻病。得震之豐——

世	〃	戌土	妻財	
	〃	申金	官鬼	
	丶	午火	子孫	
應	ㄨ	辰土	妻財	亥水 父母
	〃	寅木	兄弟	
	丶	子水	父母	

辰土財爻爲用神，近病逢沖即愈，許之當愈於辰日，不然酉日必愈。後因連日昏沉，竟於子日起床。許辰日愈者，辰土逢值之日也；許酉日者，辰與酉合，動而逢合之日也；今愈子日者，辰土財爻旺於子也。

李我平曰：生旺墓絕之論，金生在巳、木生在亥、水生在申、火生在寅，四大長生，理之正也，惟土寄生，未得實考。法云『火土長生寅上排，明知子上是胞胎』，此即土寄生於寅。今五行家戊土生寅、己土生酉，《易冒》雖曰『唯土之長生不一，申中有坤，土生於申，若分陰陽，則戊土生寅，己土生酉[115]』，亦未得其實據。此專以天時考證者，土寄生於申，萬古而不易也。

各門類題頭[116]總註章第又二十六

後章分門各類，當用字眼，恐其煩絮，不便全寫，止用題頭。即如後有用神宜旺，不可指定旺於四時，但得用臨日月，或遇日月動爻變爻生扶，或用爻遇長生、逢帝旺，皆謂之『旺』。

用神化吉：凡用神元神，動化回頭生、化長生、化帝旺、化比助、化日月，皆爲化吉。

用神化凶：凡用神元神，動化回頭尅、化絕、化墓、化空、化破、化鬼、化退神，皆爲化凶。

歲君：即當年太歲。

---

[115]《易冒・長生章》原文作：『唯土之長生不一者，以地王起甲申，申中有坤，故土生於申。若分陰陽，則戊生於寅，己生於酉。而金木水火之內，皆不可以無土，始知土德之用，接續五行，分寄而旺，無往而不生者哉。』——鼎升註

[116]『題頭』，篇目，標題，文章篇目之上的分類。——鼎升註

歲五：歲者，太歲；五者，卦之第五爻。

五位：每卦之第五爻爲君位，《易》曰『九五之尊』者是也。

身：即世爻。古用卦身世身，予試不驗而不用，凡後有遇身字者，即是世爻，非卦身世身也。

三墓者：用爻入日墓、入動墓、動而化墓，此三墓也。非古之世墓、身墓、命墓也。

主象、主事爻：自占卦，世爲主象，又名主事爻；占父母兄弟，即父母兄弟爲主事爻。餘倣此。

老陰之爲少陽，曰『變』；老陽之爲少陰，曰『化』：古言『變者，如物消而長，退而進也；化者，猶物成而敗，進而退也[117]』，予試不驗。化進神化生旺者，雖化亦吉；變鬼變回頭尅者，雖變亦凶。後各章凡言變者，即是化爻，化即是變。

各門類應期總註章第又二十六

靜而逢值逢沖：且如主事爻臨子水不動，後逢子日午日應之。餘倣此。

動而逢合逢值：且如主事爻臨子發動，後遇丑日子日應之。餘倣此。

太旺者，逢墓逢沖：且如主事爻臨午火，又遇巳午月日占卦，或卦中巳午爻太多，後逢亥子日應之；又有戌日應之，乃火入墓也。餘倣此。

---

[117]《易冒・變互章》原文作：『蓋變者，如物消而長，退而進，夜而晝也；化者，猶物成而敗，上而下，中而昃也。變變化化之以名焉。』——鼎升註

衰絶者，遇生遇旺：且如主事爻屬金，占卦於巳午月日，即是休囚無氣，後逢土月日，或到秋令當時則旺矣。餘倣此。

入三墓，俱喜沖開：且如主象臨午火，火墓於戌，後逢辰日則應之。餘倣此。

遇六合，亦宜相擊：且如主事爻與日月作合，或動與爻合，或動而化合，或凶或吉，必待沖開之日月應之。且如主象臨子，與丑作合，後逢午未日應之。餘倣此。

月破喜逢填合：且如子月占卦，主事爻臨午火，乃爲月破，後逢未日應之，謂之『破而逢合』；又有逢午日應之，填實之日則不破矣。

旬空最愛填沖：《旬空章》註解極明。

大象吉而受尅，須待尅神受尅：假令用神臨辰土，得日月生扶，乃爲大象吉也，倘被寅卯尅害，後逢申酉日，沖尅尅神則吉。餘倣此。

大象凶而受尅，須防尅者逢生：即如前説，用神臨辰土，既無日月動爻之生，乃爲大象凶也，再逢寅卯尅制者，後逢寅卯亥日則凶。

元神來助來扶，須看用神衰旺；忌神來尅來沖，觀乎元氣興衰：《元神忌神章》註解極明。

化進神，逢值逢合：且如申動化酉，乃爲進神，爲禍爲福，有應申月日，有應巳月日。

化退神，忌值忌沖：即如酉動化申，有應申月日，有應寅月日。

間有應於獨發獨靜：《獨發章》內詳之。

間有應於變爻動爻：且如爻臨戌土，變出酉金，有應戌日，亦有應酉日者。

勿謂爻之不驗，遠近當分：遠事定之以年月，近事應之於時日。間有占遠應近、占近應遠、占月應年、占日應時，不可不知。

倘遇卦之不明，再占是法：卦之恍惚者，再占一卦，不可妄斷。

世空元動，須待元神逢值：如甲辰旬占求財，得困之坎，亥日得財。餘倣此。

世衰元靜，必然元氣逢沖：如秋占圖謀，得困卦，後逢巳日成事。餘倣此。

歸魂遊魂章第又二十六

遊魂卦者，乃各宮第七卦。如乾宮之火地晋，坤宮之水天需是也。餘倣此。

歸魂卦者，乃各宮第八卦。如乾宮之火天大有，坤宮水地比是也。餘倣此。

古以『遊魂行千里』，我行此事而欲久者，遊魂而不能久，心無定向，遷改不常。

『歸魂不出疆』，諸事拘泥不行，與遊魂卦相反而斷之可也。

凡得遊魂卦，占身命，生平無安家樂業之處；占行人，遊遍[118]他鄉；占出行，行止不定；占家宅，遷變不常；占墳塋，亡者不安。

野鶴曰：須以用神爲主，然後以此參之。若舍用神執此而斷者，謬也。

增刪卜易卷二終

---

[118]『遍』，原本與敦化堂本俱作『變』，當誤，據李紱抄本改。——鼎升註

增刪卜易·卷三

野鶴老人著
楚江李坦我平鑒定
湖南李文輝覺子增刪
山西李凡丁鼎升校註
婿陳文吉茂生
男茹芝山秀
仝訂

月破章第二十七

正申、二酉、三戌、四亥、五子、六丑、七寅、八卯、九辰、十巳、十一午、十二未。

月建沖之爲月破，逐月之破日是也。

諸書皆以『用神臨月破如悖時①也，即是枯根朽木，逢生生之不起，逢傷更傷者重。雖現於卦，有亦如無；伏於卦中，終難透露。雖有日辰之生，亦不能生。動而作忌神者不能爲害，作變爻者不能傷剋動爻』。

① 『悖時』，同『背時』。不合時宜；倒霉。——鼎升註

野鶴曰：予得其驗，動則能於傷爻，變則能於傷動。何也？神兆機於動，事之無吉無凶，則不動矣；既動，則有禍福之基。目下雖破，出月則不破；今日雖破，實破之日則不破；逢合之日則不破：近應日時，遠應年月。

惟靜而不動，又無日辰動爻生助，實則到底而破矣。

如亥月己丑日，占將來有官否？得兌化訟卦——

世	ㄨ	未土	父母	戌土	父母
	、	酉金	兄弟		
	、	亥水	子孫		
應	〃	丑土	父母		
	、	卯木	妻財		
	○	巳火	官鬼	寅木	妻財

此卦官動而生世，世動化進神，顯然有官之象。但官逢月破，世遇旬空。然空者猶有日辰相沖，沖空則實，不爲空矣；而破者又無日辰動爻之生，古以『日建亦生不起』，況無動爻日建以生乎？予疑之既無所用，何故動而生世？

命之再占。又得水地比——

應	⚋	子水	妻財
	⚊	戌土	兄弟
	⚋	申金	子孫
世	⚋	卯木	官鬼
	⚋	巳火	父母
	⚋	未土	兄弟

斷曰：命若無官，難得官來生世及官星以持世也。今既前卦動官相生，後得官臨世位，食祿王家②，終須有日。彼問：應在何年？予曰：前卦官臨月破，定於實破之年。果於巳年承襲③長房④世職⑤。若以月破百無所用，霄壤⑥之隔也。

---

②『食祿王家』，享受朝廷的俸祿。——鼎升註

③『承襲』，承繼；沿襲。——鼎升註

④『長房』，家族中長子的一支。——鼎升註

⑤『世職』，世代承襲的職位。——鼎升註

⑥『霄壤』，天地。多形容差距極大。——鼎升註

又如辰月戊子日，占父何日回。得乾之夬——

世　應
〇　丶　丶　丶　丶　丶
戌土　申金　午火　辰土　寅木　子水
父母　兄弟　官鬼　父母　妻財　子孫
未土
父母

父母持世，破而化空，既無日生，又無動助，以古法斷者，『作用神而無氣』，其父不能歸也。予不以此論之，竟斷朱雀臨父，動而持世，卯日有信，午未日必歸。果於卯日得信，乙未日到家。應卯日得信者，破而逢合之日也；應未日歸者，父化未土旬空，出空之日而到也。

古法退⑦神之論，謂之『動逢月破，我位既失，化月建亦爲退之不及⑧』。此卦父爻破而化空，竟退以歸家也。

⑦『退』，原本與敦化堂本、李紱抄本俱作『進』，當誤，據如意堂本與前後文意改。——鼎升註
⑧《易冒・進退章》原文作：『動破散而變日月，潰敗難收，咨嗟何及？安能退哉？謂之不及退。』——鼎升註

又如午⑨月癸卯日，占後運功名⑩。得艮之觀——

世　　　　應
丶　乂　〃　○　〃　〃
寅木　子水　戌土　申金　午火　辰土
官鬼　妻財　兄弟　子孫　父母　兄弟
　　巳火　　　卯木
　　父母　　　官鬼

斷曰：寅木官星持世，被申金動而尅之，今年七月必有凶非。彼曰：看因何事？予曰：應動尅世，必是仇家。又問：礙於功名否？予曰：若非子水動搖，去位⑪必矣！幸有子水接續相生，降級離任而不免耳。次日呼予入署⑫，有幕客⑬知易理而問曰：既知子水接續相生，卜書有云，『忌神與元神同動，官與世爻得兩生』也，今冬高陞之兆，如何反曰『離任』？予曰：子水破而化空，卜書有曰，『雖有如無』，『作元神而無用』。予因不依古法而斷，神兆機於動，動必有因，所以斷之降級而已。命下之

⑨『午』，敦化堂本作『戊午』，當誤。——鼎升註
⑩敦化堂本後有『陞否』二字。——鼎升註
⑪『去位』，離開官位；卸職。——鼎升註
⑫『署』，原本作『暑』，顯誤，據敦化堂本改。——鼎升註
⑬『幕客』，地方軍政長官衙署中參謀、書記、顧問之類的官佐，亦稱幕僚。——鼎升註

日，若在冬至月者，始有此驗；倘在他月，子水而未實破，還不可知。果於七月彼此揭參⑭，結成大非，冬至月事結，降級調用。予彼時已往他省，復來呼喚，至彼而又卜之。

寅月丙辰日，占得地澤臨——

	應			世	
⚋	⚋	⚋	⚋	⚊	⚊
酉金	亥水	丑土	丑土	卯木	巳火
子孫	妻財	兄弟	兄弟	官鬼	父母

予曰：聞得士民⑮保留，恐蒙不允，必待子年仍以原品⑯起用⑰。向日⑱知易幕客在座而問曰：九五亥水生官，如何不允？予曰：九五來生，今被日剋，將來子年，亥水旺於子也，又合前卦五爻之子水值太歲而不破，起用無疑。果於甲子年巳月仍以原品起用，連補兩任。卯年而開督府⑲，予勸辭榮⑳。公曰：

⑭『揭參』，檢舉官吏的過失、罪狀。——鼎升註

⑮『士民』，士子和庶民。即官員和百姓。——鼎升註

⑯『原品』，原來官職的品級。——鼎升註

⑰『起用』，舊指重新任用已退職或黜免的官員。泛指提拔任用。——鼎升註

⑱『向日』，往日；從前。——鼎升註

⑲『開督府』，古代高官（如三公、大將軍、將軍等）自選僚屬開設府署，稱爲『開府』。清代特指任總督、巡撫者爲開府。總督一般爲正二品官員，亦有從一品或正一品官員，轄一省至三省，一般轄兩省。另有河道總督、漕運總督等。巡撫一般爲從二品官員，亦有正二品官員，每省一人，爲一省之長。——鼎升註

⑳『辭榮』，辭官榮歸。——鼎升註

何也？予曰：仍以前卦決之。向因申金剋世，子水雖動，臨破化空，不能生世生官，所以成非搆怨；及至子月，雖則實破，其力尚輕，雖不至於削職㉑，猶有降級之事；後值子年，乃實破之年也，值太歲當權，是以起用；明年辰歲，又是子水入墓之年，太歲剋去子水，申金仍復剋世，有剋無生，較昔年之禍更重。不聽。果於辰年三月條陳㉒，四月下獄㉓。雖留萬世芳名，而得罪解任㉔矣！

（鼎升曰：『果於辰年三月條陳，四月下獄。雖留萬世芳名，而得罪解任矣』，原本作『果於辰年三月條陳。□□萬世芳名，而得罪解任矣』，敦化堂本作『果於辰年三月條陳，四月下獄』，李紱抄本作『果於辰年三月，得罪解任』，民國錦章本作『果於辰年三月條陳。雖留萬世芳名，而得罪解往矣』，民國廣益本作『果於辰年三月條陳。雖留萬世芳名，而得罪解任矣』，如意堂本作『果於辰年三月，得罪解任下獄』，今據諸本改。

此處留萬世芳名者，當爲清康熙二十七年【公元1688年，戊辰年】解任於漕運總督任上的慕天顏。慕天顏，生於明天啓四年【公元1624年，甲子年】，卒於清康熙三十五年【公元1696年，丙子年】。據《清史稿》記載，慕天顏，字拱極，甘肅靜寧人，歷官有惠績，江南民尤頌之。清康熙十五年【公元1676年，丙辰年】七月癸卯，累遷至江寧巡撫，尋以節減驛站錢糧，加兵部侍郎。後因師征吳三桂，造船濟師，敘勞，加太子少保、兵部尚書，仍兼右副都御史。清康熙二十年【公元1681年，辛酉年】，

㉑『削職』，免職。——鼎升註

㉒『條陳』，向上級分條陳述意見的文件。此處指對官員的檢舉。——鼎升註

㉓『下獄』，關進牢獄。——鼎升註

㉔『解任』，免職；停職。——鼎升註

因疏銷草豆價，檄追劾罷已卒之揚州知府高德貴之家屬，遭高德貴族人——京口防禦高騰龍等訐告，互參，高騰龍等取罪至死，慕天顏左遷。清康熙二十三年【公元1684年，甲子年】二月己未，起湖廣巡撫，九月戊寅移任貴州巡撫。清康熙二十六年【公元1687年，丁卯年】三月乙未，遷漕運總督。因與河道總督靳輔等議異，互劾，清康熙二十七年【公元1688年，戊辰年】三月，下部議，奪天顏職，後被逮下獄，又寬之。

又，卷四《增删〈黄金策・千金賦〉章》中『動爻何妨空破』條文下，有『一日於將軍府中，將軍問曰：江南某撫軍，功名將來何如？予曰：向於酉年占得艮之觀卦，即許酉年離任，又許今年三四月仍以原品起用』一句，文中『江南某撫軍』當亦爲慕天顏。

又，慕天顏其人，於卜易一道尤爲篤信。清人錢泳《履園叢話》中有《測字》一則，可資朵頤：「閶門外上津橋朱某家貧，欲入山尋死，遇仙解救，授測字一書，其驗如神。求之者必需預定日期，每日只測一字，取資一兩，懸牌門首，某日測某人字。時吳三桂將反，有文書來，向蘇藩庫借餉十萬兩。方伯慕公天顏躊躇莫决，乃延朱測字，且告以故。朱曰：『請命一字。』適几上有殘柬，慕公隨手翻轉，指『正』字爲枚。朱曰：『不可借。「正」似「王」字，王心已亂。且柬正面合几上，正而反矣，即反之兆也。』慕即拒之。未幾，果應其言。」

又，金庸先生在其小説《鹿鼎記》中，將慕天顏描寫成一位乖覺而有學識的官員，小説家言，備此一説。）

以上之辨月破者，乃因破而動也，不動勿以此斷。

李我平曰：《易冒》之論月破，『動作忌神而無害，動作元神而無賴，日辰生之而不起，百無所用之物也㉕』。《易林補遺》亦曰：『如臨月破之爻，不拘衰旺，概作凶推。逢生不受，遇尅能招，亦謂「雖有而如無」也。㉖』觀此艮之觀卦，占時而值月破，不能接續相生，搆訟㉗王庭㉘；值月建以填實，其力尚輕，猶有降罰之事；值太歲而當權，仍以原品而起用；至辰年而入墓，得禍匪輕。半生凶吉，關乎一爻月破，豈可謂之『有亦如無，毫無所用』耶？

飛伏神章第二十八

凡用神不現，即以日月爲用神。倘日月非用神者，須於本宮首卦尋之。因本宮首卦，父子財官，六親俱備之故耳。

㉕《易冒·月破章》原文作：『是以生之不長，扶之不起，實如虛，有如無，爲我援而無賴，爲我忌而弗傷，在伏則不露，在變則不權，名之曰破，而無所施用也。』——鼎升註

㉖《易林補遺·易林總斷章》原文作：『如臨月破之爻，不拘衰旺，概作凶推。縱有動爻日主來生，不能扶起。逢生不受，遇尅能招，故此爻毫無所用。』——鼎升註

㉗『搆訟』，造成訴訟；打官司。——鼎升註

㉘『王庭』，朝廷。——鼎升註

假令占得天風姤卦——

	丶	戌土	父母
	丶	申金	兄弟
應	丶	午火	官鬼
	丶	酉金	兄弟
	丶	亥水	子孫
世	〃	丑土	父母

若占妻財，取財爻爲用神。此姤卦係乾宮之卦，以寅卯木爻爲妻財，今六爻並無寅卯，即是用神不上卦。如在寅卯月日占者，則以日月爲用神；倘非寅卯月日㉙，須在本宮首卦乾爲天內尋之。

乾宮首卦乾爲天——

世	丶	戌土	父母
	丶	申金	兄弟
	丶	午火	官鬼
應	丶	辰土	父母
	丶	寅木	妻財
	丶	子水	子孫

此卦寅木妻財在二爻，即以此寅木伏於姤卦亥水之下，姤卦二爻之亥水即爲飛神，寅木妻財即爲伏神，亥水而生寅木，謂之『飛來生伏得長生』。此乃用神不現，尋得伏神而遇生扶，無用亦爲有用，便作吉斷。餘倣此。

㉙『日』，原本無，據敦化堂本與李紱抄本補。——鼎升註

又如占得天山遯——

	丶	戌土	父母
應	丶	申金	兄弟
	丶	午火	官鬼
	丶	申金	兄弟
世	〃	午火	官鬼
	〃	辰土	父母

如占子孫，取子孫爲用神。此係乾宫卦，水爲子孫，今六爻並無亥子，亦是子孫不現。倘在亥子月日占者，即以日月爲用神；若非亥子月日，亦在乾爲天内尋之。乾爲天初爻之子水子孫，以之伏於遯卦初爻辰土之下，辰土即是飛神，子水便是伏神，此乃飛來尅伏，謂之『飛尅伏神遭尅害』，名爲『伏神受制』，有用亦無用矣，即作凶推。餘倣此。

伏神有用者，有六：

伏神得日月生者，一也。

伏神旺相者，二也。

伏神得飛神生者，三也。

伏神得動爻生者，四也。

伏神得遇日月動爻沖尅飛神者，五也。

伏神得遇飛神空破休囚墓絕者，六也。

《黄金策》曰：『空下伏神，易於引拔。』此論近理。但又不獨飛神空亡而伏神得出，但得飛神臨破臨絕、休囚入墓，而伏神皆易出也。何也？伏神在下，飛神在上，飛神既逢破墓衰空，雖有如無，所以伏神易於出現。

此六者皆有用之伏神也，雖曰『不現』，亦如現矣。

又伏神終不得出者，有五：

伏神休囚無氣者，一也。

伏神被日月沖尅者，二也。

伏神被旺相之飛神尅害者，三也。

伏神墓絕於日月飛爻者，四也。

伏神休囚，值旬空月破者，五也。

此五者乃無用之伏神也，雖有如無，終不能出。

《黃金策》曰：『伏居空地，事與心違。』予得驗者，非此論也。凡用神旺相而遇旬空，出空之日則出矣。

如卯月壬辰日，占候文書㉚何日得領？得山火賁——

		丶	寅木	官鬼
		〃	子水	妻財
	應	〃	戌土	兄弟
		丶	亥水	妻財
伏 午火 父母		〃	丑土	兄弟
	世	丶	卯木	官鬼

午火父母爲用神，空而伏於二爻丑土之下，壓之難出，許甲午日出空必得。果得於甲午日。

又如辰㉛月丁巳日，占逃僕。得水山蹇——

		〃	子水	子孫
		丶	戌土	父母
	世	〃	申金	兄弟
		丶	申金	兄弟
伏 卯木 妻財		〃	午火	官鬼
	應	〃	辰土	父母

㉚『文書』，公文，案卷。——鼎升註

㉛『辰』，敦化堂本作『丙辰』。——鼎升註

占僕，以財爻爲用神。此係兌宮卦，卯木爲財，今六爻並無卯木，須在兌宮首卦尋之。

兌宮首卦兌爲澤——

世			應		
⚋	⚊	⚊	⚋	⚊	⚊
未土	酉金	亥水	丑土	卯木	巳火
父母	兄弟	子孫	父母	妻財	官鬼

以二爻卯木伏於前蹇卦二爻午火之下，午火爲飛神，卯木爲伏神。斷曰：蹇卦申金持世，尅制卯木，終不能逃。但因伏在午火之下，伏去生飛名洩氣，盜去財物，盡廢於爐火之家，許甲子日拿獲。果於子日得信，窩賭㉜於鐵匠之家，申時拿獲，連鐵匠送官。夫應子日者，子水沖尅午火之飛神，生起卯木之伏神故也。

《黃金策》曰：『伏無提絜㉝終徒爾㉞，飛不摧開亦枉然。』此之謂也。

予疑飛神午火即如鐵匠，伏神卯木即是逃僕，至子日沖午而刑卯，所以二人皆被杖責。

㉜『窩賭』，聚衆或包庇賭博。——鼎升註

㉝『絜』，音xié【鞋】。通『挈』。提起，提攜。——鼎升註

㉞『徒爾』，徒然；枉然。——鼎升註

又如酉㉟月丙辰日，占子病。得地風升——

〃 酉金 官鬼
〃 亥水 父母
〃 丑土 妻財 世 伏 子孫 午火
丶 酉金 官鬼
丶 亥水 父母
〃 丑土 妻財 應

《黃金策》曰：『空下伏神，易於引拔。』此卦午火子孫伏於丑土之下，丑土旬空，伏神易出，許午日子孫出現必愈。果於午日起床。

以上用神不現，皆在本宮首卦尋之。古法又有『凡得八純首卦，用神若值空破，又在他宮尋之』。比如占得乾爲天，內有用神空破衰絕者，往坤宮尋之，謂之『乾坤來往換』。《易林補遺》又以『歸魂卦取親宮第四卦㊱』也。野鶴曰：何必如是？用神空破衰絕，禍福已知八九，何不再占一卦，合而决之，自有用神。予嘗不待用神衰絕，但逢不現，雖有伏神亦不用之，再占兩卦，用神必現。一日到一宅上，見醫者滿座。

㉟『酉』，敦化堂本作『己酉』。——鼎升註

㊱『歸魂卦取親宮第四卦』，《易林補遺·易林總斷章》原文作：『乾宮姤遯否觀剝晋六卦者，皆伏本宮乾卦，惟獨大有歸魂伏在否卦是也；又如坎宮二至七卦皆伏坎水，惟獨師卦伏歸既濟；又說艮內惟獨歸魂當還第四。八宮諸例，不必細陳。』『親宮』，即本宮。——鼎升註

卯㊲月丙辰日，占父病。得地雷復——

				伏巳火父母	
		應			世
〃	〃	〃	〃	〃	丶
酉金	亥水	丑土	辰土	寅木	子水
子孫	妻財	兄弟	兄弟	官鬼	妻財

父母用神不現，明知巳火父母伏於二爻寅木之下，旺木以生巳火，飛來生伏，必愈之症。不以此斷，令再卜之。

占得山澤損卦——

應			世		
丶	〃	〃	〃	丶	丶
寅木	子水	戌土	丑土	卯木	巳火
官鬼	妻財	兄弟	兄弟	官鬼	父母

巳火父母明現於初爻，春占木旺火相，斷之即愈。彼因病勢甚危，伊㊳猶未决，次子又占。

㊲『卯』，敦化堂本作『乙卯』。——鼎升註

㊳『伊』，人稱代詞。他；她。——鼎升註

得漸之巽——

應	丶	卯木	官鬼	
	丶	巳火	父母	
	〃	未土	兄弟	
世	丶	申金	子孫	
	ㄨ	午火	父母	亥水 妻財
	〃	辰土	兄弟	

予疑曰：前兩卦俱當即愈，如何此卦亥水回頭尅父母？忽而悟曰：是也！前兩卦巳火父旺不受傷尅，乃應目前之愈；此卦亥水尅父，冬令㊴難延。即到床前，令病人自占。

丶	
丶	應
丶	
丶	
ㄨ	世
〃	

此卦竟與前卦相同。再請夫人卜之，又得此卦。

丶	
丶	應
丶	
丶	
ㄨ	世
〃	

予連見此三卦，毛骨竦然㊵，有神乎，無神乎？子占父，亥水回頭尅父；自占病，亥水尅世；妻占

㊴『冬令』，冬季。——鼎升註

㊵『毛骨竦然』，形容極其驚恐害怕。『竦』，音sǒng【聳】。通『悚』。害怕。——鼎升註

夫，亥水剋夫。三卦雷同，如一手排出，冬令之危，扁鵲㊶亦爲難矣！予且不言，止以前卦斷目前之愈。問諸醫曰：卦中不礙，列位高見何如？曰：病勢甚險！適間公議一方，對症便好，不然只看陰功㊷德行㊸耳！內有一位冷笑不言，予請問姓，答曰：姓壽。因私問曰：此公之恙㊹何如？彼曰：我可治之。不服我藥，奈何？予暗囑其子曰：太翁㊺之恙，須用姓壽者治之。次早壽姓來謝，予問將來何如？壽曰：目下不妨，今冬難保。予曰：公言與數相合，真神醫也！果終於亥月。予之不取伏神，多占幾卦，決禍福而更穩：既知目前之生，且知將來之死，非多占之力耶？

李我平曰：古法用伏神，雖則有驗，然伏神之衰旺休囚、刑沖剋害、月破旬空，亦有難於把捉㊻者。此謂『多占兩卦，自有用神』，真秘法也！以此之秘，急欲傳世，真婆心㊼也！或曰：多占兩卦，雖有瀆之不敢再三，然亦有再占者，何爲秘訣？予曰：既知再占，何故用神不現而尋伏神，伏神無用又尋互卦，互之不得又尋干化？況《易冒・變互章》中所存占驗，不惟牽强，且盡屬錯誤。

㊶『扁鵲』，戰國時名醫，原名秦越人。後泛指良醫。——鼎升註
㊷『陰功』，暗中施德於人。此處指在人世間所做的，而在陰間可以記功以延長壽命的好事。——鼎升註
㊸『德行』，品德操行。——鼎升註
㊹『恙』，音yàng【様】。疾病。——鼎升註
㊺『太翁』，曾祖父；祖父。清代亦以稱人之父。——鼎升註
㊻『把捉』，理解；掌握。——鼎升註
㊼『婆心』，仁慈之心。——鼎升註

有戊申日，占子病。得晉之剝——

		、	巳火	官鬼
		⺀	未土	父母
	世	○	酉金	兄弟　戌土 父母
		⺀	卯木	妻財
		⺀	巳火	官鬼
伏　子孫 子水	應	⺀	未土	父母

彼斷曰：飛伏變象，皆無用神，互出水地比卦，外見坎水，即爲子孫，酉金動爻生之，後亥月⑱而痊。⑲以予斷之，《海底眼》云：『用神伏，元神搖，占病不死。』此卦不獨元神搖於四位，而又有日建之生。《大全⑳》書曰：『用神伏，日月生之即出。』此卦子水子孫伏於初爻，雖有飛神壓住，却得日辰生扶，至十月亥水當令，子孫出而逢生，明白極矣，何用互卦？

⑱『月』，原本與敦化堂本、李紱抄本俱作『日』，當誤，據《易冒·變互章》文意與後文文意改。——鼎升註

⑲《易冒·變互章》原文作：『戊申日占子病，得晉之剝，飛伏變象，皆無用神，互比外見坎水爲子，動爻生之，後至亥令而痊。』——鼎升註

⑳『大全』，即《卜筮大全》。——鼎升註

又有子建戊寅日，占官。得困之兌——

		應			世
〃	丶	丶	〃	丶	ㄨ
未土	酉金	亥水	午火	辰土	寅木
父母	兄弟	子孫	官鬼	父母	妻財
					巳火
					官鬼

彼斷曰：飛爻午火之官已臨破矣，巳官伏神長生於寅，至孟春[51]反得陞遷。[52]以予斷之，《黃金策》曰：『飛爻、變爻俱無用神者，始尋伏神。』此卦初爻寅木，變出巳火官星，孟春官遇長生，財爻獨發生官，何故不言變出之官而言伏神？幸此卦伏神、變爻皆巳火也，倘後人遇他卦象，執此爲法，用變爻乎，用伏神乎？非傳世教人之法而不取也。又見《干化章》中之占驗，更爲可笑。

---

[51]『孟春』，春季的第一個月，農曆正月。——鼎升註

[52]《易冒・飛伏章》原文作：『如子建戊寅日占官，得困之兌，飛象午官臨身爲用，當子月無用矣！誰知世下巳官，伏神長生，孟春反應遷級也。』——鼎升註

有辛卯年丙申月丙子日，占子存亡。

世　　　　　應
〇　丶　ㄨ　〃　〃　〃
卯木　巳火　未土　卯木　巳火　未土
妻財　官鬼　父母　妻財　官鬼　父母
未土　　亥水
父母　　子孫

彼斷曰：水爲子孫，不現，却得丙月辛年，丙辛化水，後至亥月甲辰日，申子辰合成水局，亥月而歸。⑤③予斷曰：世爻未土發動，化出亥水子孫，是亥月即見子也。世與子孫，亥卯未三合成局，明明父子相逢，何故而取干化？即使卦中亥水不現，子水日⑤④建亦作用神。疊疊用神而不取，左支右吾，以取干化，是誤後人，非教後人也。

---

⑤③《易冒・干化章》原文作：『如辛卯年丙申月丙子日，占子存亡，得觀之萃，以爲子孫不現，乃應凶象，而不知丙辛化水，後及亥月甲辰日，乃申子辰會成水局，亥月值於所變之亥，子孫反得平安而歸。』——鼎升註

⑤④『日』，原本與敦化堂本俱作『月』，顯誤，據李紱抄本與文意改。——鼎升註

進神退神章第二十九

進退神者，爻之動而化也。化進化退，吉凶禍福有喜忌之分：所喜者宜於化進，所忌者宜化退神。

進神：亥化子、寅化卯、巳化午、申化酉、丑化辰、辰化未、未化戌。

退神：子化亥、卯化寅、午化巳、酉化申、辰化丑、未化辰、戌化未。

進神者，由此而前進也，如春木之榮、有源之水，久遠長進之象。

退神者，由此而漸退也，如秋天花木漸漸凋零。

如申⑤⑤月癸卯日，占鄉試⑤⑥。得恒變大過——

應	〃	戌土	妻財	
	✕	申金	官鬼	酉金 官鬼
	、	午火	子孫	
世	、	酉金	官鬼	
	、	亥水	父母	
	〃	丑土	妻財	

斷曰：酉金官星持世，旺相當時，卯日沖之而暗動，又得九五爻上官化進神，幫助拱扶，不獨今秋折桂⑤⑦，來春定占鰲頭⑤⑧。果得聯捷⑤⑨。

---

⑤⑤『申』，敦化堂本作『甲申』。——鼎升註

⑤⑥『鄉試』，清代科舉考試分鄉試、會試、殿試。鄉試每三年一科，於子午卯酉年八月在各省省會舉行，稱爲正科。遇登極、萬壽等慶典，特詔舉行的，稱爲恩科。慶典適逢正科之年，則以正科爲恩科，而正科或於前一年預行，或於後一年補行，清代後期，還有恩科、正科合併舉行的事例。鄉試取中者爲舉人，舉人經過磨勘和復試後可參加會試。——鼎升註

⑤⑦『折桂』，典出《晋書・郤詵傳》。郤詵舉賢良對策，爲天下第一，自謂『猶桂林之一枝，昆山之片玉』。後稱科舉考試得中爲折桂。——鼎升註

⑤⑧『鰲頭』，科舉考試殿試中取中一甲第一名，即狀元。——鼎升註

⑤⑨『聯捷』，科舉考試中兩科或三科接連及第。——鼎升註

又如酉[60]月庚戌日，占何年生子。得屯變節——

	子水	‥	兄弟		
應	戌土	、	官鬼		
	申金	‥	父母		
	辰土	‥	官鬼		
世	寅木	╳	子孫	卯木	子孫
	子水	、	兄弟		

寅木子孫持世而化進神，寅木旬空，卯木空而且破，許之寅卯年，實空實破，一定連生。

此人年未三旬，妻無所出[61]，婢女[62]極多，子年占卦，及至寅、卯年，妻婢同生，自三十一以至四十五歲，連存[63]九子。

古以『動日月而化空破，且許不進[64]』，此卦旬空化空破，亦能進也。

---

[60]『酉』，敦化堂本作『丁酉』。——鼎升註

[61]『出』，生產。——鼎升註

[62]『婢女』，舊時指有錢人家僱傭的女孩子。——鼎升註

[63]『存』，敦化堂本作『生』。——鼎升註

[64]《易冒・進退章》原文作：『動日月而變空破，無階無路，謂之「不進」。』——鼎升註

又如卯[65]月乙丑日，占求婚成否？得噬嗑變比——

	世			應	
○	〤	○	〃	〃	○
巳火	未土	酉金	辰土	寅木	子水
子孫	妻財	官鬼	妻財	兄弟	父母
子水	戌土	申金			未土
父母	妻財	官鬼			妻財

財爻持世化進神，巳火子動而生世，但因巳火化子水回頭之尅，必待午日沖去子水，午火又合世爻，其婚必成。果於午日允婚。或曰：間爻酉金鬼動，豈無阻耶？予曰：鬼化退神，雖有破阻而無力也。

此卦世爻未土，財化旬空，古以財化旬空，謂之『動日月而化空，且不能進[66]』，況動散而化空，亦能進矣。

---

[65]『卯』，敦化堂本作『丁卯』。——鼎升註

[66]《易冒・進退章》原文作：『動日月而變空破，無階無路，謂之「不進」。』——鼎升註

又如酉月甲辰日，因被論[67]，占自陳[68]何如？

應	、、	酉金	父母		
	、、	亥水	兄弟		
	、、	丑土	官鬼		
世	✕	午火	妻財	亥水	兄弟
	○	辰土	官鬼	丑土	官鬼
	✕	寅木	子孫	卯木	子孫

斷曰：世化回頭之尅，官化退神，子孫化進神，三爻皆非吉象，大凶之兆。果於次年二月革職[69]拿問[70]。古以『動日月化空破，謂之「不退」[71]』，此卦官動臨日辰；又曰『動日月化空破，謂之「不進」[72]』，此卦子孫動休因而化空破。進者進，而退者竟退。

[67]『論』，論罪，論處。——鼎升註

[68]『自陳』，上言，述說。——鼎升註

[69]『革職』，撤職。——鼎升註

[70]『拿問』，捉拿審問。——鼎升註

[71]《易冒・進退章》原文作：『動日月而變空破，我德克備，謂之「不退」。』——鼎升註

[72]《易冒・進退章》原文作：『動日月而變空破，無階無路，謂之「不進」。』——鼎升註

又如丑[73]月丙戌日，占父有信至，已在任起程，我去迎之，可能遇否？

	✕	子水	子孫	巳火	官鬼
	○	戌土	父母	未土	父母
世	✕	申金	兄弟	酉金	兄弟
	、	申金	兄弟		
	〃	午火	官鬼		
應	〃	辰土	父母		

父化退神，父已歸矣；世化進神，爾之欲去；父爻生世，一定相逢。必相會於未日。果得遇未日。

應未日者，戌父化未，又破又空，至未日乃實空、實破之日也。若執古法，『動日月而化空破，謂之「不退」[74]』，其父豈有歸來之日耶？

[73]『丑』，敦化堂本作『丁丑』。——鼎升註

[74]《易冒・進退章》原文作：『動日月而變空破，無階無路，謂之「不進」。』——鼎升註

如戊月癸巳日，占本年冬令得關差(75)否？水澤節變需卦——(76)

	〃	子水	兄弟	
	、	戌土	官鬼	
應	〃	申金	父母	
	ㄨ	丑土	官鬼	辰土 官鬼
	、	卯木	子孫	
世	、	巳火	妻財	

丑土官動化進神，許丑月必得。果得於丑月(77)。

古以『動日月化空破，謂之「不進」(78)』，此卦動非日月而化破，亦能進也。

---

(75)『關差』，古代稅卡上的差官。——鼎升註

(76)從此卦始，至『未月辛未日，占開金銀器皿鋪』，原本與敦化堂本俱未排出卦象，卦象據李紱抄本補。——鼎升註

(77)『果得於丑月』，敦化堂本作『後果得於丁丑月』。——鼎升註

(78)《易冒・進退章》原文作：『動日月而變空破，無階無路，謂之「不進」。』——鼎升註

又如未月丁卯日，占功名終得出仕⑲否？天火同人變革卦——

應	○	戌土	子孫	未土 子孫
	、	申金	妻財	
	、	午火	兄弟	
世	、	亥水	官鬼	
	〃	丑土	子孫	
	、	卯木	父母	

予曰：若以古法斷者，『子孫動而尅官，終身而無官也』。予許之辰年而出仕。何也？戌土子孫雖動，幸化退神，不尅官也，辰年沖去戌土，是以許之。果於辰年得選。豈可謂之『動空化日月而不退』耶？

⑲『出仕』，做官。——鼎升註

又如申月辛卯日，占病。得澤天夬卦變大壯——

	丶丶	未土	兄弟	
世	〇	酉金	子孫	申金 子孫
	丶	亥水	妻財	
	丶	辰土	兄弟	
應	丶	寅木	官鬼	
	丶	子水	妻財	

此公因抱危症，予曰：子孫持世，明日辰日必遇良醫。果於次日用針而愈。或曰：子孫化退神，何其用藥亦效？予曰：動變皆屬秋金，當權得令，占近事豈可曰『退』？若占久遠之事，待休囚之時而退者，是也。

古以『動破散而化日月，無階無路[80]』，謬也。

---

[80]《易冒・進退章》原文作：『動破散而變日月，我位既失，何以得前？謂之「不能進」。』——鼎升註

又如丑月癸卯日，占妻病，服此藥愈否？得臨之泰——[81]

	〃	酉金	子孫	
應	〃	亥水	妻財	
	〃	丑土	兄弟	
	ㄨ	丑土	兄弟	辰土 兄弟
世	、	卯木	官鬼	
	、	巳火	父母	

斷曰：兄動化進神，靈丹[82]莫救。其妻死於甲辰日。

此乃兄動臨月建而化旬空，亦可謂之『不進』耶？

---

[81]李紱抄本無此卦。——鼎升註

[82]『靈丹』，古代道士煉的一種丹藥。據說能使人消除百病，長生不老。——鼎升註

又如戌⑧月癸未日，占病。得乾之夬——

世　應
〇　丶　丶　丶　丶　丶
戌土　申金　午火　辰土　寅木　子水
父母　兄弟　官鬼　父母　妻財　子孫
未土
父母

斷曰：久病逢沖莫治，又是父爻持世，妙藥難醫。雖化退神，非病退也，乃精神命脉⑧漸漸消枯之象也，防丑月沖破未土而無路矣。果卒丑月⑧。

---

⑧『戌』，敦化堂本作『丙戌』。——鼎升註
⑧『命脉』，生命和血脉。——鼎升註
⑧『果卒丑月』，敦化堂本作『後果卒於己丑月』。——鼎升註

又如戌月己卯日，占母血崩⑧⑥一年有餘。得同人變解——

應	○	戌土	子孫	戌土	子孫
	○	申金	妻財	申金	妻財
	、	午火	兄弟		
世	○	亥水	官鬼	午火	兄弟
	ㄨ	丑土	子孫	辰土	子孫
	○	卯木	父母	寅木	父母

卯木父母值臨日建，上爻戌土以生申金，金生亥水，若非丑土化進神以塞其水，此父母爻得此接續相生，災雖險而何礙？今父母木爻既無水養，且化退神，精血⑧⑦大敗，捱⑧⑧至丑月，旺土以絕其源，須防危險。果卒於丑月。此乃父臨日建，不化空破亦能退也。

---

⑧⑥『血崩』，子宮出血病的一種，多由子宮病變、陰道構造異常或發生癌症等引起，症狀是經期中出血量正常而經期以外常有流血現象。亦稱崩症。——鼎升註

⑧⑦『精血』，精氣和血液。——鼎升註

⑧⑧『捱』，拖延；等待。——鼎升註

又如卯[89]月癸酉日，占父近病。得萃之否——

	ㄨ	未土	父母	戌土 父母
應	丶	酉金	兄弟	
	丶	亥水	子孫	
	〃	卯木	妻財	
世	〃	巳火	官鬼	
	〃	未土	父母	

未土父動化進神，戌值旬空，近病逢空即愈，許次日退災。果於甲戌日[90]出空即愈。此乃父爻休囚而化空也。若以古法，『動日月化空破，尚且不進[91]』，今休囚而化空，可就愈耶？

[89]『卯』，敦化堂本作『癸卯』。——鼎升註

[90]『日』，原本無，據敦化堂本與前後文意補。——鼎升註

[91]《易冒・進退章》原文作：『動日月而變空破，無階無路，謂之「不進」。』——鼎升註

又如辰月癸丑日，占流年[92]。得困變解卦——

	〃	未土	父母		
	○	酉金	兄弟	申金	兄弟
應	丶	亥水	子孫		
	〃	午火	官鬼		
	丶	辰土	父母		
世	〃	寅木	妻財		

斷曰：世爻寅木而值旬空，酉金忌神搖於五位，古法謂之『避空』，予非此斷，出空一定遭傷。後卒於六月。應未月者，上爻未土乃世爻之墓，已被丑日沖開，謂之『開墓以待』，被剋而入墓，寧不死乎？或問：酉金化退神，如何剋木？予曰：三土生酉金，旺而不退。

---

[92]『流年』，一年的運道。——鼎升註

又如辰月乙丑日，占妻母病。得隨之否——

應　　　世

ㄨ　丶　丶　〢　〢　○

未土　酉金　亥水　辰土　寅木　子水

妻財　官鬼　父母　妻財　兄弟　父母

戌土　　　　　　　　　　未土

妻財　　　　　　　　　　妻財

斷曰：子水父爻，化未土回頭尅父，而上爻未土，又化進神以尅父，須防戌日。果卒於甲戌日，乃戌土出空之日也。古法『散如無』也，此卦未土被丑日沖之，又化旬空、月破，竟不見其散也。

又如申月乙卯日，占出行。得屯之節——

應　　　世

〢　丶　〢　〢　ㄨ　丶

子水　戌土　申金　辰土　寅木　子水

兄弟　官鬼　父母　官鬼　子孫　兄弟

　　　　　　　　　　卯木

　　　　　　　　　　子孫

斷曰：世臨寅木而化進神，合當就行，因係月破，目下未必能動，出月方可。後至亥月方行，由燕[93]至粵[94]，次年八月歸來。予曰：途中安否？彼曰：往來托庇[95]均安。予以子孫化進神，知其平安，故問之耳。夫應亥月行者，破而逢合之月也。此乃動破化日辰，豈可謂之『不能進』耶？

又如辰[96]月己未日，占兄何日歸來？得履之兌——

			世		
兄弟	戌土	○	→	未土	兄弟
子孫	申金	、	世		
父母	午火	、			
兄弟	丑土	〃			
官鬼	卯木	、	應		
父母	巳火	、			

兄動化退，已有歸志，但因戌逢月破，在外諸凡[97]未遂，六月可望。後至戌月方回，乃應實破之月也。此乃動破而變日月，豈可謂之『退不及』耶？

---

[93]『燕』，河北省的簡稱。一說指河北北部。——鼎升註
[94]『粵』，古稱廣東、廣西爲百粵之地，故稱兩粵。後專用爲廣東省的別名。——鼎升註
[95]『托庇』，舊時客套語。謂己方的幸福靠對方的庇護。——鼎升註
[96]『辰』，敦化堂本作『丙辰』。——鼎升註
[97]『諸凡』，所有；一切。——鼎升註

又如辰[98]月乙未日，父占子病，得大有變睽。同時祖又占孫亦得此卦，如一手排出。

應	、	巳火	官鬼	
	〃	未土	父母	
	、	酉金	兄弟	
世	○	辰土	父母	丑土 父母
	、	寅木	妻財	
	、	子水	子孫	

父臨月建化退神，此子死於次日。

[98]『辰』，敦化堂本作『甲辰』。——鼎升註

又卯[99]月丙申日，衙役[100]占官府[101]陞否？得解之困——

	〃	戌土	妻財	
應	✕	申金	官鬼	酉金 官鬼
	、	午火	子孫	
	〃	午火	子孫	
世	、	辰土	妻財	
	〃	寅木	兄弟	

官動化進神，秋來得令必遷[102]。後報[103]陞於巳月。應巳月者，動而逢合之月，申金又長生於巳。此乃動日月而化空破，豈可謂之『不進』耶？

---

[99]『卯』，敦化堂本作『癸卯』。——鼎升註

[100]『衙役』，官府裏的差役。——鼎升註

[101]『官府』，指官吏。——鼎升註

[102]『遷』，晉陞，陞職，陞官。——鼎升註

[103]『報』，向陞官或考中科舉的人家裏送的喜報。——鼎升註

又如酉[104]月乙丑日，占鄉試[105]中否？得兌之訟——

世	ㄨ	未土	父母	戌土	父母
	、	酉金	兄弟		
	、	亥水	子孫		
應	〃	丑土	父母		
	、	卯木	妻財		
	○	巳火	官鬼	寅木	妻財

斷曰：未父化進神，巳火官動而生世，吉兆顯然，坐以待報。果於寅[106]日揭榜[107]，中第八名。古法『動破散化日月，尚不能進[108]』，此卦動散化空，亦能中矣！

---

[104]『酉』，敦化堂本作『癸酉』。——鼎升註
[105]『鄉試』，原本作『試』，據敦化堂本、李紱抄本與文意改。——鼎升註
[106]『寅』，敦化堂本作『戊寅』。——鼎升註
[107]『揭榜』，考試後出榜；發榜。——鼎升註
[108]《易冒・進退章》原文作：『動破散而變日月，我位既失，何以得前？謂之「不能進」。』——鼎升註

又如未月丁丑日，占母路隔千里，何時來？得火天大有變井卦——

應	○	巳火	官鬼	子水	子孫
	ㄨ	未土	父母	戌土	父母
	○	酉金	兄弟	申金	兄弟
世	丶	辰土	父母		
	丶	寅木	妻財		
	○	子水	子孫	丑土	父母

初爻子水化出丑父，子與丑合，被合不來；未父化進神，亦應不來。幸得未土生起酉金兄爻，兄化退神而合世，母必不來，兄弟必來。彼曰：有妹無弟。果於次年三月妹至。此乃兄弟爻空化空，亦能退也。

又如未月辛未日，占開金銀器皿鋪。得噬嗑變屯卦——

	○	巳火	子孫	子水	父母
世	ㄨ	未土	妻財	戌土	妻財
	○	酉金	官鬼	申金	官鬼
	丶丶	辰土	妻財		
應	丶丶	寅木	兄弟		
	丶	子水	父母		

財爻持世化進神，乃久遠豐隆之象。予曰：代爾擇甲戌日開張，管許大發。果開市於戌日。至今此店尚開，累[109]年豐盛。此乃動日月而空，豈可謂之『不進』耶？

野鶴曰：夫進神之法有四。動旺相而化旺相，乘勢而進，一也；動休囚而化休囚，待時而進，二也；動爻變爻有一而值休囚，亦待旺相之日而進者，三也；動爻變爻有一而值空破，待填實之日而進者，四也。退神之法有四。動旺相而化旺相，或有日月動爻生扶，占近事得時而不退者，一也；動休囚而化休囚，及時而退者，二也；動爻變爻有一而旺相，待休囚之時而退者，三也；動爻變爻[110]有一而逢空破，待填實之日而退者，四也。

李我平曰：初閱《易冒》，有大進、不進、不能進，祇謂近理，後見『動日月而化空破，無階無路，謂之「不進」[111]』，故知謬也：動爻既臨日月，逢空不空，逢破不破，況化空破耶？日月如天，雖化破空，如浮雲之掩日，實空實破之朝，即是雲開霧散，司令當權，何以謂之『不進』？又曰：『動值破散而變日月，謂「我位既失，何以得前？」[112]』殊不知既動而破，自有實破之期，既動而散，自有填實之日，況化日月，名爲『化旺』，後日填實，愈旺愈强，何以謂之『不前』？伊存格式[113]：

---

[109]『累』，音lěi【磊】。連續。——鼎升註

[110]『動爻變爻』，原本與敦化堂本俱脫，據李紱抄本與文意補。——鼎升註

[111]《易冒・進退章》原文作：『動日月而變空破，無階無路，謂之「不進」。』——鼎升註

[112]《易冒・進退章》原文作：『動破散而變日月，我位既失，何以得前？』——鼎升註

[113]『格式』，一定的規格樣子。——鼎升註

申月卯日，占兄弟。得兌之豐——⑭

世　　　　應
〃　○　丶　ㄨ　○　丶
未土　酉金　亥水　丑土　卯木　巳火
父母　兄弟　子孫　父母　妻財　官鬼
　　　申金　　　亥水　丑土
　　　兄弟　　　子孫　父母

酉爻兄弟被卯日沖散，雖化申爲月建，亦不及退。⑮不退者是也，不及退者，謬也！彼之《月將章》云：『爻臨月將，逢散不散。⑯』七月之酉金，雖非月將，難曰不旺，況化月建，動變盡屬堅金，幫助拱扶，如山如崗，卯日焉能沖散？他章俱存占驗，獨此章止存數式，予故知其乃揣摹⑰之說，非經驗而得也。

---

⑭原本與敦化堂本、李紱抄本俱無卦象，徑補。——鼎升註

⑮《易冒·進退章》原文作：『申建癸卯日用兄弟，得兌之豐，酉已沖散，物不能扶，雖變申爲月建，亦不及退也。』——鼎升註

⑯《易冒·月將章》原文作：『凡爻神值此，破而不破，傷而不傷，卦中無而若有，爻內絕而不絕，動逢沖而不散，旬逢空而不陷，用神遇此而吉，忌神遇此而凶。』——鼎升註

⑰『揣摹』，同『揣摩』。仔細推想探求。——鼎升註

隨鬼入墓章第三十

古有『日墓、動墓、化墓』，謂之『三墓』。

世爻隨鬼入墓、本命隨鬼入墓、卦身隨鬼入墓、世身隨鬼入墓。

覺子曰：執此數論，若逢辰戌丑未之日，竟不敢占卦。非世臨鬼，即卦身臨鬼，非世身臨鬼，即本命臨鬼。然又不獨辰戌丑未日，而他日亦不敢占。何也？十卦之中，不免有二三墓爻發動，非世命而入，即二身而入；及動而化墓，非世爻動化，即二身動化；再不然難保其本命不化墓也。一卦之中，不必看刑沖尅害、破散絕空，凡占疾病凶危之事，止以隨鬼入墓，即知凶吉也。予屢於疾病之占，卦卦留神，見用爻旺者，二身隨鬼入墓而不死也，本命隨鬼入墓而不死也，化墓不死，動墓亦不死也。存而留驗，不驗又試，試之不驗而再試之，一而十，十而百，全不驗者，始盡棄之。便是世爻用爻隨鬼而入日墓、入動墓，或動而化墓，亦是休囚無氣，始見凶危；若旺而有扶，亦有解救。

如申月戊辰日，占夫病，癸亥命。得同人之離——

應			世		
、	○	、	、	〃	、
戌土	申金	午火	亥水	丑土	卯木
子孫	妻財	兄弟	官鬼	子孫	父母
	未土				
	子孫				

斷曰：妻占夫，亥水官鬼爲用神，墓於辰日，乃夫星、夫命皆入墓也，古法斷之必死。予曰：不獨不死，明日即愈。何也？辰日沖動戌土以生申金，因世爻亥水空亡，不受其生，明日己巳沖起亥水，得遇金生，其病如失。果於次日大愈。

又如戌月甲寅日，占會試[118]可能聯捷否？

父母	戌土	ㄨ		妻財 寅木
兄弟	申金	丶丶		
官鬼	午火	○	世	父母 戌土
兄弟	申金	丶		
官鬼	午火	丶丶		
父母	辰土	丶丶	應	

斷曰：世爻隨官入三墓，動墓、化墓、又入月建之墓，明歲辰年沖開墓庫，發榜之期，又遇辰月沖開三墓，不獨連登，定中鼎甲[119]。日、月合成官局，旺相當時，卦之全美，如玉無瑕。果然傳臚三唱[120]。

---

[118]『會試』，清代科舉考試分鄉試、會試、殿試。鄉試取中者爲舉人，舉人經過磨勘和復試後可參加會試。會試每三年一科，即在鄉試之次年，丑未辰戌年春天在禮部舉行。會試的具體時間，清初定於二月，清雍正五年（公元1727年）將入場之期改爲三月，清乾隆十年（公元1745年）後成爲定例。會試取中者爲貢士，貢士再經復試即參加殿試。——鼎升註

[119]『鼎甲』，科舉考試殿試名列一甲的三人，即狀元、榜眼、探花的總稱。——鼎升註

[120]『傳臚三唱』，殿試後宣讀皇帝詔命唱名叫『傳臚』。其制始於宋代，進士在集英殿宣唱名次之日，皇帝至殿宣唱，由閤門（閤門使的簡稱，即掌管殿廷上傳宣命令的官員）承接，轉傳於階下，衛士六七人皆齊聲傳名而高呼，其中一甲三人姓名，都傳唱三次，稱爲『傳臚三唱』。——鼎升註

又如申月己丑日，占病，得雷風恒。壬申命。

應			世		
〃	〃	丶	丶	丶	〃
戌土	申金	午火	酉金	亥水	丑土
妻財	官鬼	子孫	官鬼	父母	妻財

此卦申命隨鬼入墓，世爻隨鬼入墓，世身又落旬空，卦身又臨月破，若執古法斷者，百無一生。予因世爻旺相，許未日必愈。果起床於未日。應未日者，沖開丑墓之日而出也。古法以『墓爲沉滯昏迷之象』，此說是理。此人病中不思湯藥，昏昏沉沉，至未日則忽然甦醒，不藥而痊。豈可一概謂之『隨鬼而入墓』耶？

又如未月戊辰日，占已定重罪，可蒙赦[121]否？[122]得蠱之損——

應			世		
丶	〃	〃	○	丶	ㄨ
寅木	子水	戌土	酉金	亥水	丑土
兄弟	父母	妻財	官鬼	父母	妻財
			丑土		巳火
			妻財		子孫

[121] 『赦』，減罪，免罪。——鼎升註

[122] 敦化堂本作：『又如未月戊辰日，占已定重罪終身，望得赦否？』——鼎升註

世爻隨鬼入動墓，又動而化墓，古以爲凶，予以吉斷：日月生世，丑墓月破，破羅破網⑫³，容易而出，明歲酉年定蒙赦免。果於次年辰月援赦⑫⁴而出。

予因屢試而得驗者，止驗世爻入墓有三：世爻隨鬼入日墓、入動墓、動而化墓。

此三墓者，自占看世爻，世爻旺相者非真；代占看用神，用神旺相者非真。惟世爻用爻休囚被尅，而又入墓者是也。墓神被日月動爻沖破，亦非真也。墓破即如破網，容易而出矣。

占功名，世旺得地，沖開墓庫之年月成名；世若空破休囚，始終難成之象。

占身命，世旺得地，沖開之年月發積⑫⁵；世爻空破休囚，終身寂寞，如日月以無光也。

占出仕出行，世旺得地，沖墓之月日遂心；世若空破休囚，多見去而不反⑫⁶。

占求財圖事，世旺者，沖墓之月日而成；空破休囚，終無成日。

占婚姻，世旺得地及財爻有氣而生世者，沖墓之月日而成；空破休囚，難許成就。

占疾病者，世旺得地，沖開之月日而愈；休囚空破，沖開之月日而危。近病者，空則不妨，出空即愈。

占獄訟⑫⁷者，世旺得出；休囚空破者，不免於凶。

---

⑫³『破羅破網』，『羅網』，捕捉鳥獸的器具。也比喻法網。『破羅破網』指不受法網的約束。——鼎升註

⑫⁴『援赦』，援引成例減免罪行。——鼎升註

⑫⁵『發積』，猶發跡。發達，得意。——鼎升註

⑫⁶『反』，通『返』。——鼎升註

⑫⁷『獄訟』，訴訟案件。——鼎升註

占行人，用神化墓，或入動墓者，用旺必歸；用神空破休囚，非病於他鄉，即流落[128]也。

占胎產，財爻子孫入動墓、化墓者，旺則沖墓之月日即生；財[129]爻空破休囚，妻遭產厄[130]；子孫空破休囚，子必危亡。

占入公門[131]，世旺得地，沖墓之年月如心；空破休囚，常遭枷鎖刑獄。

占家宅，世旺者，或得財爻生世，沖開之年月興家；空破休囚，身衰家破。

占祖塋者與家宅同推；占新塋未葬者，旺相休囚皆不宜也。

占偷關踰險[132]，世爻旺相又得生扶，雖則無危，憂心難釋，鬼在身邊之故耳。

占訟事，世旺者得理，空破休囚被剋者，必遭刑獄。

諸占世爻若旺，墓爻而值空破者，待墓爻填實之月日而吉；世爻空破休囚者，又在世爻填實之月日而凶。

古以『世臨破鬼，如占防患，禍患潛消』。

予以爲非。月破既爲大白虎[133]鬼，目下雖則無妨，實破之年月非吉。

---

[128]『流落』，窮困潦倒，漂泊外地。——鼎升註

[129]『財』，原本作『才』，顯誤，據敦化堂本與李紱抄本改。——鼎升註

[130]『產厄』，孕婦分娩困難。——鼎升註

[131]『公門』，官署，衙門。——鼎升註

[132]『偷關踰險』，偷偷地經過關卡，越過危險的地方。——鼎升註

[133]『大白虎』，即『大白虎煞』。神煞的一種。《易林補遺・出師征伐章》：『小白虎，即庚辛日起白虎是也；大白虎者，正月起申，順行十二位是也。』——鼎升註

如申月己未日，占賊來否？得大畜變泰卦——

應

世

○ 寅木 官鬼
⚋ 子水 妻財
⚋ 戌土 兄弟
⚊ 辰土 兄弟
⚊ 寅木 官鬼
⚊ 子水 妻財

酉金

子孫

彼時土賊⑬興發，常去常來，鄉人了無寧日。一日忽報賊至，此人携妻而避，因小女未來，復去抱女，同遭賊害。夫應自身之死者，世臨破鬼而入日墓；女之死者，上爻鬼變子孫之故耳。豈可謂之『世臨破鬼，禍患消耶』？鬼臨月破，不動者不驗。

李我平曰：此論隨墓，令人刮目⑬。每卦之動墓化墓多有見之，倘再遇辰戌丑未之日，叠叠墓爻，若兼世命二身，非此即彼以入墓也，真無暇他論。况諸書竟不言及旺衰，概以隨墓不吉。如占功名，旺官臨身，豈可曰『履仕途⑬而不反』？占防患，世臨月破又隨鬼入墓，豈可竟曰『無憂』？顛倒凶吉，不得不爲正之。

⑬『土賊』，土民為寇盜者。同『土匪』、『土寇』。——鼎升註

⑬『刮目』，指徹底改變眼光。——鼎升註

⑬『仕途』，陞官的路徑。——鼎升註

獨發章第三十一

五爻俱動，一爻不動，謂之『獨靜』；五爻不動，一爻獨動，謂之『獨發』。事之成敗，由乎用神；遲速應期，亦由乎用。獨發獨靜，古有驗之，予試亦有驗也，皆在事應之後，始會神機，非初敢執之而斷禍福與應期也。況卦得獨靜雖少，而獨發者多，如舍其用神，執之而决事者，謬也，迂也！

曾於辰月甲午日，占請迎父王靈柩[137]允否？

應			世		
、	〃	、	、	○	、
巳火	未土	酉金	辰土	寅木	子水
官鬼	父母	兄弟	父母	妻財	子孫
				丑土	
				父母	

[137]『靈柩』，裝有屍體的棺材。『柩』，音jiù【舊】。——鼎升註

彼有門客[138]知易，謂寅木一爻獨發，化出丑父，乃應正月得見父靈。予曰：此隔靴而搔癢[139]也。卦中父爻持世，俱被寅木尅制，乃身不能動，父靈亦不動也。欲身動而見父靈，必待沖開寅木之年月也。再請一卦，合而決之。

巳月丁卯日[140]，又得澤火革變既濟——

	〃	未土	官鬼	
	、	酉金	父母	
世	○	亥水	兄弟	申金 父母
	、	亥水	兄弟	
	〃	丑土	官鬼	
應	、	卯木	子孫	

予曰：此卦正與前卦相合。前卦應沖開寅木者，申也；此卦世化申金回頭生，亦應申月。世臨虎動，因喪事而行。卯日沖動九五，又來生世，今年申酉月必蒙恩允[141]，目下月破，萬萬不能。後應申年請准，酉歲迎靈而歸。此兩卦皆是獨發，可執之耶？

---

[138]『門客』，權貴家裏豢養的幫閑或辦事的人。——鼎升註

[139]『隔靴而搔癢』，比喻說話作文等不中肯，沒有抓住解決問題的關鍵。——鼎升註

[140]『巳月丁卯日』，原本與敦化堂本俱無，據李紱抄本補。——鼎升註

[141]『恩允』，稱皇帝准許的敬詞。——鼎升註

又如午月甲申日，防漲水沖去麥子，占何日晴？

應			世		
○	丶	丶	丶	〃	丶
戌土	申金	午火	亥水	丑土	卯木
子孫	妻財	兄弟	官鬼	子孫	父母
未土					
子孫					

友人執此而問予曰：戌土子孫一爻獨發，昨日丙戌，定皆大晴，如何還雨？予曰：爾憂麥被水沖，神以子孫發動尅去身邊之鬼，叫爾勿憂，非應晴也。雖則目下未晴，決不漲水。即以此卦而決陰晴，卯日必大晴也。彼曰：何也？予曰：動而逢合之日晴，則爾無憂矣！果於卯日大晴。

又如辰月甲午日，占開煤窰。得家人變益——

	、	卯木	兄弟	
應	、	巳火	子孫	
	〃	未土	妻財	
	〇	亥水	父母	辰土 妻財
世	〃	丑土	妻財	
	、	卯木	兄弟	

丑土財爻持世，午日生之，許其可開。問應何時見煤？予曰：丑土財靜，未月沖開，應在六月。及至六月，竟不見煤。歇而開，開而歇，未年占卦，至亥年辰月始得見煤。此乃應於獨發，亥水化辰土，年月俱應。斷卦之時，誰敢以亥年辰月而斷耶？

又如寅月庚戌日，占女病⑭²。得火水未濟變水山蹇——

應			世		
〇	×	〇	×	〇	〃
巳火	未土	酉金	午火	辰土	寅木
兄弟	子孫	妻財	兄弟	子孫	父母
子水	戌土	申金	申金	午火	
官鬼	子孫	妻財	妻財	兄弟	

古有以獨靜之爻而斷應期，辟如此卦，寅木獨靜，若不看用神，斷寅日生耶，斷寅日死耶？

予以此卦土爲子孫，雖則休囚，得巳、午火動而生之，未土子孫化進神，辰土子孫化回頭生，許之寅日當愈。然亦不敢竟斷，命伊母再占一卦。

⑭²『占女病』，敦化堂本作：『占女病症得好否？』——鼎升註

母占女。得姤變无妄——

	丶	戌土	父母		
	丶	申金	兄弟		
應	丶	午火	官鬼		
	○	酉金	兄弟	辰土	父母
	○	亥水	子孫	寅木	妻財
世	ㄨ	丑土	父母	子水	子孫

亥水子孫化寅木空亡，近病逢空即愈，出空之日亦寅日也，與前卦相合。予曰：寅日大愈。目下病體雖重，管許無虞。果於寅日沉疴[143]復醒。此雖應前卦一爻獨靜，必因用神之旺也，又得後卦顯然，方敢以寅日決之。

李我平曰：《易冒》以『吉凶之生由於動，所以重於動而輕於用』，『事應之來，不驗於用神而驗於卦象』[144]。

此教人重於獨發獨靜，不用用神者明矣。

---

[143]『沉疴』，拖延長久的重病；難治的病。——鼎升註

[144]《易冒·獨發章》原文作：『惟一爻動而五爻之不動者，五爻動而一爻之不動者，事應之來，不驗於用神，而驗於卦象也。是以一爻獨發，其占九六，一爻獨靜，其占七八，則由志動而鬼神知，鬼神知而吉凶生，吉凶之生由於動，所以重於動而輕於用也。』——鼎升註

又云：『雖不離用，而亦不執用爻也。⑮』

此又教人用用神，不用用神也？

又曰：『獨發獨靜可定時日，吉凶須審用爻。⑯』

此又教人重於用爻也。

留書傳世，須一字開後人之茅塞⑰，一言破千古之疑團，既曰『用用神』，又曰『不用用神』，法⑱既無定，何以爲法？得此可以醒世！

⑮《易冒・獨發章》原文作：『酉建甲子日卜子歸期，得夬之大過，月建子孫，是月應至，卯沖酉子，宜在丁卯日到，而當日甲子即歸。午建己巳日卜妻病，得大畜之小畜，月破妻爻化絕，應在當日即亡，後待丙子日而死。未建戊午日占家宅，得乾之小畜，本應火災，庚午壬午不應，至甲午日而回祿，以夏至後先壬而後甲也。明壬午年巳建甲戌日占功名，得剝之晉，常法以子午卯酉鄉舉，後因鼎革，改丙戌而發鄉科。以上皆驗於獨發，故雖不離用爻，而亦不執用爻也。』——鼎升註

⑯《易冒・獨發章》原文作：『獨發獨靜可以定時日、察事應，若遂以定吉凶，則須審用爻，不可執也。』——鼎升註

⑰『茅塞』，比喻人的思路晦澀或愚昧不懂事。——鼎升註

⑱『法』，原本與敦化堂本俱作『注』，當誤，據前後文意改。——鼎升註

兩現章第三十二

用神兩現，如占父母，卦中兩爻父母者是也。

『舍其休囚，而用旺相；舍其靜爻，而用動爻；舍其月破，而用不破；舍其旬空，而用不空；舍其被傷，而用不傷。』此古法也。予得驗者，多有應乎旬空月破：舍其不空，而用旬空；舍其不破，而用月破。

如未月庚子日，占求財。得風天小畜——

兄弟	卯木	丶	
子孫	巳火	丶	
妻財	未土	〃	應
妻財	辰土	丶	
兄弟	寅木	丶	
父母	子水	丶	世

應臨月建之財以剋世，許之必得。彼問：何日到手？予以次日辛丑，沖動未財必得。却得財於辰土出空之日。此乃舍其不空，而用旬空。

如未月甲午[149]日，占陞遷。得師之渙——

應				
ㄨ	酉金	父母	卯木	子孫
ㄨ	亥水	兄弟	巳火	妻財
ヽヽ	丑土	官鬼		
世 ヽヽ	午火	妻財		
ヽ	辰土	官鬼		
ヽヽ	寅木	子孫		

斷曰：世爻極[150]旺，既臨日建，又得月令作官星而合世，但卦中兩現官星，一空一破，至辰年，辰土之官而出空，一定高擢[151]。然反吟於外卦，常得驗者，去而復來。寅年占，果於辰年調煩[152]於河南，五月因他故，又調回楚[153]，十月而開督府。一年兩調一陞，皆應實空之年也。

(鼎升曰：此處一年兩調一陞者，當為清康熙二十七年【公元1688年，戊辰年】陞任湖廣總督的丁思孔。丁思孔，生於明崇禎七年【公元1634年，甲戌年】，卒於清康熙三十三年【公元1694年，甲戌年】。據《清史稿》記載，丁思孔，字景行，廣寧人。清順治九年【公元1652年，壬辰年】進士，選庶

---

[149]『甲午』，原本作『丙午』，顯誤，據敦化堂本與李紱抄本改。——鼎升註

[150]『極』，敦化堂本作『臨』。——鼎升註

[151]『擢』，音zhuó【卓】。提拔，選拔。——鼎升註

[152]『煩』，指繁雜的政事。如意堂本作『返』，當誤。——鼎升註

[153]『楚』，指湖北和湖南，特指湖北。——鼎升註

吉士。四遷，授陝西漢羌道副使。清康熙二年【公元1663年，癸卯年】，被巡撫賈漢復彈劾，左遷河南開封府同知。經重新調查，復授直隸通薊道。後歷任保定守道、江南布政使。清康熙二十二年【公元1683年，癸亥年】，擢偏沅巡撫。清康熙二十七年【公元1688年，戊辰年】，移撫河南，方上任，因湖北夏逢龍之亂，復移撫湖北，九月，復設湖廣總督，以命思孔。

又，據《清代職官年表》記載，丁思孔於清康熙二十七年【公元1688年，戊辰年】幾次官職變動的具體時間為：二月甲寅【3月12日，二月十一日】，由偏沅巡撫改任河南巡撫；六月丁未【7月3日，六月六日】，由河南巡撫改任湖廣巡撫；九月戊戌【10月22日，九月廿九日】，由湖廣巡撫陞任湖廣總督。

又，經查萬年曆，清康熙二十五年【公元1686年，丙寅年】午月有甲午日而無丙午日，未月有丙午日而無甲午日。此卦存疑。）

又如亥月丙午日，母占子何時脫厄⑭？得豫之歸妹——

‥	戌土	妻財		
‥	申金	官鬼		
、	午火	子孫	應	
‥	卯木	兄弟		
╳	巳火	子孫		卯木　兄弟
╳	未土	妻財	世	巳火　子孫

予見卦中子孫三現，俱生世爻，午逢日建而靜，兩爻巳火逢月破，許巳年脫厄，乃實破之年也。果脫厄於巳年。此乃卦中用神三現，而用月破也。

野鶴曰：予竟以月破而斷年者，非關此一卦也。因此位老夫人之長公⑮攜印棄封疆⑯而歸，本人自身占過，申金子孫發動，動而逢合，乃應巳年；弟又占兄，申金兄動亦應巳年；此卦巳火子孫回頭生世，雖逢月破，合前二卦，故敢竟許巳年。所以卜易者，一則全在靈機達變，二則卦要留神記之：若不留心記得前卦，此卦午火日建生世，何不許其午年？況午歲又是合世之年，何敢許其巳年？許巳年者，因合前卦而斷也。

⑭『脫厄』，擺脫災厄。——鼎升註

⑮『長公』，對貴族長子的尊稱。——鼎升註

⑯『攜印棄封疆』，『印』，即官印，喻官職。『封疆』，明清總督、巡撫總攬一省或數省的軍政大權，猶如古代分封疆土的諸侯，稱爲封疆大吏、封疆大臣。『攜印棄封疆』，指未辦理辭職手續而放棄封疆大吏的官職。——鼎升註

星煞章第三十三

天乙貴人：

甲戊庚牛羊，乙己鼠猴鄉。

丙丁猪鷄位，壬癸兔蛇藏。

六辛逢馬虎，此是貴人方。

假令甲戊庚日占卦，爻中見丑未者，即是貴人。餘倣此。

祿神：

甲祿到寅，乙祿到卯，丙戊祿在巳，丁己祿居午，庚祿居申，辛祿在酉，壬祿在亥，癸祿居子⑮⁷。

假令甲日占卦，爻中見寅爲祿；乙日占卦，爻中見卯爲祿。餘倣此。

驛馬：

申子辰馬到寅，巳酉丑馬在亥，寅午戌馬居申，亥卯未馬在巳。

假令子日申日辰日占卦，爻中見寅即爲驛馬。餘倣此。

天喜：

春戌，夏丑，秋辰，冬未。

---

⑮⁷『壬祿在亥，癸祿居子』，原本與敦化堂本俱無，據李紱抄本文意補。李紱抄本作『壬日祿在亥，癸日祿居子』，但以小字錄出，似其所據底本亦脱。——鼎升註

假令春天正二月占卦，爻中見戌即爲天喜。三月雖以戌爲天喜，又爲月破，若發動於卦中，扶助旺相之用神者，以之爲喜，不以爲破。餘倣此。

諸書星煞最多，予留心四十餘載，獨驗貴人、祿、馬、天喜，然亦不能獨操禍福之權：用神旺者，見之愈吉；用神失陷，雖有如無。

李我平曰：伏羲⑱觀奇耦⑲以判陰陽，文王⑳以爻辭而斷凶吉，周公㉑之後，決禍福於五行，易道窮

⑱『伏羲』，古代傳說中的部落酋長。相傳他始畫八卦，教民捕魚畜牧，以充庖厨。又名包犧、宓羲、伏戲。——鼎升註

⑲『耦』，成雙的，一對，與『奇』相對。——鼎升註

⑳『文王』，即周文王，姓姬名昌。殷時諸侯，居於岐山之下，受到諸侯的擁護，曾被紂囚於羑里。後獲釋，爲西方諸侯之長，稱西伯。子周武王起兵伐紂，滅殷，建立周王朝。——鼎升註

㉑『周公』，姓姬名旦，周文王子，輔助周武王滅紂。周代的禮樂制度相傳都是周公所制訂。——鼎升註

矣。今兼吉凶星煞，不知起自何人？喪門(162)、坵墓(163)、大殺(164)、飛廉(165)，加此險語驚人，往往全無應驗。

---

(162)『喪門』，歲之凶神，居歲前二辰。如子年在寅、丑年在卯、寅年在辰。《協紀辨方書・義例・喪門》：『喪門者，歲之凶神也。主死喪、哭泣之事。常居歲前二辰。所理之地，不可興舉，犯之者主盜賊、遺亡、死喪之事。』又《卜筮全書・闡奧歌章・住居宅第章》謂『喪門殺例：正月未，二月辰，三月丑，四月戌。只此四位，輪十二月。若遇此殺在內三爻，更發動，主其家必有暴病死也。』——鼎升註

(163)『坵墓』，即『三丘五墓』。『坵』當爲避至聖先師孔丘之名諱。《卜筮全書・神煞歌例》：『占病大忌。春丑夏辰秋即未，三冬逢戌是三丘。却與五墓對宮取，病人作福也難留。』——鼎升註

(164)『大殺』，亦稱『大煞』。三合五行建旺之位，在命理上稱之爲將星。如申子辰見子，巳酉丑見酉。忌修建營造之事。又《卜筮全書・闡奧歌章・國事章》謂『大殺：正戌、二巳、三午、四未、五寅、六卯、七辰、八亥、九子、十丑、十一申、十二酉是也。』——鼎升註

(165)『飛廉』，殷紂時一力士名，凶神，居支後四位。如子之飛廉在申，丑之飛廉在酉。忌興工、動土、遷移、婚嫁，犯之主口舌、疾病。一說飛廉爲風神，能興疾風。又《易冒・諸星章》謂『申爲神門，故十二年白虎以申爲始焉，飛廉附之』，『又有月上飛廉，正月從申逆行』。——鼎升註

《易冒・疾病章》云：『十卦[166]不死，星煞不死，用神生者即生，用神死者必死。[167]』予以爲之得理。及至《星煞章》中，反增許多神煞，出爾反爾，後學何從？即如此書得驗貴人、祿、馬，亦必附和用神之旺相。既不能獨操禍福之權，予亦以爲不用亦可。誠意先生[168]《千金賦》曰：『吉凶神煞之多端，何如生尅制化之一理？[169]』一言以蔽之矣！

增删卜易卷三終

---

[166]『十卦』，敦化堂本作『卜卦』，顯誤。『十卦』，《易冒・疾病章》謂『明彝、觀、賁、大畜、豐、同人、蠱、夬、需、臨是也』。——鼎升註

[167]《易冒・疾病章》原文作：『考之占驗，四滅沒不死，十卦不死，無鬼無財不死，身空命空不死，凶煞不死。則其所以死者，必用神死則死，用神生則生爾。』——鼎升註

[168]『誠意先生』，即劉基。明代政治家，字伯溫。精天文兵法，爲明太祖朱元璋平天下立下汗馬功勞，封誠意伯。《明史・劉基列傳》謂『基博通經史，於書無不窺，尤精象緯之學』。——鼎升註

[169]《卜筮全書・黄金策・總斷千金賦》原文作：『是故吉凶神殺之多端，何如生尅制化之一理？』——鼎升註

增删卜易・卷四

野鶴老人著
楚江李坦我平鑒定
湖南李文輝覺子增删
山西李凡丁鼎升校註
婿陳文吉茂生
男茹芝山秀
仝訂

增删《黄金策・千金賦》章[1]第三十四[2]

動靜陰陽，反復遷變。

前卷《動變章》註解明白。

太過者，損之斯成。

① 『章』，原本與敦化堂本俱無，顯誤，據前後章文意補。——鼎升註

② 『三十四』，原本與敦化堂本俱作『三十三』，顯誤，據前後章文意改。——鼎升註

舊註：『主事爻重疊太多，事不專一，故宜損之。③』『且如土爲主事爻，爻中多逢丑戌辰未，謂之「太過」，須待寅卯月日尅制土爻，然後成事，或占時得遇寅卯月日者，亦好。④』

野鶴曰：不獨後逢寅卯月日，後逢辰月辰日者，亦許成事。何也？辰乃土之墓庫，謂之『用爻重疊，須墓庫以收藏』是也。餘倣此。

不及者，益之則利。

『何謂「不及」？若主事爻止有一位，又不旺相，謂之「不及」，其事難成。⑤』『且如金爲主事爻，若在夏天占得，即爲休囚無氣，若得日辰動爻生之，或待後來逢生助之月日，皆有利益，其事亦成。⑥』

予以此論是理，但要主事爻原有根蒂⑦。衰而逢生者，如旱苗之得雨也，勃然而興，故謂之『有助有扶，衰弱休囚亦吉』；只恐衰弱無根，休囚失陷，雖逢生合，亦難生矣！豈不聞『制中弱主，難以維持』？

③《卜筮全書・黃金策・總斷千金賦》原文作：『主事爻重疊太多，是多則不專一，所以不成福，故宜損之。』——鼎升註

④《卜筮全書・黃金策・總斷千金賦》原文作：『且如土爲主事爻，有三五重太過，須得寅卯月或寅卯日，或卦有寅卯爻動尅之，然後成事，所爲損之也。』——鼎升註

⑤《卜筮全書・黃金策・總斷千金賦》原文作：『何謂「不及」？主事爻即一位，而又不得其時，是不及則無氣，所以不成事，故宜益之。』——鼎升註

⑥《卜筮全書・黃金策・總斷千金賦》原文作：『又如金爲主事爻，在夏月令無氣，須得月建日辰生扶，或動爻合助，方能有成，所爲益之也。』——鼎升註

⑦『根蒂』，比喻事物的根基或基礎。——鼎升註

生扶拱合，時雨⑧滋苗；尅害刑沖，秋霜殺草。

前《五行生尅、三合六合章》、《月將、日辰章》、《三刑、六害章》註解極明。

長生帝旺，爭如金谷之園⑨；死墓絕空，乃是泥犁⑩之地。

前《生旺墓絕章》、《空亡章》詳之。

日辰爲六爻之主宰，月將乃萬卜之提綱⑪。

前《日辰、月將章》詳之。

最惡者歲君，宜靜而不宜動。

歲君，乃當年之太歲是也，或明動暗動，沖尅世爻，占年運者，一年撓括⑫；占官事者⑬，必於朝廷。

---

⑧『時雨』，應時的雨水。——鼎升註

⑨『金谷之園』，指金谷園。晉代石崇於金谷澗中所築的園館，極盡奢華富麗，名盛一時。——鼎升註

⑩『泥犁』，佛教語。梵語的譯音，意爲地獄。在此界中，一切皆無，爲十界中最惡劣的境界。——鼎升註

⑪『提綱』，提舉網的總繩，舉網。比喻抓住大的或主要的。——鼎升註

⑫『撓括』，雜亂，煩擾。——鼎升註

⑬『者』，敦化堂本無。——鼎升註

士子⑭占試、仕宦⑮占官，及面聖⑯上書⑰、叩閽⑱諫諍⑲、請封請蔭⑳等事，皆宜太歲生合世爻。動而生世更吉，最忌刑沖剋世。除此數占之外，皆與他爻等也。何也？太歲雖司一年之令，尊而不親，高而難仰，吉凶皆不及乎日月。古以『太歲不理家庭細事』，此理是也。所以太歲沖爻而爲歲破，不以爲凶；合爻爲歲合，不以爲吉。爻之衰者，太歲不能生之；爻之强旺者，太歲不能制之。遇月破者即破，逢旬空者即空，非比月建日建之力也。

野鶴曰：作當年之禍福，不以爲重；作後時之凶吉，其實不輕。且如主事爻屬木，爻中申㉑酉金動，謂之『木被金傷』，縱使木旺金衰，目下可保無事，後遇申酉之歲，難免其殃。

⑭『士子』，學子；讀書人。——鼎升註

⑮『宦』，敦化堂本作『官』，當誤。——鼎升註

⑯『面聖』，朝見皇帝。——鼎升註

⑰『上書』，用文字向君主或上官陳述意見或反映情況。——鼎升註

⑱『叩閽』，官吏、百姓到朝廷訴冤。亦稱『叫閽』。『閽』，音hūn【婚】。——鼎升註

⑲『諫諍』，直言規勸，使改正錯誤。——鼎升註

⑳『請封請蔭』，『封蔭』，舊時具有一定品秩的官吏，其父母、祖父母、曾祖父母及妻室得受封贈，子孫亦得蔭襲官爵，稱爲『封蔭』。『請封請蔭』，即請求得到封蔭。——鼎升註

㉑『申』，敦化堂本作『申金』。——鼎升註

如巳月壬子日，占鄉試㉒。得水地比——

應	ヽヽ	子水	妻財
	ヽ	戌土	兄弟
	ヽヽ	申金	子孫
世	ヽヽ	卯木	官鬼
	ヽヽ	巳火	父母
	ヽヽ	未土	兄弟

巳火父爻當月建，文星旺矣！獨嫌官星持世，卯木旬空，許之卯科方能得意㉓。子年占，果於卯年登科㉔。應卯年者，太歲填實而不空也。

不驗者身位，宜刪而不宜存。

舊係『最要者身位，喜扶而不喜傷』。原註有云：『古用世身而不驗，故用卦身。㉕』

野鶴曰：卦身亦不驗，止用世爻。或曰：間有驗者。予曰：比之用世爻百發而百中也，間有之驗，乃偶然湊合耳，何足爲法？

㉒『占鄉試』，敦化堂本作『占鄉試可能得中否』。『鄉試』，清代科舉考試分鄉試、會試、殿試。鄉試每三年一科，於子午卯酉年八月在各省省會舉行，稱爲正科。遇登極、萬壽等慶典，特詔舉行的，稱爲恩科。慶典適逢正科之年，則以正科爲恩科，而正科或於前一年預行，或於後一年補行，清代後期，還有恩科、正科合併舉行的事例。鄉試取中者爲舉人，舉人經過磨勘和復試後可參加會試。——鼎升註

㉓『方能得意』，敦化堂本作『方得遂意』。——鼎升註

㉔『登科』，科舉時代應考人被錄取。——鼎升註

㉕《卜筮全書·黄金策·總斷千金賦》原文作：『世人多以「子午持世身居初」之身爻用之，多有不驗，且未曉其義。予見《卜易玄機》、《金鎖玄關》，用卦身之身，甚爲得旨，故舍彼而取此焉。』——鼎升註

世爲己，應爲人，大宜契合㉖。

世爲自己，應爲他人，凡占彼此之事，兼而用之：欲他扶助我者，喜應爻生合世爻；我欲代他而謀事者，宜世爻而生應也。非占彼此而不用。

如卯月辛巳日，占自陳㉗何如？得恒之升——

應	ヽヽ	戌土	妻財	
	ヽヽ	申金	官鬼	
	○	午火	子孫	丑土 妻財
世	ヽ	酉金	官鬼	
	ヽ	亥水	父母	
	ヽヽ	丑土	妻財	

予曰：酉官持世，破而且空，又動出午火相尅，不獨削職㉘，須防五六月還見凶災。或曰：幸得世應相生，又變升卦，必有救解。予曰：自占自陳，與應何干？此迂腐㉙之論也。果於五月下獄㉚。

㉖『契合』，投合，意氣相投。——鼎升註
㉗『自陳』，上言，述說。——鼎升註
㉘『削職』，免職。——鼎升註
㉙『迂腐』，拘泥守舊，不通世事，不合情理。——鼎升註
㉚『下獄』，關進牢獄。——鼎升註

動爲始，變爲終，最怕交爭。

動爻爲事之始，變爻爲事之終，宜生合，不宜沖尅。

應位遭傷，不利他人之事；世爻受制，豈宜自己之謀？

自占者，宜世爻旺相，或臨日月，或日月動爻扶助，或動而化吉，諸占皆吉。占他人，以應爻爲用。喜他旺者，宜臨旺相之地，又宜日月動爻以生扶；喜他衰者，宜臨墓絕空破之鄉，及日月動爻而沖尅。

世應俱空，人無准實。

『世空，自己不真；應空，他人不實；世應俱空，彼此皆無准實：謀事有阻，事屬荒唐。㉛』

內外競發，事必翻騰。

『卦中動爻少者，吉凶自有條理，容易剖斷；若內卦外卦，紛紛亂動，則吉凶靡定，必人情不常，事體反復，全無定論之象。㉜』須再占一卦，合而决之。

㉛《卜筮全書·黃金策·總斷千金賦》原文作：『世空爲自己不實，應空爲他人不實。世應俱空，彼此皆無准實，謀事必有阻節。』——鼎升註

㉜《卜筮全書·黃金策·總斷千金賦》原文作：『卦中一爻二爻發動，則變化有常，生尅不亂，或吉或凶，自有條理；若內外爻象，紛紛競發，則吉凶靡定，人情不常，必主事體反復，卒無定論。』——鼎升註

世或交重，兩目顧瞻於馬首；應如發動，一心似托於猿攀。

舊註：『世應皆不宜動，動則反復不常，如馬首而不定，似猿意以無寧。㉝』

野鶴曰：予不敢以之爲是，亦不敢以之爲非。此乃用神不旺，大象不成之說也；若用爻得地，大象當成，世動不受尅制，應動生合世爻，圖事成之更速。

用爻有氣無他故，所作皆成；主象徒存更被傷，凡謀不遂。

用爻及主象，即主事之爻也，或旺相，或有生扶，或有氣，並無他爻尅制，事之必成；倘衰弱無力，又逢尅制，雖則出現，亦無用矣。

空逢沖而有用。㉞

爻遇旬空，空逢沖而有用。得遇日辰沖者，謂之『沖空則實』，不惟不空，反爲有用；倘動而空者，日辰沖之而更實。

㉝《卜筮全書・黃金策・總斷千金賦》原文作：『世應皆不宜動，動則反變不常：馬首是瞻，或東或西；猿猱攀木，身心靡定。皆言其變遷更改，不能一其思慮也。』——鼎升註

㉞原本與敦化堂本俱無，據李紱抄本補。——鼎升註

合遭破以無功。

舊註：『爻逢相合，如兩人同心，事必克濟㉟。若日月動爻沖尅者，又爲合處逢沖，須防小人挑唆，合好之中以生疑忌。如占自爲之事者，亦被傍人挑阻，我事難成。㊱』予得驗者，凡三合六合，雖不宜目下日月動爻沖尅，又宜後來之月日沖開，正所謂『如逢合住，沖破成功』。且如爻中寅與亥合，若在申巳月日占者，申沖寅、巳沖亥，名爲合處逢沖；若非申巳月日占者，必待後時逢申巳之月日，方成其事。餘倣此。古以『不動亦爲之合』，非也，兩爻皆動始爲合也。

動空化空，皆成凶吉。

舊係『必成凶咎』。予得驗者，動不爲空，動而化空亦不爲空，吉凶皆應於沖空實空之日，予故更之。

刑合尅合，終見乖淫。

舊註：『合者，和合也，見之爲吉。殊不知合中有刑有尅，畢竟不合。如用午字爲財爻，未字爲福神，因午字而帶自刑，名爲刑合，不以爲合而爲刑也。㊲』

㉟『克濟』，謂能成就。——鼎升註

㊱《卜筮全書·黄金策·總斷千金賦》原文作：『卦中有合，所謀易遂，如兩人同心協力，事必克濟。惟恐奸詐小人兩邊破說，則未必不生疑貳猜忌之心也。故凡遇合，須防刑沖尅害以破之，則不成合。』——鼎升註

㊲《卜筮全書·黄金策·總斷千金賦》原文作：『合者，和合也，凡占見之，無不吉利。然人不知合中有刑有尅：合而有尅，畢竟不和；合而有刑，終成乖戾。且如用午字爲財爻，未字爲福爻，午與未合，然午帶自刑，名爲刑合：占妻妾多不正，占財亦是不正之財也。』——鼎升註

（鼎升曰：午字若爲財爻，則未字當爲官爻。此句中『午字爲財爻，未字爲福神』當爲『午字爲福神，未字爲財爻』之誤。）

野鶴曰：午既自刑，乃自有刑害之禍，得福神而作合，是救解其禍矣，反爲不吉者，非也。予嘗得驗，世爻午火化未相合，已定重刑，後竟得蒙赦免。

動逢合而絆住。

舊註：『忌神動，逢日月相合，則不成凶；元神動，逢日月合住，則不濟事。㊳』

此亦有理。但予得驗者，後逢沖開之月日，吉凶俱成。

㊳《卜筮全書・黃金策・總斷千金賦》原文作：『故凡所忌之爻動而合住，則不成凶；所喜之爻動而合住，則不濟事。』——鼎升註

如未月庚寅日，占官運。得革變既濟——

〃		未土	官鬼	
、		酉金	父母	
〇	世	亥水	兄弟	申金 父母
、		亥水	兄弟	
〃		丑土	官鬼	
、	應	卯木	子孫	

斷曰：世臨亥水，今歲子年，太歲拱扶，九五酉金雖不發動，亦含生世之意，世爻又化回頭之生，又得日辰相合，上爻未土官星，當權得令，仕途㊴平坦，如水以行舟也。惟疑權操兩省，不爲不富，如何兄爻持世，財伏被尅？此美中之不足也。公問：後日何如？予曰：防巳年太歲沖亥刑申，不無蹭蹬㊵，榮歸㊶之日，只落得四海一空囊耳。果於巳年被論㊷，宦囊㊸消索㊹。此乃世逢合而絆住，逢沖之年月則開矣。

㊴『仕途』，陞官的路徑。——鼎升註
㊵『蹭蹬』，遭遇挫折。——鼎升註
㊶『榮歸』，舊時多指富貴返鄉。——鼎升註
㊷『論』，論罪，論處。——鼎升註
㊸『宦囊』，做官所得的財物。——鼎升註
㊹『消索』，猶匱乏。——鼎升註

（鼎升曰：此處被論而宦囊消索者，當爲清康熙二十八年【公元1689年，己巳年】解任於兩廣總督任上的吴興祚。吴興祚，生於明崇禎五年【公元1632年，壬申年】，卒於清康熙三十七年【公元1698年，戊寅年】。據《清史稿》記載，吴興祚，字伯成，漢軍正紅旗人，原籍浙江山陰。清康熙二十年【公元1681年，辛酉年】，擢兩廣總督。清康熙二十八年【公元1689年，己巳年】六月，以鼓鑄不實黜官，命以副都統用。興祚爲政持大體，除煩苛，卒後遠近戴之。

至於吴興祚『鼓鑄不實黜官』一案，據《清實錄》記載，清康熙二十八年【公元1689年，己巳年】六月，『查吴興祚先經題請鼓鑄銀兩，就本省司庫支銀三十萬兩，於康熙二十六、七兩年，止奏銷十二萬九千餘兩，餘銀十七萬餘兩並未奏銷』，『應將吴興祚降三級調用』。『得旨』『依議』。）

靜得沖而暗興。

《暗動章》中註解明白。

入墓難尅。

舊註：『墓者，滯也。忌神入墓，不尅用神：且如木爲用神，金爲忌神，若在丑日占者，金入墓矣，焉能尅木？卦中動出丑爻，亦同此推；金爻動而化丑，亦是。餘倣此。㊺』

野鶴曰：是則是也，屢見後逢沖開墓庫之日，依然木被金傷。

㊺《卜筮全書・黄金策・總斷千金賦》原文作：『墓者，滯也，動爻遇之，亦沉滯而不能脫灑矣。且如寅爲主象，而卦中動出酉字、丑字，本嫌酉金尅傷寅木，喜得丑乃金之墓庫，則酉貪入墓，而寅木不爲其所傷矣。餘倣此推之。刑沖尅害，亦當同看。』——鼎升註

帶旺匪㊻空。

旺者，乃旺相之爻，而遇旬空，不作空論。倘遇本日之日辰沖者，謂之『空逢沖而有用』；遇後日之日辰沖者，謂之『沖起』；過此一旬而出空者，謂之『填實』：俱不爲之空也。倘若發動，更不爲空。

有助有扶，衰弱休囚亦吉。

『此指主事爻而言。且如主事爻無氣，本爲不美，若得日辰與動爻生扶拱合，即爲得助。㊼』與前『不及者，益之則利』相同。

貪生貪合，刑沖尅害皆忘。

此亦指主象而言。且如主象臨卯木，遇申爻動而尅之，卦中若動出亥水，申金貪水之生，不來尅木。

又如主事爻臨子水，遇卯木動而相刑，若得傍爻動出戌字，卯與戌合，不來刑子，此乃『貪合忘刑』。

又如世臨巳爻，卦中動出寅字，本是寅來刑巳，却得寅木生巳火，謂之『貪生忘刑』。

又如用爻臨巳字，卦中動出亥水沖尅巳火，若得卯未同動，亥卯未合成木局，反來生火，亦謂之『貪合忘尅、忘沖』。餘皆倣此，逐類推詳。

㊻『匪』，音fěi【飛】。通『非』。表示否定。——鼎升註

㊼《卜筮全書·黃金策·總斷千金賦》原文作：『此指主事爻而言也。且如主事爻無氣，本爲不美，喜得日辰動爻月建生扶合併，則雖無氣，不作衰弱論。』——鼎升註

別衰旺以明尅合，辨動靜以定刑沖。

衰旺尅合，前《五行生尅及四時旺相章》中已註明白；動靜刑沖者，前《動變章》業已註明。

併不併，沖不沖，因多字眼；刑非刑，合非合，爲少支神。

舊註：『卦爻既成，未免有刑沖併合。然多一字，不成其名；少一字，亦不成其刑沖併合之名也。且如子日卜卦，卦中有一子字則謂之「併」；若有二子字，則分開而太過也，名雖爲併，其實不能併之。二午則不沖，二丑則不合，二卯則不刑，二巳則不尅。此多一字，不成刑合尅害之名也。[48]』

野鶴曰：若是爻中一子不合二丑，名爲姤[49]合，不成合者，亦有理也；若以日辰不能併爻中之二子，不能沖爻中之二午者，非也。日月如天，無處不沾雨露，不然，何以謂之『巡察六爻之善惡』？

---

[48]《卜筮全書・黃金策・總斷千金賦》原文作：『卦爻既成，未免有合併刑沖類。然多一字，則不成其名；而少一字，亦不成其名也。且如子日卜卦，卦中有一子字，則謂之「併」；若有二子字，則分開而太過矣，名雖爲併，而實不能併也。二午則不沖，二丑則不合，二未則不害，二卯則不刑，二巳則不尅。此多一字，而不成其名也。』——鼎升註

[49]『姤』，敦化堂本作『媾』。——鼎升註

即如丑月壬子日，占訟。得遯卦——

	⚊	戌土	父母
應	⚊	申金	兄弟
	⚊	午火	官鬼
	⚊	申金	兄弟
世	⚋	午火	官鬼
	⚋	辰土	父母

斷曰：世臨午火，子日沖之，休囚爲日破，不爲暗動，今日若審，必有責罰。果於本日見官，責杖二十。此即卦見二午，豈可謂之『二子不沖二午』耶？

又曰：『寅巳申爲三刑，若有寅巳二字，而無申字，或有寅申兩字，而無巳字，但少一字，不成三刑。㊿』

又曰：『亥卯未爲三合，卦有其二，內少一字者，不成三合。(51)』

野鶴曰：此二者皆非其說。殊不知『虛一待用』？待後時之月日可以填之。

㊿《卜筮全書・黃金策・總斷千金賦》原文作：『又如寅巳申爲三刑，若有寅巳二字，而無申字；或有寅申兩字，而無巳字；或有申巳兩字，而無寅字，則不成刑。』——鼎升註

(51)《卜筮全書・黃金策・總斷千金賦》原文作：『又如亥卯未爲三合，或有卯未而無亥，或有亥卯而無未，或有亥未而無卯，則不成合。此少一字，而不成其合也。』——鼎升註

如巳月己未日，占久病。得困之兌卦——

　應　　　世
〃　、　、　〃　、　ㄨ
未土　酉金　亥水　午火　辰土　寅木
父母　兄弟　子孫　官鬼　父母　妻財
　　　　　　　　　　巳火
　　　　　　　　　　官鬼

斷曰：世爻寅木，化出巳爻，寅能刑巳，三刑少申字，防申日之危。果卒於申日申時。此乃少一字，得後來申日補之，豈可謂之『少一字不成三刑』耶？

又如酉月乙巳日，占陞遷。得澤地萃變天地否卦——

　應　　　世
ㄨ　、　、　〃　〃　〃
未土　酉金　亥水　卯木　巳火　未土
父母　兄弟　子孫　妻財　官鬼　父母
戌土
父母

巳火官星持世，又臨日建，卜書曰：『官臨日月即陞。』且巳日沖動亥爻，與發動之未爻欲成三合，因少卯字，明年卯月必陞，此乃『虛一待用』。果陞卯月。豈可謂之『少一字不成合』也？

爻遇令星，物難我害。

《日辰、月將章》註解極明。

伏居空地，事與心違。

伏，伏神也。伏而又空，諸事難成之象。

舊存占驗，丙申日，占文書[52]。

應			世		
⚋	⚋	⚋	⚊	⚊	⚊
酉金	亥水	丑土	辰土	寅木	子水
子孫	妻財	兄弟	兄弟	官鬼	妻財
				伏 巳火 父母	

以父母爻爲用神。此卦六爻無父母，巳火父母伏於二爻寅木之下，又遇旬空，所以文書而不成也。[53]

野鶴曰：伏而又空，事之不成者是也。但此卦文書之不成者，非因空也，乃因飛神在寅，伏神在巳，與申日作三刑之故耳。何也？申日沖動寅木以生巳火，謂之『飛來生伏得長生』，伏神既得長生，則爲有氣不空，不然何以謂之『飛不沖開亦枉然』？予故曰：非因空也，三刑也。

---

[52]『文書』，公文，案卷。——鼎升註

[53]《卜筮全書·黃金策·總斷千金賦》原文作：『假如丙申日占文書，得泰卦。六爻無父，而本宮父母却伏在九二官爻下，仍舊空亡，所以無成也。』——鼎升註

伏無提挈[54]終徒爾[55]，飛不摧[56]開亦枉然。

凡用神不現，伏於卦中，須宜月建日辰，沖開飛神，生合扶起伏神，而伏神即爲有用。

假如占文書，得賁卦——

丶	寅木	官鬼		
〻	子水	妻財		
〻	戌土	兄弟	應	
丶	亥水	妻財		
〻	丑土	兄弟		伏　午火　父母
丶	卯木	官鬼	世	

以父母爲用神。午火父母伏於丑土兄弟爻下，可言有人把住文書。若在未月日占者，沖去丑土飛神，合起午火伏神，而爲文書有用；若在寅卯月日占者，尅去丑土，生起午火，亦作文書有用。[57]餘倣此。

---

[54]『挈』，音qiè【竊】。舉，提。——鼎升註

[55]『徒爾』，徒然，枉然。——鼎升註

[56]『摧』，敦化堂本作『沖』。——鼎升註

[57]《卜筮全書・黃金策・總斷千金賦》原文作：『假如占文書，得賁卦。六爻無父，而丙午文書却伏在六二己丑他宫兄弟下，可言相識把住文書也。得日辰動爻有未，刑沖得丑破，或有寅卯尅得丑，方可露出伏神文書爲用爻；又須得子沖起午，有未合起午，有寅卯生扶午，方得其力。否則，遲滯難成，不可便指爲有用也。』——鼎升註

空下伏神，易於引拔。

伏神不空而飛神空者，伏神易於出現。何也？飛神既空，乃上無壓住之爻也，而伏神再得月建日辰生扶拱合，脫然出矣。

制中弱主，難以維持。

『用爻休囚，又被月建日辰制伏，縱遇生扶，亦不濟事。』

如辰月丙辰日，占地下忽然起五色之光，疑有古窖。

、		巳火	父母			
〃		未土	兄弟			伏 子水 妻財
○	世	酉金	子孫	戌土	兄弟	
╳		丑土	兄弟	酉金	子孫	
、		卯木	官鬼			
○	應	巳火	父母	丑土	兄弟	

予曰：財伏而空，全無影響。伊(58)曰：既是無財，何故有五色之光？予曰：乃妖氣也。彼時人人望財，議論紛紛。有曰：『子動爻中，兄弟交重偏有望』，此卦兄動生子，子動生財，又是內卦合成金

(58)『伊』，人稱代詞。他；她。——鼎升註

局，金生水旺，何曰『無財』？予曰：爾知其一，不知其二。子孫雖旺，難生無蒂之財，子水伏而又空，又被日、月、飛神尅制，財從何來？後竟掘之，挖得破缸一口，盡是瓦屑泥土。

日傷爻真罹⑲其禍，爻傷日徒受其名。

『日月如天如君，六爻如臣民萬物。日辰能刑沖尅害得卦爻，而卦爻不能刑沖尅害乎日月。⑳』

墓中人不沖不發。

舊註：『大抵用爻入墓，則被阻滯，諸事費力難成，須得日辰動爻沖破或尅破其墓，方有力也。㉑』

---

⑲『罹』，音lí【離】。遭受苦難或不幸。——鼎升註

⑳《卜筮全書・黃金策・總斷千金賦》原文作：『日辰爲六爻主宰，總其事者也；六爻爲日辰臣屬，分治其事者也。是以日辰能刑沖尅害得卦爻，卦爻則不得刑沖尅害乎日辰也。月建與卦爻亦然。』——鼎升註

㉑《卜筮全書・黃金策・總斷千金賦》原文作：『大抵用爻入墓，則被阻滯，諸事費力難成，須得日辰動爻沖破或尅破其墓，方有用也。』——鼎升註

如戊寅日，占財。得同人之乾卦——62

世應	爻	地支	六親	伏神
應	丶	戌土	子孫	
	丶	申金	妻財	
	丶	午火	兄弟	
世	丶	亥水	官鬼	
	乂	丑土	子孫	寅木 父母
	丶	卯木	父母	

用爻入墓，喜得日辰剋破，後果得財。若以用空入墓許以無財者，非也。殊不知雖空而遇沖，沖空則實；雖墓而剋破，破墓則開。63

野鶴曰：此極有理，屢試屢驗，但要用神有氣，方可許之；倘若用神休囚無援，雖遇沖開之日，亦難發矣。

---

62 原本與敦化堂本、李紱抄本俱無卦象，徑補。——鼎升註

63 《卜筮全書・黃金策・總斷千金賦》原文作：『假如戊寅日占財，得同人之乾卦。用爻入墓，喜得日辰剋破之，果有。此一卦，或見用空入墓，以爲無財，殊不知雖空而遇沖，雖墓而剋破：沖空則實，破墓則開。所以有用財也。』——鼎升註

如未月戊辰日，占年運。得地雷復變謙卦——

世應	爻	地支	六親	變爻	變六親
	〃	酉金	子孫		
	〃	亥水	妻財		
應	〃	丑土	兄弟		
	ㄨ	辰土	兄弟	申金	子孫
	〃	寅木	官鬼		
世	○	子水	妻財	辰土	兄弟

斷曰：世爻子水，雖是申子辰三合水局，不宜日、月剋世，世爻化墓、又化回頭剋、動爻辰土又剋，此乃世爻休囚而無氣也。卯年占，卒於午年。應午年者，世臨歲破之年也。豈可謂之『墓中人不沖而不發』耶？

身上鬼不去不安。

諸占最怕剋世，獨官鬼持世者，若非職役之人，最宜日月動爻來相沖剋，反爲吉矣。何也？非剋世爻，乃剋去身邊之鬼。

如午月癸丑日，占妻病。得萃之比——

	ヽヽ	未土	父母	
應	ヽ	酉金	兄弟	
	○	亥水	子孫	申金 兄弟
	ヽヽ	卯木	妻財	
世	ヽヽ	巳火	官鬼	
	ヽヽ	未土	父母	

問來人病得幾時？彼曰：自三月病起[64]。予曰：卯木財空，明日出空，必然退災[65]。彼曰：醫家不下藥矣。予曰：不妨。此卦亥水子孫獨發，尅去世爻之鬼，應在明日寅日，寅與亥合，合起子孫之日，爾無憂也。果於次日退災，不藥而愈。亦不獨此，又因卯木財空，次日出空而退災。

---

64 『病起』，敦化堂本作『起病』。——鼎升註

65 『災』，敦化堂本作『矣』。——鼎升註

曾如[66]辰月戊子日，占小舟過關[67]，防盤阻[68]。得水地比變澤山咸——

應	〃	子水	妻財		
	、	戌土	兄弟		
	ㄨ	申金	子孫	亥水	妻財
世	ㄨ	卯木	官鬼	申金	子孫
	〃	巳火	父母		
	〃	未土	兄弟		

世爻[69]之鬼，乃滿腹憂疑之象，疊疊申金，剋去身邊之鬼，則無憂也。果於卯日過關，並無阻滯[70]。

德入卦無謀不遂。

舊註：『德者，德也，與天地合其德。主事爻與世爻，天干地支上下相合是也。[71]』存有占驗：

---

[66]『如』，敦化堂本與李紱抄本俱作『於』。——鼎升註

[67]『關』，古代在險要地方或國界設立的守衛處所。——鼎升註

[68]『盤阻』，盤查阻攔。——鼎升註

[69]『爻』，原本與敦化堂本、李紱抄本俱作『下』，當誤，據文意改。——鼎升註

[70]『阻滯』，阻礙滯留。——鼎升註

[71]《卜筮全書・黃金策・總斷千金賦》原文作：『德者，德爻也，謂天地合其德也。蓋天干地支，上下皆合是也。』——鼎升註

戊月己酉日，占文書。得小畜變蠱卦——

應　　　　世
丶 ○ 〃 丶 丶 ○
卯木 巳火 未土 辰土 寅木 子水
兄弟 子孫 妻財 妻財 兄弟 父母
子水 丑土
父母 妻財

謂『五爻動出丙子文書，與世爻變出辛丑，干支相合，應戊子日成其文書。』[72]予以此論爲多事之論也。

野鶴曰：鬼谷[73]三才[74]論，舍爻辭以五行而定禍福者，乃用地支。既用地支，不得不以天干爲配，未聞以天干而定吉凶。以天干配地支者，欲全用周天甲子，卦又止於四十八爻，不得不分晰焉。所以乾之內卦用甲，坤之內卦用乙，乃十干之首；乾之外卦用壬，坤之外卦用癸，皆十干之尾。乾之內卦用子，與坤之外卦相合；坤之內卦用未，與乾之外卦相合。二老上下相媾，陰陽磨盪，中包六子：甲乙之次者

---

[72]《卜筮全書·黃金策·總斷千金賦》原文作：『如九月己酉日，占文書，得小畜之蠱卦。五爻動出丙子文書，與世上辛丑作合，此正天地合其德也。果應在戊子日成了文書。』——鼎升註

[73]『鬼谷』，即鬼谷子。戰國時縱橫家之祖，傳說爲蘇秦、張儀師。楚人，籍貫姓氏不詳，因其所居號稱鬼谷子或鬼谷先生。——鼎升註

[74]『三才』，天、地、人。『才』，原本與敦化堂本、李絨抄本俱作『財』，據如意堂本改。——鼎升註

丙丁，用之於少男少女，艮與兌也；戊己用之於中男中女，坎與離也；庚辛用之於長男長女，震與巽也，以全上下干支。此乃配偶之法也，故謂之『渾天甲子』。而禍福吉凶，皆地支生尅制化、尅合刑沖以判之。今又以天干而判休咎者，每卦皆宜用也，何獨於此？況此小畜變蠱，五爻朱雀爲文書，動臨巳火，變出子水文書，而世爻又臨子水父母，又爲文書，酉日生之，化丑合之，叠叠文書旺動於卦中，便⑮非干支相合，難說無成，予故曰『多事之論』也。

忌臨身而多阻無成。

『忌即忌神，諸占不宜持世：如占官，子孫即爲忌神，子孫持世求名不成；占財，兄爻爲忌神，兄爻持世，求財不獲。⑯』

野鶴曰：此論極是。然予亦有驗者，兄爻持世，化出財爻而得財；世臨財爻，化出父母而見父。

---

⑮『便』，敦化堂本作『使』，李紱抄本作『即』。——鼎升註

⑯《卜筮全書・黄金策・總斷千金賦》原文作：『忌者，忌爻也，如用財則兄弟爲忌爻，用官則子孫爲忌爻之類。此爻持臨身世，不拘公私，皆主阻滯而不順。若或休囚無氣，亦見費力艱難；如旺，則必不成矣。其餘所用倣此。』——鼎升註

如巳月丙申日，占財。得未濟變鼎卦——

應　　　世
丶 〃 丶 乂 丶 〃
巳火 未土 酉金 午火 辰土 寅木
兄弟 子孫 妻財 兄弟 子孫 父母
　　　酉金
　　　妻財

此乃忌臨世位，化出酉財，即於酉日得財。

又如申月戊午日，占領文[77]。得風雷益變家人卦——[78]

應　　　世
丶 丶 〃 乂 〃 丶
卯木 巳火 未土 辰土 寅木 子水
兄弟 子孫 妻財 妻財 兄弟 父母
　　　亥水
　　　父母

[77]『文』，李紱抄本作『文書』。——鼎升註

[78]原本作『得風雷益卦』，顯誤，據敦化堂本與文意改。——鼎升註

此亦忌臨世位，即於酉[79]日而得文書。同日，子占父，亦得此卦，亥日見父。其故何也？疑是動爻不尅變爻之故耳。然亦無多見者。予既得驗，不得不以告之，非教後人爲法也。諸占必以『忌神持世，多阻無成』者爲是。

又如午月己酉日，占求財。得未濟之睽——

應	丶	巳火	兄弟	
	〃	未土	子孫	
	丶	酉金	妻財	
世	〃	午火	兄弟	
	丶	辰土	子孫	
	✕	寅木	父母	巳火　兄弟

凡占求財，最忌兄爻持世。此卦忌臨世位，當主無財，幸寅木父母動而生世，父母爻者，非金銀也，乃貨物也，求金銀而不得，貨物必得。果於寅日得盔盤紗緞。應寅日者，父爻出空之日也。

卦遇凶星，避之則吉。

舊註：『凡值用神空亡，遇日月動爻沖尅者，謂之「避空」，反不遭其沖尅之害。[80]』舊存有占驗：

---

[79]『酉』，原本與敦化堂本俱如此，疑爲『亥』之誤。李紱抄本作『亥』。——鼎升註

[80]《卜筮全書・黃金策・總斷千金賦》原文作：『凶星，刑沖尅害是；避之，六甲空亡是。夫空之一字，極有玄妙，若執真空，便失先天之旨。蓋百物自空中來，無中生有，還歸於空，空中不受傷尅，反有可成之機。如六爻安靜，用爻無故自空，此爲真空，萬事無成；若被日辰動爻刑沖尅害於用爻，而用爻在空，此爲避凶而空。』——鼎升註

六[81]月壬申日，占子病。得姤之大過——[82]

變	爻	地支	六親	世應
未土 父母	○	戌土	父母	
	丶	申金	兄弟	
	丶	午火	官鬼	應
	丶	酉金	兄弟	
	丶	亥水	子孫	
	〃	丑土	父母	世

謂『父母旺動，用爻亥水子孫而無氣，本爲凶兆，喜得用爻值旬空而避之，至丙子日而愈。蓋丙子者，則前面已過，又是亥水子孫，值子日以臨帝旺之故』耳。[83]

野鶴曰：此論非理。諸占最惡者忌神，既動於卦中，禍已萌矣。用神靜者，逢沖之日遭害；用神動者，逢值合之日遭傷；用神破者，實破之日而遇；用空者，出空之日相逢。是乃未曾出空可以避之，出空必遇其害，豈曰『出空則前面已過，反不受其禍』耶？悖也！謬也！予得其驗者，元神動於卦中，用神空者，出空之日得福；忌神動於卦中，而用神空者，出空之日逢殃。屢占屢驗，獨近病逢空不論。凡占近病，用神得遇旬空者，不拘日月動爻尅害，用神出空之日即愈。獨此一事，論空不論尅也，他占皆

---

[81]『六』，李紱抄本作『未』。——鼎升註

[82] 敦化堂本作『六月壬申日，占子病症何如？得天風姤變澤風大過』。——鼎升註

[83]《卜筮全書·黃金策·總斷千金賦》原文作：『如六月壬申日，占子病，得姤之大過卦。父母旺動，用爻無氣，本爲凶兆，喜得用爻在空避之。果至丙子日愈。蓋至丙子，則前面已過，又遇用爻帝旺之地故也。』——鼎升註

忌。此姤之大過，定是占子近病，不悟近病逢空即愈，而曰『諸事皆可避之』，此誤後人也！宜删之。

爻逢忌殺，敵之無傷。

舊註：『忌爻發動，凡事不利。若得日月動爻幫助用爻，可以敵之，不弱於彼，事亦可成。[84]』予以此論是理，但伊所存之占驗無理：

---

[84]《卜筮全書・黄金策・總斷千金賦》原文作：『忌爻發動，凡事不利。喜得比肩同類幫助用爻以敵之，不弱於彼，事亦可成。』——鼎升註

申月乙未日，占脫役⑧⑤。得損之節——

應　　　世

〇　〤　〃　〃　、　、

寅木　子水　戌土　丑土　卯木　巳火

官鬼　妻財　兄弟　兄弟　官鬼　父母

子水　戌土

妻財　兄弟

謂『世臨丑土，而子水財動生助寅木之鬼，動而剋世，喜得日辰未土、五爻上又變出戌土，扶助世爻，可以敵其寅木之鬼，不能傷身』。⑧⑥

野鶴曰：以此作後人之法者，亦誤人也。何也？一重未土扶世，豈可敵其助鬼傷身之惡煞耶？殊不知寅木鬼動，月建破之、未日墓之，此寅木之鬼，破而又入墓矣，子水雖生，不生無根之木，况子水又化回頭之剋，水木皆枯，後保無事者，此也。誤作戌、未二土幫扶者，錯也。况變爻戌土，從無幫助正卦之爻。予有一例，可以比之：

⑧⑤『脫役』，解脫勞役。——鼎升註

⑧⑥《卜筮全書·黃金策·總斷千金賦》原文作：『又如七月乙未日，爲脫役事，占得損之節卦。官鬼發動，財爻助鬼傷身，本不可脫，喜得日辰未土、六五又變戌土，扶助世上丑土，有氣敵之，鬼不能傷。果應無事。』——鼎升註

辰月乙未日，占月令。得泰之豐——

應	、、	酉金	子孫		
	、、	亥水	妻財		
	ㄨ	丑土	兄弟	午火	父母
世	、	辰土	兄弟		
	○	寅木	官鬼	丑土	兄弟
	、	子水	妻財		

世爻辰土，月建助之，丑土動而化回頭之生，又來比助，雖則寅木鬼動，而世爻旺相，有助有扶，可以相敵。然此後至辛丑日，尚亦見其凶非，因一言觸怒上官，幾乎參處⑧⑦，幸解救而息。夫應解救者，因得日月之土幫扶也。

主象休囚，怕見刑沖尅害。

主象旺相，尚難敵乎刑沖尅害之爻，况休囚耶？前篇有云『尅害刑沖，秋霜殺草』者是也。

用爻變動，忌遭死墓絕空。

舊註：『死墓絕空，乃陷阱之地。若用爻動而化墓化絕、化死化空者，不問公私大小之事，皆主不成。占病逢之，必死無疑。⑧⑧』

⑧⑦『參處』，加以彈劾和處分。——鼎升註

⑧⑧《卜筮全書・黃金策・總斷千金賦》原文作：『死墓絕空，乃陷阱之地，大凶神也：死不復生，絕不復續，入墓則不能出，墮空則不能起。若主象發動而化入者，不問公私大小之事，皆主不成。占病逢之，必死無疑。』——鼎升註

予得驗者，化墓化絕，若動爻旺相，或臨日月、或日月幫扶，亦無大害：化墓者，沖開之月日而成；化絕者，逢生旺之月日而就。至於化空之說，更得多驗：占謀事，實空之日必成；占近病，出空之日即愈。

用化用，有用無用。

舊註：『既有用爻，不可動而又化出來，謂之「化去」，或傍爻出，皆不濟事：故雖有用，即如無用爻一般。占病尤忌。⑧⑨』

野鶴曰：此論非理。用爻化出用爻，若化進神，諸占皆吉；即使他爻動出者，更得比助幫扶，何謂『無用』？豈不知『太過者，損之斯成』？又曰：『用爻重叠，得墓庫以收藏。』如果用神太多，待至傷損之日、墓庫之日，成之更穩，反曰『無用』，非也。此亦當刪。

空化空，雖空弗⑨⓪空。

予得驗者，不獨空化空則不爲空，動即不爲空矣。爲禍爲福，沖空實空之月日必應。

---

⑧⑨《卜筮全書・黄金策・總斷千金賦》原文作：『卦中既有用爻，不可再化出來，謂之「化去」；且不獨用爻自化，或旁爻化出，皆不濟事：故雖有用爻，此同無用爻之卦一般。占病尤忌。』——鼎升註

⑨⓪『弗』，原本與李綋抄本俱如此，敦化堂本作『不』。——鼎升註

養主狐疑⑨¹**，墓多暗昧**⑨²。

此亦長生沐浴十二位之星是也，予用生旺墓絕，其餘不驗。今之化出者，亦驗生旺墓絕。墓者，滯也。用神動而化墓者，近病久病遇之，主昏迷之象。用神旺者，沖開墓庫之日則安；用神休囚，又被刑沖尅害者，難愈；逢空者，近病愈，久病凶。捕獲遇之，深逃難覓；身命遇之，愚蒙不振；失脫遇之，暗藏不見；婚姻遇之，遲滯難成⑨³：皆暗昧不明之象。

如若動爻化墓，而墓神回頭尅動爻，勿以暗昧昏滯而論，乃凶兆也，『忌回頭之尅我』者是也；如若墓神爲鬼，回頭尅用，更凶。

化養、化病、化胎及化沐浴，俱不驗，盡已删之。

化生旺兮，禍福有三。

生者，動爻化長生也。如亥水動，化出申金，既化長生，又曰化回頭之生；化酉金者，不曰化沐浴，而曰化回頭之生：此二生者，動爻有氣，化爻旺相，諸占皆吉。

旺者，長生之第五位者是也。金木水火而化旺，即是化進神：且如申金化酉金，亥水化子水，寅木化卯木，巳火化午火，諸占無不亨吉。惟土寄生於申，旺於子，不爲進神：辰戌未土動而化出子爻者，乃爲化旺；丑土化出子爻者，既爲化旺，又爲化合，諸占皆吉。

---

⑨¹『狐疑』，懷疑。——鼎升註

⑨²『暗昧』，隱晦，不顯明。——鼎升註

⑨³『遲滯難成』，原本與敦化堂本俱無，據李紱抄本補。——鼎升註

化官鬼兮，吉凶有二。

動爻變出官鬼，吉凶有二。何也？占功名者，世爻旺相，或臨日月，或日月生扶，動而變出官星，又無破損，乃爲得官之兆；世若休囚受剋，動而變出官星者，乃爲變鬼，不惟難於王家食祿⑭，須憂夢枕黃粱⑮。

如戊月甲寅日，占候選⑯何時得缺⑰？得益變蹇卦——

應	○	卯木	兄弟	子水	父母
	、	巳火	子孫		
	〃	未土	妻財		
世	ㄨ	辰土	妻財	申金	官鬼
	〃	寅木	兄弟		
	○	子水	父母	辰土	妻財

⑭『王家食祿』，享受朝廷的俸祿。——鼎升註

⑮『夢枕黃粱』，原比喻人生虛幻。後比喻不能實現的夢想。『粱』，原本作『梁』，顯誤，據敦化堂本改。——鼎升註

⑯『候選』，清制，京官自郎中以下，地方官自道員以下，凡初由考試或捐納入仕，以及原官因故開缺依例起復，皆須赴吏部報到，聽候依法選用，稱爲候選。——鼎升註

⑰『缺』，空額（指職位）。——鼎升註

世臨月破，寅日傷尅，又上爻動出卯木尅之，有尅無生，世爻變出官星，乃爲變鬼。卒於次年寅月，竟未得缺而終。猶神告曰：命限[98]當危，功名不必望矣！

又如巳月壬申日，占開店貿易[99]。得坤之剝卦——

世	✕	酉金	子孫	寅木 官鬼
	〃	亥水	妻財	
	〃	丑土	兄弟	
應	〃	卯木	官鬼	
	〃	巳火	父母	
	〃	未土	兄弟	

斷曰：占生意，看財爻。此卦財臨月破，雖則子動生財，生之不起，況世與子孫一同變鬼，不獨營運[100]勿圖[101]，今秋必因子女以致官非。果於八月，因子賭博送官，子受杖刑而死。此應酉金子孫而變鬼。

---

[98]『命限』，壽數。——鼎升註

[99]『開店貿易』，敦化堂本作『開店鋪貿易何如？』——鼎升註

[100]『營運』，經營。常指經商。——鼎升註

[101]『圖』，謀取，希望得到。——鼎升註

忌回頭之剋我。

爻動而化剋者，如金爻動，變火剋金，木爻發動，變出金而剋木，謂之『回頭剋』也。餘倣此。

覺子曰：予存占驗，凡見回頭之剋，占病、占壽、占年運者，得之十有九死；亦有占名利，或占家庭細務⑩而得之者，亦見危亡。其故何也？其人大限⑩至矣，自己無知，猶有名利之求，如神告曰：數之將盡，何用他求？儆戒⑩勿貪，庶不蹈乎羅網⑩，即使難於迴避，亦可保其正寢⑩：疑⑩神之告，乃此意耳。

惟官鬼持世，化子孫回頭之剋，驗之有四：⑩

現任官員占得者，有應傷子，有應削職，有應夭壽；士庶⑩得之者，有應自身損壽，有應傷子。

凡得此卦，必須命之再占，合而決之，方可一言而定。

惟占防患者相宜，化出子孫剋去身邊之鬼而無憂也。

---

⑩『細務』，瑣碎小事。敦化堂本作『細故』。——鼎升註

⑩『大限』，壽數；也指死期。——鼎升註

⑩『儆戒』，警戒；戒備；戒懼。——鼎升註

⑩『羅網』，捕捉鳥獸的器具。也比喻法網。——鼎升註

⑩『正寢』，舊式住宅的正房。原指老死在家裏，現比喻事物的滅亡。——鼎升註

⑩『疑』，敦化堂本作『是』。——鼎升註

⑩李紱抄本前有『野鶴曰』三字。——鼎升註

⑩『士庶』，士人和普通百姓。亦泛指人民、百姓。——鼎升註

凡占六親，最忌化回頭之剋。即如占父母，父臨巳午火，若化亥子水回頭剋父，乃父母不壽之兆。餘倣此。

如酉月己丑日，占師尊[110]官事。[111]得屯之震卦——

	子水	〃	兄弟		
應	戌土	○	官鬼	申金	父母
	申金	✕	父母	午火	妻財
	辰土	〃	官鬼		
世	寅木	〃	子孫		
	子水	丶	兄弟		

斷曰：申金父母爲用神，已入墓矣，又化回頭之剋，目下已定重罪。彼曰：可能減等[112]？予曰：不獨減等，此公必不遭刑。今歲辰年，歲、五相生而不剋，况得父爻又遇青龍，决非刑憲[113]。因午火旬空，防午年出空，必得善終[114]。又出命帖看之，壬辰、戊申、戊寅、甲寅。予曰：此乃食神制殺格。今年交丙運，乃梟神奪食之運，幸七月堅金，丙運焉能鎔化？須防丙年丙月烈火煎金，正合前卦午火實空之年

[110]『師尊』，對老師、師父的尊稱。——鼎升註

[111]敦化堂本作：『如己酉月己丑日，占師尊官事何如？』——鼎升註

[112]『減等』，減輕已判罪的等級。——鼎升註

[113]『刑憲』，刑法；刑罰。——鼎升註

[114]『善終』，好死。指人正常死亡，不死於刑戮或意外的災禍。——鼎升註

也。後聞已定大辟⑮，蒙改緩決⑯，至丙午年丙月丙日得肺疾，痰厥⑰而終。此乃代占六親忌回頭之尅，又是命卦合成一理。

勿反德⑱以扶人。

古法：『相生須宜他生我，相尅還宜我尅他。⑲』

如占彼此兩家之事者，宜應爻而生世。

如占財者，宜財生世；如占官者，宜官生世。若世去生助他爻，洩盡自己之氣也。

惡曜⑳孤寒，怕日辰之併起。

刑沖尅害之爻即爲惡曜，非諸星之凶煞也。凡見此爻動而沖尅用神，若此星孤立無助，或休囚無力，雖則傷害用神，而用神旺相可以敵之，必然無礙，得禍亦輕；惟怕日辰動爻助他爲虐，彼必狐假虎威㉑，仗勢作惡，得禍之不淺也。

前《月將、日辰章》內『最怕他爻增尅制』，同此意耳。

---

⑮『大辟』，古代殺頭的死刑。——鼎升註

⑯『緩決』，對死刑犯人暫緩處決。清制，各省死罪人犯，每歲審擬，分爲情實、緩決、可矜、可疑諸項，報部。至秋審時由刑部會同九卿詳核分擬，請旨裁決。——鼎升註

⑰『痰厥』，中醫病症名。指因痰盛氣閉而引起四肢厥冷，甚至昏厥的病症。——鼎升註

⑱『反德』，違背事物的準則。——鼎升註

⑲《卜筮全書·黃金策·總斷千金賦》原文作：『相生須用他生我，相尅須還我尅他。』——鼎升註

⑳『惡曜』，指凶神。『曜』，音yào【耀】。——鼎升註

㉑『狐假虎威』，狐狸假借老虎的威勢。比喻依仗別人的勢力欺壓人。——鼎升註

用爻重疊，喜墓庫以收藏。

舊註：『用爻重疊，若無日辰動爻損之，必須得墓庫收藏，然後可得。㉒』舊存占驗：

丁丑日，占財⑫。得益之萃——

應			世		
○	丶	ㄨ	〃	〃	○
卯木	巳火	未土	辰土	寅木	子水
兄弟	子孫	妻財	妻財	兄弟	父母
未土		亥水			未土
妻財		父母			妻財

彼斷曰：『卦有兩財，初爻、上爻又化出兩財，日辰又是財，本爲太過，喜得世上有辰字，乃爲財庫，謂之「財有庫以收藏」，後主得財。』⑫

予以此論極其得理，屢試屢驗，但不必卦中有庫無庫，常見後來逢庫之月日，亦成其事。

---

⑫《卜筮全書・黄金策・總斷千金賦》原文作：『用爻重疊太過，若無日辰動爻損之，必須得墓庫收藏，然後可望。』——鼎升註

⑬『占財』，敦化堂本作『占求財何如』。——鼎升註

⑭《卜筮全書・黄金策・總斷千金賦》原文作：『且如丁丑日占財，得益之萃卦。卦中有兩重財，初九、上九又化出兩重財，日辰又是財，共有五重財，本爲太過，不濟事，喜得世上有辰字財庫，謂之「財有庫藏」，主有財也。』——鼎升註

如午月戊午日，占何日雨。得地風升變恒卦——

世　　應
⚋　⚋　⚊〤　⚊　⚊　⚋
酉金　亥水　丑土　酉金　亥水　丑土
官鬼　父母　妻財　官鬼　父母　妻財
　　　　午火
　　　　子孫

友人執此卦問予曰：今日占雨，父母不動，而丑土之財又化出午火回頭之生，竟是大旱之年也。予曰：壬戌日必雨。友曰：『父臨月建，陰雨連旬。』今子孫臨月建，亦同此意。如何得雨？予曰：午火子孫臨日月，旺之極矣，乃爲『用爻重疊，逢墓庫以收藏』，故知戌日必雨。果於戌日申時雨。

如丑月丙申日，占得水火既濟變泰卦——

應	〃	子水	兄弟	
	○	戌土	官鬼	亥水 兄弟
	〃	申金	父母	
世	、	亥水	兄弟	
	ㄨ	丑土	官鬼	寅木 子孫
	、	卯木	子孫	

此乃富家之子，年僅十七，占終身功名。予得此卦，知其壽夭，又不便言，亦不以功名許之，只曰功名尚早，重重鬼動尅世，連年還有病災，過二十歲脫此鬼厄⑫⑤，再問功名。少刻，此子業師⑫⑥而問曰：既問終身功名，何故多鬼尅世？予曰：神報壽夭，故不以功名而告也。彼問：防於何時？予曰：今年太歲在丑，難過十九辰年。彼曰：辰年沖去戌鬼，如何不利？予曰：非此論也。辰乃土鬼之墓，鬼太旺，必須墓庫收藏。果死於辰年戌月。

---

⑫⑤『鬼厄』，死亡的厄運。——鼎升註

⑫⑥『業師』，授業的老師。——鼎升註

事阻隔兮間發。

舊註：『世應中間兩爻，謂之「間爻」，動則事多阻隔。』謂『此兩爻在世應之中，動阻兩家之事，使彼此不能相通』。(127)

又曰：『世應中間兩間爻，發動所求多阻隔。(128)』

覺子曰：以此兩爻作爲間爻，試之果驗，但看所占何事。須是彼此兩家之事，始可用之。婚姻，以之爲媒妁(129)；詞訟，以之爲中證(130)；買賣，以之爲牙行(131)；借貸成交，以之爲中保(132)；舟車，以之爲附載(133)；交遊(134)，以(135)之爲幫閑(136)；胎產，以之爲收生保母(137)。

---

(127)《卜筮全書・黃金策・總斷千金賦》原文作：『古云：「世應當中兩間爻，發動所求多阻隔。」蓋此二爻居世應之中，隔彼此之路，動則兩邊隔絕故也。』——鼎升註

(128)《卜筮全書・黃金策・總斷千金賦》原文作：『世應當中兩間爻，發動所求多阻隔。』——鼎升註

(129)『媒妁』，介紹婚姻的人。——鼎升註

(130)『中證』，證人。——鼎升註

(131)『牙行』，爲買賣雙方介紹交易、並從中收取傭金的商業機構。相當於現代的經紀人。——鼎升註

(132)『中保』，居中作保之人。——鼎升註

(133)『附載』，同行之人。——鼎升註

(134)『交遊』，結交朋友。——鼎升註

(135)『以』，原本與敦化堂本俱作『樂』，當誤，據李紱抄本改。——鼎升註

(136)『幫閑』，指沒有正當職業，專爲富貴人家效勞、湊趣的人。——鼎升註

(137)『收生保母』，接生婆。——鼎升註

世爲己，應爲人，彼此欲相親者，若遇間爻發動，不可概以阻隔斷之，若動而生合世應，反得此輩之力。近世爻者，幫我之人也；近應爻者，幫他之人也。生我者，我宜親之；尅我者，我宜遠之。獨忌尅乎世應，事必難成。尅世者，壞我之事，我被其患；尅應者，壞他之事，他被其患。若持兄動，其害亦小，破阻其事，耗財而已；若持鬼動，必受其累。[138]

如巳月庚辰日，占買宅[139]。得臨之大壯——

	ヽヽ	酉金	子孫	
應	ヽヽ	亥水	妻財	
	ㄨ	丑土	兄弟	午火 父母
	ㄨ	丑土	兄弟	辰土 兄弟
世	ヽ	卯木	官鬼	
	ヽ	巳火	父母	

---

[138] 李紱抄本前有『野鶴曰』三字。——鼎升註

[139] 『占買宅』，敦化堂本作『占買宅可能成否』。——鼎升註

斷曰：世爻卯木，應爻亥水，乃是世應相生，必成之象。但嫌亥臨月破，不能生世，況間爻三重土⑭發動，乃成群之小人從中破阻，事已壞矣，難許成交。彼曰：樣銀⑭業已付訖⑭，因彼用人與說合之人多索徧⑭費，未滿其欲，故伊悔言不賣。予曰：目下便多許之，亦無成也。應爻破而被剋，難得二家成就。後果不成，退回樣銀。此公大怒，煩當道⑭親友往彼理曰：前日因何所見，引我瞧看內室⑭？今又因何所見，退還樣銀？諸親往彼，盡叱其非，彼亦甘受。予詳卦中之間爻三重土動，近應爻者，即如賣主身邊之人也；剋應爻者，破阻賣宅不成，而無財也；近世爻之土，亦剋應爻者，即是買主央去之親友，衆叱其非。

凡遇間爻動者，得日月沖剋可解。⑭

⑭『土』，原本與敦化堂本、李紱抄本俱作『丑土』，顯誤，據後文『予詳卦中之間爻三重土動』文意改。——鼎升註

⑭『樣銀』，訂金。——鼎升註

⑭『訖』，音qì【氣】。（事情）完結。——鼎升註

⑭『徧』，音biǎn【貶】。狹小，狹隘。原本作『偏』，李紱抄本作『偏』，俱當誤，據敦化堂本改。——鼎升註

⑭『當道』，執掌政權的人。——鼎升註

⑭『內室』，裏屋。——鼎升註

⑭李紱抄本前有『覺子曰』三字。——鼎升註

心退悔兮世空。

舊註：『自占，世爲主象，若無日月動爻傷尅，而世爻無故自空者，必主心惰意懶，自不向前。[147]』

野鶴曰：此論爲是。前曰『無故勿空，如入深淵大壑，諸占大凶[148]』者，非也。

《易林補遺》有曰：『世應皆[149]空，兩下目前退悔；主賓皆動，二邊日後更張[150]。[151]』所以不獨世空，應爻亦不宜也。故謂之『世應皆空，事無准實[152]』。凡動而空者，不以此論。

---

[147]《卜筮全書・黃金策・總斷千金賦》原文作：『占事，若應不尅世、日辰無傷、用爻有氣，而世自落空，其人心隳意懶，不能勇往精進，以成其事也。』——鼎升註

[148]《卜筮全書・黃金策・總斷千金賦》原文有『無故勿空』的條文，其下註解爲『夫旬中空亡，有有故而空者，有無故而空者：凡遇日月動爻傷尅，而在空亡，謂「有故而空」，避之可也；若無刑沖尅害，而身世主象自落空亡，此爲「無故而空」，大凶之兆，占病必死，占事不成，占人有難。蓋空則雖有日辰動爻，難以扶持救援之故也。』——鼎升註

[149]『皆』，原本作『者』，顯誤，據敦化堂本與李紱抄本改。——鼎升註

[150]『更張』，調節琴絃。比喻變更或改革。——鼎升註

[151]《易林補遺・易林總斷章》原文作：『世應齊空，兩下目前退悔；主賓皆動，二邊日後更張。』——鼎升註

[152]前文作『世應俱空，人無准實』。——鼎升註

卦爻發動，須看交重。

舊註：『交動，主未來之事；重動，主過去之事。[153]』予亦多試，間有驗者。

大凡爻象，有一定而不可移者，可以爲法，間有驗者，乃偶然之湊合，不可執之。

動變比和，當明進退。

《進退章》已註明白。

殺生身，莫將吉斷；用尅世，勿作凶看[154]。蓋生中有刑害之兩防[155]，合處有尅傷之一慮。

殺生世者，是日月動爻作忌神而生世也，非凶煞也。不以吉斷者，何也？謂『忌神既旺，用神衰矣，世雖逢生何益[156]』？

---

[153]《卜筮全書・黃金策・總斷千金賦》原文作：『交主未來，重主過去。』——鼎升註

[154]『看』，李紱抄本作『推』。——鼎升註

[155]『防』，李紱抄本作『妨』。——鼎升註

[156]《卜筮全書・黃金策・總斷千金賦》原文作：『且如日辰動爻來生合世身，而日辰動爻係是主象之忌辰，則雖生合於我，亦何益哉？況生合之中，有刑有尅有害，故見殺生身者，不以爲吉。』——鼎升註

如戊月丙子日，占父任雲南[157]，何時得信？得地澤臨卦——

青龍		‥	酉金	子孫
元武	應	‥	亥水	妻財
白虎		‥	丑土	兄弟
螣蛇		‥	丑土	兄弟
勾陳	世	、	卯木	官鬼
朱雀		、	巳火	父母

占信者，朱雀巳火父母爲用神。日辰子水尅巳火，即爲忌神；戌月乃巳火之墓，亦爲忌神。此巳火月墓、日尅，音信茫然[158]之兆也。而世爻卯木，雖遇日生月合，何益於事？『殺生身，莫[159]將吉斷』，此之謂也。後果無音。遲四年，知父而遇害矣。

『用尅世，勿作凶看』者，乃用神來尅世也。

舊註：『主事爻動來尅世，乃是事來趕我，事必易成，我雖見尅，亦何傷哉？故云「尅世者不以爲凶」。[160]』

---

[157]『雲南』，李紱抄本作『滇南』。——鼎升註

[158]『茫然』，敦化堂本與李紱抄本俱作『杳然』。——鼎升註

[159]『莫』，原本與敦化堂本俱作『勿』，據李紱抄本與前文文意改。——鼎升註

[160]《卜筮全書・黃金策・總斷千金賦》原文作：『又如主事爻動來尅世尅身，乃是事來趕我，必然易成易就，我雖見尅，亦何傷哉？故云「尅世者不以爲凶」。』——鼎升註

覺子曰：此論未爲全是。予之得驗，如占求財，財爲用神，財爻剋世者必得；占行人，用爻剋世者即至；占醫藥，子孫爲用神，子孫剋世者即愈：外此數占，皆不宜用神而剋世也。若占功名，官鬼剋世，非災即禍，豈可曰『勿作凶看』？

如占關差[161]得否？丑月庚子日，得泰之明夷——

應	⚋	酉金	子孫	
	⚋	亥水	妻財	
	⚋	丑土	兄弟	
世	⚊	辰土	兄弟	
	○	寅木	官鬼	丑土 兄弟
	⚊	子水	妻財	

占關差，以官鬼爲用神。此卦辰土持世，寅木官鬼剋世，因世爻空，即於壬寅日得差，次年三月，死於中途。豈可謂之『用剋世，勿作凶看』耶？

[161]『關差』，古代稅卡上的差官。——鼎升註

又如午月丙辰日，占遷居吉否？得謙之明夷——

世應	爻	五行	六親	變
	ヽヽ	酉金	兄弟	
世	ヽヽ	亥水	子孫	
	ヽヽ	丑土	父母	
	ヽ	申金	兄弟	
應	ヽヽ	午火	官鬼	
	ㄨ	辰土	父母	卯木 妻財

斷曰：占宅舍，以父母爻爲用神。此卦辰土父母動而尅世，不宜遷之。彼曰：業已成矣。予曰：目下不礙，秋來不利。彼曰：何也？予曰：辰土動化卯木，秋來木被金傷，辰土來尅世矣。果於七月地震，房屋倒塌，人眷被傷。此可謂之『用尅世，不以爲凶』耶？

刑害不宜臨用。

『主事爻與日月動爻作三刑者，占事不成，占物不好，占病必死，占人有患，占婦人不貞潔，占文書有破綻，占訟必有罪責。[162]』動而化刑者，亦然。

臨死者，屢試不驗，故不註之。

---

[162]《卜筮全書・黃金策・總斷千金賦》原文作：『凡遇刑爻爲主象，必主不利：占事事不成，占物物不好，占病病必死，占人人有疾，占婦人必不貞潔，占文書必有破綻，占訟利必有罪責。』——鼎升註

死絕豈可持世。

用爻世爻絕於日辰，或化絕者，舊註『諸事不利⑯』。予以休囚被尅而又絕者是也，旺相不妨。

動逢沖而事散。

《三沖、六沖章》註解極明。

絕逢生而事成。

大凡世與用神，或絕於日，或化絕，若得月日動爻生者，謂之『絕處逢生』。且如寅日占卦，酉爲用神，酉絕於寅，若在辰戌丑未月，或爻中動出辰戌丑未，以土生酉金，皆謂之『絕處逢生』。餘倣此。

如逢合住，須沖破以成功；若遇休囚，必旺相而成事。

《應期章》內註解極明。

速則動而尅世，緩則靜而生身。

此獨占行人而用之，他占不用。

謂『用神動而尅世，行人回來之速也；用神靜而生世，行人歸來緩也⑯』。且如占父母何日回，父母動而尅世者，許之即歸。餘倣此。⑯

---

⑯《卜筮全書・黃金策・總斷千金賦》原文作：『死絕二爻，臨持世身主象者，必不利：占人有難，占病無救，占醫無效，占事不濟。變動化入者亦然。』——鼎升註

⑯《卜筮全書・黃金策・總斷千金賦》原文作：『且如占行人，若用爻發動，或應爻發動，可言其人身已起程矣，然來生世則遲緩，尅世即速到。』——鼎升註

⑯李紱抄本前有『野鶴曰』三字。——鼎升註

父亡而事無頭緒，福隱而事不稱情。

古法曰：『卦無父母事無頭，卦無子孫不喜悅。[166]』

予以此論亦爲多事。凡占事者，用神元神，忌神仇神，尅害刑沖，破墓空絕，日月飛伏，許多事故，尚無定論，還敢尋不當用之爻耶？予恐枝葉多生，反無頭緒。[167]

鬼雖禍災，伏猶無氣。

《天元賦》中《無鬼論[168]》，雖則有理，實亦多事。予生平以來占官、占鬼、占疾病，當用者則用，不當用者則不用也。

子雖福德，多反無功。

覺子曰：以之爲忌神者，實則不宜；以之爲用神者，多則何害？豈不聞『損之斯成』，『逢墓庫以收藏』也？

虎興而遇吉神，不害其爲吉；龍動而逢凶曜[169]，難掩其爲凶。

此謂得理，《六神章》內已解明矣。

元武爲盜賊之事，亦必官爻；朱雀本口舌之神，必須兄弟。

此論欠理。元武朱雀，勾陳螣蛇，動而不尅世者，無礙；動而尅世，皆以爲凶。勿分兄弟官鬼。

---

[166] 《卜筮全書・黃金策・總斷千金賦》原文作：『卦無父母事無頭，又卦無子孫不喜悅。』——鼎升註

[167] 李紱抄本前有『野鶴曰』三字。——鼎升註

[168] 『無鬼論』，當爲《斷易大全》、《卜筮全書》或《易林補遺》等書中的《無鬼無氣》篇。——鼎升註

[169] 『凶曜』，指凶神。『曜』，音yào【耀】。——鼎升註

吉凶神煞之多端，何如生剋制化之一理？

此至言也，學者宜深味之。

除惡未盡，死灰須防復焰。

剋害刑沖之神，若得日月動爻剋制者，須盡其根，若除而未盡，將來遇生扶之年月，仍復爲禍。

如卯月甲申日，占病。得地山謙變水山蹇——

世應	爻	本卦	六親	變爻
	〃	酉金	兄弟	
世	乂	亥水	子孫	戌土　父母
	〃	丑土	父母	
	、	申金	兄弟	
應	〃	午火	官鬼	
	〃	辰土	父母	

斷曰：亥水子孫長生於申日，世遇日建之生，雖化戌土之剋，春令土衰，卯月[170]剋制，有救無妨。果於丁亥日全愈。豈知卯木雖剋戌土，還有相合之意；亥水雖遇長生，戌土亦得長生於申。後至巳月，亥逢月破，巳火生助戌土，諺云：『斬草不除根，萌芽依舊發』，仍復番[171]病而死矣。

---

[170]『月』，原本與敦化堂本俱作『日』，顯誤，據李紱抄本改。——鼎升註

[171]『番』，通『翻』。翻轉，反復。——鼎升註

害艮不重，枯木猶有逢春。

世與用神有氣，若被日月動爻沖尅者，目下雖遇尅傷，他日逢生再發。

如子月丁亥日，占自陳。雷澤歸妹變解——

應			世		
⚋	⚋	⚊	⚋	⚊	○
戌土	申金	午火	丑土	卯木	巳火
父母	兄弟	官鬼	父母	妻財	官鬼
					寅木
					妻財

斷曰：巳火官星，冬令休囚之極，子月亥日，疊疊沖尅，功名難保。彼曰：還是革職[172]，或是降調[173]？

予曰：若革職者，此巳火之官而不動矣，既動而化生，尅之不盡，功名有根，況月建合世，官傷而身不動，降級留任者有之。果於寅月革職留任。此乃日月沖尅官星，害之不重，所以謂之『逢春猶再發』也。卯年占，巳年仍復原職。

---

[172]『革職』，撤職。——鼎升註

[173]『降調』，降職調任。——鼎升註

水木須宜尋根。

凡占身命、家宅、功名、墳塋、貿易等事，欲其久遠者，用神雖則爲重，而元神必須兼看：用神爲事之體，元神爲事之本，用神雖旺，元神若被傷尅者，即如水無源泉、木無根蒂。金火土者，皆同此推。

如午月庚寅日，占掣籤[174]得何處？大畜變中孚——

	丶	寅木	官鬼		
應	ㄨ	子水	妻財	巳火	父母
	〃	戌土	兄弟		
	○	辰土	兄弟	丑土	兄弟
世	丶	寅木	官鬼		
	丶	子水	妻財		

斷曰：世臨寅木官星，必得東缺，非廣東即山東。獨嫌子水月破，動而化絕，恐不能到任。彼曰：何也？予曰：『財爲養命之源，又爲朝廷之祿』，今財臨絕地，是無財無祿，世爻寅木無水滋生，乃爲凶兆。彼曰：改日潔誠再占一卦。予曰：可也。

---

[174]『掣籤』，抽籤。明代吏部選授遷除，初用拈鬮法。明萬曆二十二年（公元1594年）孫丕揚爲吏部尚書，改爲侯選者自行掣籤。清代沿襲此法，外省官吏分散任用，由吏部掣籤決定分發何省。——鼎升註

甲午日，又得臨之節——

世應	爻	納甲	六親	伏神
	〃	酉金	子孫	
應	ㄨ	亥水	妻財	戌土 兄弟
	〃	丑土	兄弟	
	〃	丑土	兄弟	
世	丶	卯木	官鬼	
	丶	巳火	父母	

予曰：此與前卦卦名雖殊，其理一也，又是亥水財爻被回頭之剋，不獨難於到任，還防秋令危災。

此公於隔歲[175]續絃[176]，由南娶至都中[177]，臘月有故而未成婚，改期四月，不意父爲條陳[178]得罪[179]，不便成婚，午月己丑日占應何月成婚，得火澤睽卦，予許不是姻緣，竟無成婚之日。後欲上言[180]代父之罪，予曰：公占功名，不能到任；又占婚姻，不能合巹[181]；今欲行此，雖是孝念，秋裏危災，許多不便。幸信予

---

[175]『隔歲』，前一年。——鼎升註

[176]『續絃』，男人妻死以後再娶。——鼎升註

[177]『都中』，京都，京城。——鼎升註

[178]『條陳』，向上級分條陳述意見的文件。——鼎升註

[179]『得罪』，敦化堂本作『下獄』。——鼎升註

[180]『上言』，向上級進呈言辭。——鼎升註

[181]『合巹』，成婚。『巹』，音jǐn【緊】。——鼎升註

言而止。後果於七月先得瀉疾，服藥稍愈，因多服補藥，參、附⑱每服用至一兩，想食冰水⑱，醫囑家人點水不與，渴極搥胸，竟至渴死。無水之驗，以至如此。

動爻何妨空破。

（鼎升曰：此條文下之卦，當爲李文輝於清康熙二十二年【公元1683年，癸亥年】至清康熙二十三年【公元1684年，甲子年】間，南行至粵東【今廣東省】時所占。）

---

⑱『參、附』，人參和附子。——鼎升註

⑱『冰水』，冰鎮的水或以冰雪製作的水，多用薄荷、蜂蜜、烏梅、果汁等物品調製。一說為略低於常溫的水。——鼎升註

如戌月己巳日，予占南行。得大有之大壯——

應　世
○　〃　丶　丶　丶　丶
巳火　未土　酉金　辰土　寅木　子水
官鬼　父母　兄弟　父母　妻財　子孫
戌土
父母

予以應爻官星生世，官貴相生者，雖則可喜，但嫌巳火墓於戌月而又化墓，生我之官爻既入墓矣，焉能生我？兼且又是六沖，疑爲不吉。

至亥月甲辰日又占，又得火天大有變大畜——

應　世
丶　〃　○　丶　丶　丶
巳火　未土　酉金　辰土　寅木　子水
官鬼　父母　兄弟　父母　妻財　子孫
戌土
父母

予疑又得此卦，巳火雖則生世，又爲月破，破而不能生我，去之何益？況間爻酉金兄動，乃阻隔耗財之神，疑之，不行。

及至甲寅日，又占得大有之大壯——

應			世		
○	〃	、	、	、	、
巳火	未土	酉金	辰土	寅木	子水
官鬼	父母	兄弟	父母	妻財	子孫
戌土					
父母					

連得三次，予始悟曰：此行到明年三四月，必定如心[184]。巳火之官動而生世，目下雖破衰入墓，明年三月沖開戌墓，巳火而至巳月，得令當時，不破不空，旺相而生世矣。即於巳日起程。行至中途，遇舊日相識，母死又被回祿[185]，意有同行之念，缺乏資斧[186]。予始悟第二課大有之大畜，間爻酉金兄動，乃附載同行之人也，數已早定，予許之同行。行不數日，又遇知己，道及某處有奇門[187]一部，乃係抄本，命予同去買之。遶道兩日，予卜一卦，又得大有之大壯。予對友曰：此卦得之四次，非叫我買書，乃促我

[184]『如心』，稱心，如意。——鼎升註

[185]『回祿』，傳說中的火神名。後因稱火災爲回祿。——鼎升註

[186]『資斧』，行旅的費用。——鼎升註

[187]『奇門』，即奇門遁甲。術數的一種。古傳三式太乙、六壬、奇門之一。——鼎升註

之行也。竟行。後地頭至，已二月矣。一日於將軍⑱府中，將軍問曰：江南某撫軍⑱，功名將來何如？予曰：向於酉年占得艮之觀卦，即許酉年離任，又許今年三四月，仍以原品⑲起用⑲。

（鼎升曰：此處『江南某撫軍』，當爲清康熙二十年【公元1681年，辛酉年】被降職的原江寧巡撫慕天顏。參卷三《月破章》中對慕天顏的註釋。

此處將軍，當爲時任廣東將軍的王永譽。據《清史稿》記載，王永譽，字孝揚，襲爵。先世本滿洲，姓完顏氏。漢軍旗制定，隸正紅旗。清康熙十九年【公元1680年，庚申年】，累遷至廣東將軍。）

---

⑱『將軍』，清代用將軍號者較多，此處特指八旗兵駐防各地之最高將領。——鼎升註

⑱『撫軍』，明清時巡撫的別稱。巡撫一般爲從二品官員，亦有正二品官員。每省一人，爲一省之長。——鼎升註

⑲『原品』，原來官職的品級。——鼎升註

⑲『起用』，舊指重新任用已退職或黜免的官員。泛指提拔任用。——鼎升註

隨有一人，卯月戊戌日，占目下功名陞否？

世	○	巳火	兄弟	戌土 子孫
	〃	未土	子孫	
	丶	酉金	妻財	
應	○	亥水	官鬼	辰土 子孫
	〃	丑土	子孫	
	丶	卯木	父母	

予曰：離變震卦，六沖而變六沖，世爻化墓入墓，亥水官星被回頭之剋，大凶之兆，勿望陞遷，且防刑獄[192]。將軍曰：此舍侄[193]也。昔在二十九歲，曾於都門[194]向爾占過，許之四十九歲有險。今年四十九矣，有何險處？予曰：既是卦之前後照應，目下諸事更宜慎之。

---

[192]『刑獄』，刑罰。——鼎升註

[193]『舍侄』，對自己侄子的稱呼。——鼎升註

[194]『都門』，京城城門。此處特指清代國都北京。——鼎升註

一日於藩司⑮署中，藩臺⑯向予而曰：此係本府府尊⑰，因詿誤⑱，制臺⑲已爲之辨復⑳，爾看何如？

（鼎升曰：此處藩臺，當爲時任廣東布政使的郎廷樞。參卷六《終身功名有無章》中對郎廷樞的註釋。

此處府尊，據《李士楨李熙父子年譜》記載，當爲因『各府縣場展界未復課餉』之事『詿誤』的廣州府知府李甲聲。

此處制臺，當爲時任兩廣總督的吳興祚。參本卷前『動逢合而絆住』條文下對吳興祚的註釋。）

---

⑮『藩司』，明清時布政使的別稱。布政使，官名，清代布政使爲督、撫的屬官，主管一省的財賦和人事。清康熙六年（公元1667年）後，每省設布政使一員，爲從二品官。但江蘇設二布政使，一在江寧，一在蘇州。——鼎升註

⑯『藩臺』，同『藩司』。——鼎升註

⑰『府尊』，明清時對知府的尊稱。知府，官名，在清代爲從四品。清代省轄府、府轄州、州轄縣，知府轄數州、縣，是省以下，州、縣以上行政單位的長官。——鼎升註

⑱『詿誤』，官吏因過失而受譴責。『詿』，音guà【掛】。——鼎升註

⑲『制臺』，明清時對總督的敬稱。總督，官名，在清代爲地方最高長官，一般爲正二品官員，亦有從一品或正一品官員。轄一省至三省，一般轄兩省。另有河道總督、漕運總督等。——鼎升註

⑳『辨復』，科舉時代士人因犯法革去功名，後由於申辯而得以恢復。辨，通『辯』。——鼎升註

卯月庚子日，占得漸卦——

應　　　世
丶　丶　〃　丶　〃　〃
卯木　巳火　未土　申金　午火　辰土
官鬼　父母　兄弟　子孫　父母　兄弟

斷曰：子孫持世，官臨應爻，祿位[201]已屬他人矣，萬萬難於復職。藩臺曰：叫爾報喜，如何此說？予曰：有喜可報，此卦無喜而報也。府尊曰：今日不誠，明早請到敝署[202]，誠意卜之。

卯月辛丑日，占得火地晉卦——

　　　世　　　應
丶　〃　丶　〃　〃　〃
巳火　未土　酉金　卯木　巳火　未土
官鬼　父母　兄弟　妻財　官鬼　父母

予曰：今日之卦，與昨日相同，世爻破而入墓，官星兩現皆空。彼之不服。予曰：再占一卦不妨。

---

[201]『祿位』，官職；有俸祿的職位。——鼎升註

[202]『署』，原本作『暑』，顯誤，據敦化堂本改。——鼎升註

又得恒之大過——

應	〃	戌土	妻財		
	ㄨ	申金	官鬼	酉金	官鬼
	丶	午火	子孫		
世	丶	酉金	官鬼		
	丶	亥水	父母		
	〃	丑土	妻財		

予曰：恭喜！此地爵位[203]雖已失矣，速速援例[204]，再任西方。彼曰：何以見之？予曰：持世官星，破而入墓，所以知其失之就矣。幸五爻官化進神，乃再任之官也。

---

[203]『爵位』，貴族封號的等級。——鼎升註

[204]『援例』，援引捐納的成例向政府交納一定的費用而取得作官的資格。——鼎升註

又於卯月甲辰日，道臺㉕在省，占母病。得夬之大壯——

伏神	世應	爻	本卦	六親	變卦
		〃	未土	兄弟	
	世	○	酉金	子孫	申金 子孫
		、	亥水	妻財	
		、	辰土	兄弟	
伏 巳火 父母	應	、	寅木	官鬼	
		、	子水	妻財	

斷曰：巳火父母伏於寅木之下，飛來生伏，月建又作父母之元神，太夫人㉖管許即愈！已遇良醫，今日酉時必得喜信，巳月全愈。果於酉時家人報曰：昨係某官送來醫者，老太服藥對症，此人包管治之，許四月全愈。應酉時得信者，酉金子孫持世，酉時聞信而喜矣。

㉕『道臺』，清代省以下、府以上一級的官員，爲正四品。主管範圍有按地區分者如濟東道，有按職務分者如鹽法道。——鼎升註

㉖『太夫人』，指官吏之母，不論存歿。——鼎升註

一日又於都司[207]署中，卯月丁未日，占官事。得既濟之屯卦——

應			世		
⚋	⚊	⚋	○	⚋	⚊
子水	戌土	申金	亥水	丑土	卯木
兄弟	官鬼	父母	兄弟	官鬼	子孫
			辰土		
			官鬼		

予曰：官事且緩，病災甚危，三月須防不測。彼曰：我占官事，並未占病。況我非病，因足疾難於行動，所以未起。爾疑我病耶？予曰：公雖占官事，猶神而曰：疾病之險，勝如[208]官事！神以重大者而先告之。既得此卦，何論有病無病？世爻休囚之極，日神剋之，動而變鬼，又爲化墓，又化回頭之剋，即使無病，亦恐凶危。

---

[207]『都司』，官名。清代綠營軍官，正四品武官，分領營兵。——鼎升註

[208]『如』，敦化堂本作『於』。——鼎升註

又於卯月庚戌日，占開鉛鑛有否？

應	丶	卯木	兄弟	
	丶	巳火	子孫	
	〃	未土	妻財	
世	〃	辰土	妻財	
	ㄨ	寅木	兄弟	卯木 兄弟
	丶	子水	父母	

予曰：破財之象！旺相之兄爻，動而尅世劫財[209]，若不大破其財而不止。彼曰：已開兩月餘矣！五處開之，費過數百餘金。若是無財，予即止之。予曰：兄動化進神，正是破耗之時，如何得止？彼曰：既是無鉛，不止何爲？予曰：我今初到，公必不以爲信，遲一月知我數靈，自然止矣。

予在彼地，二月占過數卦，尚無應驗。及至三[210]月，將軍之侄因昔年臨陣不前，部中有人扳[211]出，行文[212]拿問；而都司王公，於三月初六叫人針足，錯針筋脉，疼至十八而死。及至四月，道臺老夫人全愈；

---

[209]『財』，原本與敦化堂本俱作『才』，顯誤，據李紱抄本改。——鼎升註

[210]『三』，原本作『二』，當誤，據敦化堂本與前後文意改。——鼎升註

[211]『扳』，牽連。——鼎升註

[212]『行文』，發布公文。——鼎升註

又見邸報[213]，江南撫軍果以原品起用；又因本府府尊命下，不准復職，後援例，果於巳年補陝西慶陽[214]；商人開鑛，見水泉湧出而止。

予於彼處，三、四、五月了無寧日，悟前火天大有連得四次，以巳火之官而生世爻，應巳月官貴以相生。須知神報吉凶之月日，不可執樣而畫符[215]，全在人之通變可也。

予之得詳悟者，亦因多占之力，若非連得四次，予亦未必有此一行。予既驗之，不吝諄諄[216]以告。

大匠[217]誨人，必以規矩；學者決斷，全在靈機。

古聖先賢教人占卜，先教之動靜旺衰、生扶拱合、刑沖剋害、破墓絕空，種種關節[218]，不可放過。書宜熟看，自能觸類旁通、隨機應變，爻象一成，即知禍福。用者重之，不用者去之，切不可膠柱而鼓瑟[219]也。

---

[213]『邸報』，封建王朝的官報。約始於唐代。當時稱爲『進奏院狀報』、『報狀』等，主要刊載皇帝的諭旨、臣僚奏章、邊防戰報等。宋代始稱『邸報』，後世並有『邸抄』、『朝報』、『京報』等名稱。初爲手抄，宋代起已有雕版印刷，明代有木活字版印刷，並有民間自設報房印刷出售。——鼎升註

[214]『慶陽』，今甘肅省慶陽市。——鼎升註

[215]『執樣而畫符』，照別人畫的符的樣子畫符。比喻單純模仿，沒有創新。——鼎升註

[216]『諄諄』，反覆教導。——鼎升註

[217]『大匠』，稱學藝上有大成就而爲衆人所崇敬的人。——鼎升註

[218]『關節』，起關鍵性作用的環節。——鼎升註

[219]『膠柱而鼓瑟』，用膠把絃柱粘住以後奏琴，絃柱不能移動，就無法調絃。比喻固執拘泥，不知變通。——鼎升註

筮必誠心，子日不忌。

天下無事不從心生，心動求神，必須至誠，故曰：『誠則形，形則聚，聚則明。⑳』心誠求之，卦必顯而易見。古有『子不問卜』，《黃金策》曰：『只在誠與不誠，不在子與不子！㉑』

占勿二念，早晚何妨。

『一念之誠，可格㉒天地；二簋㉓之用，可享鬼神。』若心懷兩三事而占者，念既不專，應何能一？念多心亂，即是不誠。故曰：『遇事即占，不論早晚；慎勿兩念，二念不靈。』曾有先占求財，後占丈人之病。

---

⑳ 語出《中庸》：『誠則形，形則著，著則明，明則動，動則變，變則化。』——鼎升註

㉑《卜筮全書・黃金策・總斷千金賦》原文作：『故凡卜筮，在人之誠不誠，不在日之子與非子也。』——鼎升註

㉒『格』，感通。——鼎升註

㉓『簋』，音guǐ【鬼】。古代祭祀宴享盛黍稷之器皿。——鼎升註

辰月乙丑日，占求財。得隨之否——

應			世		
〤	丶	丶	〃	〃	○
未土	酉金	亥水	辰土	寅木	子水
妻財	官鬼	父母	妻財	兄弟	父母
戌土					未土
妻財					妻財

又占妻父病，得水山蹇——

		世			應
〃	丶	〃	丶	〃	〃
子水	戌土	申金	申金	午火	辰土
子孫	父母	兄弟	兄弟	官鬼	父母

若依本人之禱告而斷者，先占求財，滿盤俱是財星，其財必得；後占丈人病者，父母臨月、日而不死。却不知二事皆從此人之念而出。神以前卦應丈人之病，財動尅父，丈人死於辰日。應辰日者，財爻屬土，辰乃土之墓耳。

後卦反應求財，兄爻持世而不得。若非留神，前後參悟，以前卦而斷求財，以後卦斷丈人之病者，令人噴飯[224]。予故曰：『一念止占一事，不妨早占晚占；心懷兩三事者，半夜求神，亦有錯矣。』

[224]『噴飯』，吃飯時大笑噴出飯來。形容非常可笑。——鼎升註

我事不可命人。

我心有事，不可叫他人代我去占：我之一念，他又一念，是二念也。曾有現任官府㉕，命家人代占防害。

卯月戌戌日，占主人目下有災晦否？得比之咸——

應	〃	子水	妻財		
	丶	戌土	兄弟		
	〤	申金	子孫	亥水	妻財
世	〤	卯木	官鬼	申金	子孫
	〃	巳火	父母		
	〃	未土	兄弟		

此卦若以本人之念，占防害者，最喜子孫剋世，剋去身邊之鬼而無憂也；若以家人占主，以父母爲用神，又以官爻而兼用，巳火父空，空而墓於戌日，卯官雖臨月建，難當叠叠之金，目下雖則無妨，秋來豈無險厄？豈知此卦竟應官府自己之念：世爻爲用，子孫剋世以解其憂。至申日聞信，有人往上司㉖揭告，被人勸阻，訟之未成。若以家人占主而决者，如天遠矣。然又不可執此卦以爲其法，間又有不應主人之念，而應家人之念者。故曰：『我事必要親占，命他人而代者，難取用神，必於不驗。』

㉕『官府』，指官吏。——鼎升註

㉖『上司』，屬吏對上級長官的通稱。——鼎升註

他具誠心，特欲問神，讓我先占，恐神不讓；我具誠心，早已舉念，我讓他占，神必應我。

曾於辰月癸未日，欲占功名，且讓尊長[227]而占子病。得姤之渙——

	丶	戌土	父母		
	丶	申金	兄弟		
應	○	午火	官鬼	未土	父母
	○	酉金	兄弟	午火	官鬼
	丶	亥水	子孫		
世	〃	丑土	父母		

[227]『尊長』，對地位或輩分高者的敬稱。——鼎升註

本人占功名，得天澤履——

	⚊	戌土	兄弟
世	⚊	申金	子孫
	⚊	午火	父母
	⚋	丑土	兄弟
應	⚊	卯木	官鬼
	⚊	巳火	父母

若以前卦斷子病者，其子必死。何也？亥水子孫，日月傷剋；世爻暗動，又傷子孫；元神酉金，又被午火剋壞：謂之『忌神旺而元神衰』，勢之必死。豈知本人舉念在前，前卦而應功名：午火官動而生世，世動官興，五月高[228]遷。

後卦竟應父占子病，申金子孫，日月生之，次日即愈。

---

[228]『高』，敦化堂本作『官』，李紱抄本作『榮』。——鼎升註

又如巳月辛巳日，占父病，忽遇官長(229)至，讓之先占。得井之升——

	〢	子水	父母	
世	○	戌土	妻財	亥水 父母
	〢	申金	官鬼	
	、	酉金	官鬼	
應	、	亥水	父母	
	〢	丑土	妻財	

此卦乃官長占目下缺出，四人止有三缺，問之我可得否？斷曰：申酉之官，俱逢空地，又被日月之尅，空而被尅，目下不能。幸得戌動生官，秋天必得。豈知此卦乃應前人占父病之卦也，戌土財動而尅父，亥水父爻日破、月破，元神空而被尅，死於戌日。

(229)『官長』，官吏，軍官。——鼎升註

及至官府去後，本人出而占之。得乾之家人——

世	丶	戌土	父母		
	丶	申金	兄弟		
	○	午火	官鬼	未土	父母
應	丶	辰土	父母		
	○	寅木	妻財	丑土	父母
	丶	子水	子孫		

寅、午兩爻，財、官俱動，三合世爻而成官局，若以父病而斷者，火局生父母，豈得死耶？殊不知應前官長之功名也：世在六爻，得缺廣東肇慶府[230]。此二卦何嘗不靈？豈知神不肯讓後人而得前人之卦也。

他事由他動念，慎勿提他。

他之心事，未動念而占，我提醒他叫他占者，乃我之念也。曾有父叫子占功名：

[230]『肇慶府』，治所在今廣東省高要市。——鼎升註

午月辛酉日，占功名。得萃變遯——

	ㄨ	未土	父母	戌土	父母
應	丶	酉金	兄弟		
	丶	亥水	子孫		
	ㄨ	卯木	妻財	申金	兄弟
世	〃	巳火	官鬼		
	〃	未土	父母		

此子十有一歲，父叫他占將來有功名否？若以官星持世，夏火當陽，未土父爻爲文章，父化進神，功名有望。豈知父叫子占，乃父之念也，此卦乃是父占子也：父動剋子，兄動傷妻，妻死於申月[231]，此子未年而死。未年死子者，未土父動，值未年以傷子也；夫應七月傷妻者，卯木財爻絕於申也。

予今亦嘗叫人而占，另有一法：先向伊曰，爾之某事須占一卦，目下我起之念，爾且莫占，待少刻忘懷，爾忽想起，另起念而占之，即爾之念也。屢驗。[232]

我占必以直告，切莫昧己。

此等極多，難以枚舉：有爲婚姻故占月令；有因功名故占流年；有現任官府欲望他人之缺，不便言

[231]『妻死於申月』，原本與敦化堂本俱無，據李紱抄本補。——鼎升註

[232] 李紱抄本前有『野鶴曰』三字。——鼎升註

之，故占在任之吉凶；有孝廉[233]不明言卜會試[234]，渾[235]問功名；有已革職，渾問功名；有已生子，故問有子否？

如未月癸亥日，占流年[236]。得艮卦——

世	丶	寅木	官鬼
	〃	子水	妻財
	〃	戌土	兄弟
應	丶	申金	子孫
	〃	午火	父母
	〃	辰土	兄弟

此人已往軍前[237]援例，故占流年，衹謂命有功名，流年必現。却不知占功名，以官爲官，最喜官星持世；占流年，以官爲鬼，不宜官鬼持世。予以此理告之。彼曰：煩人援例，不知成否？予曰：此卦官星持世，長生於亥日，業已成矣。亥水爲財，明明財旺生官。果於申日，文書、實收[238]俱到。應申日者，寅木官星持世，靜而逢沖之日也。若以流年作鬼斷者，如天遠矣。

---

[233]『孝廉』，明清兩代對舉人的稱呼。——鼎升註

[234]『會試』，清代科舉考試分鄉試、會試、殿試。鄉試取中者爲舉人，舉人經過磨勘和復試後可參加會試。會試每三年一科，即在鄉試之次年，丑未辰戌年春天在禮部舉行。會試的具體時間，清初定於二月，清雍正五年（公元1727年）將入場之期改爲三月，清乾隆十年（公元1745年）後成爲定例。會試取中者爲貢士，貢士再經復試即參加殿試。——鼎升註

[235]『渾』，蒙混；含糊。——鼎升註

[236]『流年』，一年的運道。——鼎升註

[237]『軍前』，戰場；前沿陣地。——鼎升註

[238]『實收』，官庫收納銀兩後所發給的收據。——鼎升註

又如子月乙酉日，占現任吉凶。得需卦——

		世			應
〃	、	〃	、	、	、
子水	戌土	申金	辰土	寅木	子水
妻財	兄弟	子孫	兄弟	官鬼	妻財

此公因本省有缺出，不便明問得否，故以現任吉凶而問，祇謂得缺，卦之必吉。殊不知《周易》之理，問缺之得否，子孫持世而不得；問現任之吉凶，子孫持世而休官。予必問明。公曰：問陞遷。予始告曰：此缺不得。果不得。若以占現任之吉凶者，休官之兆也！亦非天遠耶？

又如午月辛丑日，有商人[239]因母有病，故問流年。得益之无妄——

應	丶	卯木	兄弟	
	丶	巳火	子孫	
	ㄨ	未土	妻財	午火 子孫
世	〃	辰土	妻財	
	〃	寅木	兄弟	
	丶	子水	父母	

買賣人占流年者，自然以財爻爲重。此卦旺財持世，未土之財又動，當許發財；若以問母病斷之，最忌財爻發動，財動剋母，其母死於甲辰日，應世爻辰土出空之日也。後賢凡遇卜流年月令者，先以此理曉之，兩無誤矣！此卦若以發財而斷，豈無謗[240]耶？

占遠應近，務必留心。

天下之理生於動，有機則動。凡來占者，事在目前，心神迫情，兩心相感，起課之人精神亦聚，吉凶立見；若事尚無機，或占後運，或占不關切之事，甚有作戲談[241]而問，占卦之人不得已而應之，兩心毫無相攝[242]，卦亦茫然，卦之成者，或以遠而報近事，或以近事而報遠占。

---

[239]『有商人』，原本與敦化堂本俱無，據李紱抄本補。——鼎升註

[240]『謗』，議論或指責別人的過失。——鼎升註

[241]『戲談』，戲謔的言談。——鼎升註

[242]『相攝』，相關。——鼎升註

如未月丙辰日，占財。得咸之大過——

應	〃	未土	父母
	丶	酉金	兄弟
	丶	亥水	子孫
世	丶	申金	兄弟
	ㄨ	午火	官鬼　亥水　子孫
	〃	辰土	父母

此人閑問，家中常現白人[243]，必有古窖，何時得財？予曰：卦中鬼變子孫，目下子女不利。彼曰：小女出花[244]。予曰：須防亥日。果死於亥日。彼問何年[245]而得財，神報目下而死女。應亥日者，午火鬼化亥水子也。

---

[243]『人』，原本與敦化堂本、李紱抄本俱如此，如意堂本作『影』。疑爲『光』之誤。——鼎升註

[244]『出花』，出天花。天花，即痘疹，急性傳染病名，亦稱痘瘡或天瘡。症狀是先發高熱，全身出紅色的丘疹，變成疱疹，最後變成膿疱，中心凹陷，十天左右結痂，痂脫落後的疤痕就是麻子。種牛痘可以預防。——鼎升註

[245]『年』，原本與李紱抄本俱如此，敦化堂本作『時』。——鼎升註

又如酉月甲辰日，占本月月令。得遯之姤——

	丶	戌土	父母	
應	丶	申金	兄弟	
	丶	午火	官鬼	
	丶	申金	兄弟	
世	ㄨ	午火	官鬼	亥水 子孫
	〃	辰土	父母	

世爻[246]午火，亥水回頭尅世，辰年占卦，在午年子月而死。占月令而現壽元[247]，此亦占近而應遠也。

[246]『爻』，原本與敦化堂本俱作『化』，顯誤，據李紱抄本改。——鼎升註

[247]『壽元』，壽命；壽數。——鼎升註

又如申月戊辰日，占貿易。得比之井——

應			世		
〃	丶	〃	ㄨ	ㄨ	〃
子水	戌土	申金	卯木	巳火	未土
妻財	兄弟	子孫	官鬼	父母	兄弟
			酉金	亥水	
			子孫	妻財	

此人常[248]往外方貿易，偶爾閑問明歲利於何方。卦得世爻卯木，動化酉金沖剋，七月占卦，八月而死，猶神報之：大數已終，何必來年之問？

占此應彼，必須詳察。

大凡占出卦象，必須細爲詳查：卦有不應所問之事，而反應所未問之事。其故何也？神有舍小事而報大事，有舍小吉而報大凶，有舍此應彼，舍彼應此，占我應他，占他應我，乃旦夕[249]禍福將至，機之一動，卦之必現。故曰『知幾[250]其神』，此之謂也。

---

[248]『常』，原本與敦化堂本俱如此，李紱抄本作『嘗』。——鼎升註

[249]『旦夕』，早晨和晚上。形容短時間。——鼎升註

[250]『知幾』，謂有預見，看出事物發生變化的隱微徵兆。——鼎升註

如巳月己未日，占小廝[251]病。

	應			世		
	〃	丶	〃	ㄨ	〃	〃
	子水	戌土	申金	卯木	巳火	未土
	妻財	兄弟	子孫	官鬼	父母	兄弟
				申金		
				子孫		

予曰：此卦不應小廝[252]病，而應今秋功名有礙。彼曰：何也？予曰：世臨卯木之官，化申金子孫之尅，是以知之。彼曰：我問小廝，如何應在功名？予曰：神之幾[253]常常如此，舍小事而報大凶，神儆[254]公之諸事須宜慎也。果於七月被論革職。此占他而應我也。

---

[251]『小廝』，未成年的僮僕。——鼎升註

[252]『廝』，原本與敦化堂本俱作『子』，當誤，據李紱抄本改。後一處『廝』亦同。——鼎升註

[253]『幾』，苗頭。——鼎升註

[254]『儆』，音jǐng【井】。警示，警告。——鼎升註

又如申月戊寅日，占身病。得坤之比——

世應	爻	納甲	六親	變爻
世	〃	酉金	子孫	
	ㄨ	亥水	妻財	戌土 兄弟
	〃	丑土	兄弟	
應	〃	卯木	官鬼	
	〃	巳火	父母	
	〃	未土	兄弟	

斷曰：世爻酉金雖絕於寅日，幸而秋間旺相，自身不礙，須防九十月妻妾之危，以[255]亥水財爻化戌土回頭之尅。彼曰：我病甚重。予曰：子孫持世，不藥而愈。果然其病即愈，九月妻死。此又占我而應他也。

[255]『以』，原本與敦化堂本俱無，據李紱抄本與文意補。——鼎升註

又如卯月丙午日，占小人[256]口舌。得乾之需——

六神	世應	動	本卦		變卦	
青龍	世	〇	戌土	父母	子水	子孫
元武		丶	申金	兄弟		
白虎		〇	午火	官鬼	申金	兄弟
螣蛇	應	丶	辰土	父母		
勾陳		丶	寅木	妻財		
朱雀		丶	子水	子孫		

予曰：既占口舌，如何得此吉卦？公曰：有何吉處？予曰：青龍天喜文書持世，午火官星臨日建而生世，今年太歲在巳，歲君又生世爻，定有非常之喜，不出十日應之。公曰：小人口舌成非否？予曰：疑神之報，大喜之日即小人潛伏之時也。果於戊申日聞報[257]起用，小輩[258]潛形。應申日者，寅木財空，申日沖起寅木，以成三合之故耳。若不細加詳察，而以口舌斷者，又如天遠。

---

[256]『小人』，對地位低下的人的鄙稱；泛指品格卑下的人。——鼎升註

[257]『報』，向陞官或考中科舉的人家裏送的喜報。——鼎升註

[258]『小輩』，參前『小人』。——鼎升註

又如未月丁亥日，占母病。得坤之剝——

世　　　　　應
〤　⚋　⚋　⚋　⚋　⚋
酉金　亥水　丑土　卯木　巳火　未土
子孫　妻財　兄弟　官鬼　父母　兄弟
寅木
官鬼

斷曰：此卦不現母病，而現子女有災。彼曰：何也？予曰：令堂㉙近病，卦得六沖即愈。只不宜爻中現出子孫變鬼。伊曰：小兒初生兩月。曰：八月防之。果於八月其子驚風㉚，又來卜之。

㉙『令堂』，尊稱對方的母親。——鼎升註

㉚『驚風』，中醫兒科病名。心病主驚，肝病主風，小兒心熱肝盛，一觸驚受風，則生此症，謂之『驚風』，簡稱『驚』。有急性慢性兩種。——鼎升註

酉月丁卯日，占子病。得既濟之革——

應			世		
〃	丶	乂	丶	〃	丶
子水	戌土	申金	亥水	丑土	卯木
兄弟	官鬼	父母	兄弟	官鬼	子孫
		亥水			
		兄弟			

斷曰：卯木子孫臨月破，又動出申金傷尅，雖值日辰，難過酉日[261]卯日。彼曰：還有救否？予曰：向占母病，已應八月死子，今又得此凶卦，何以救之？果死於卯日。夫應卯日者，乃實破之日也。

予因好友貧困之極，攜銀數兩，親往贈之。彼尚未知，即浼[262]占卦，謂目下一事，約得二十餘金，不知得否？

---

[261]『日』，原本與敦化堂本、李紱抄本俱如此，如意堂本作『月』。——鼎升註

[262]『浼』，音měi【美】。托請，央求。——鼎升註

丑月甲申日，占得同人之離——

應	丶	戌土	子孫	
	○	申金	妻財	未土　子孫
	丶	午火	兄弟	
世	丶	亥水	官鬼	
	〃	丑土	子孫	
	丶	卯木	父母	

予曰：日建作財以生世，此財必得。問在何日可得？予曰：今日就得。彼曰：事尚未成，如何就得？予始悟曰：是也！我欲贈他，他尚未知，必神告曰：目下就見財矣，何必他問？予即與之。命他再占一卦，占得離卦，兄爻持世，卦得六沖。予曰：先得之卦，應我相贈之物；後卦全無影響。果然。此乃占彼而應此也。

李我平曰：《黄金策・千金賦》乃誠意先生㉖③所著，昔有人曰：有能易一字者，予以千金。後因刻板錯誤，以訛傳訛，致白玉生瑕㉖④。不意野鶴老人前後增刪，另作解註，以成全璧㉖⑤。予不能遺以千金，

---

(263)『誠意先生』，即劉基。明代政治家，字伯溫。精天文兵法，爲明太祖朱元璋平天下立下汗馬功勞，封誠意伯。《明史・劉基列傳》謂『基博通經史，於書無不窺，尤精象緯之學』。——鼎升註

(264)『白玉生瑕』，潔白的玉上有了斑點。比喻很好的人或物有了缺點。——鼎升註

(265)『全璧』，比喻完整而無缺損的東西。——鼎升註

從此名之曰『《萬金賦》』可也。

增刪卜易卷四終

增刪卜易・卷五

野鶴老人著
楚江李坦我平鑒定
湖南李文輝覺子增刪
山西李凡丁鼎升校註
婿陳文吉茂生
男茹芝山秀
仝訂

天時章第三十五（增刪《黃金策》）

天道旱澇不時，易爻陰晴可測。

古以『晴雨之占，不可以自試其術而輕瀆①鬼神，如亢旱②求雨，澇③則求晴，始可卜之』。予曰：不然，正可以此試其術也。何也？卦之微妙，初學難知，以人事而試者，取驗不速，以天時而試者，目前見效。天時之陰晴，人間之禍福，皆不離乎五行，天時得驗，人事驗矣！予初學卜，皆賴天時之巧應，得其微奧之旨趣④也。

---

①『輕瀆』，輕慢褻瀆。——鼎升註
②『亢旱』，長久不下雨，乾旱情形嚴重；大旱。——鼎升註
③『澇』，水淹沒；雨多成災。——鼎升註
④『旨趣』，宗旨及意圖。——鼎升註

子孫爲日月星斗⑤，動則萬里晴光。

《黃金策》以『財動者，八方咸仰晴光⑥』，非也。子孫發動，萬里無雲，子爲妻財之元神⑦，財動雖晴，倘如子孫休囚空破，或現而不動者，必不大晴，常有浮雲薄霧。

如卯月甲午日，占晴。

〃	戌土	兄弟		
ㄨ	申金	子孫		酉金 子孫
丶	午火	父母	世	
丶	辰土	兄弟		
丶	寅木	官鬼		
丶	子水	妻財	應	

申金子動化進神，申酉日碧天如洗。

或曰：凡存占驗，當存奇徵巧驗，此卦顯而易見，何故錄之？予曰：令初學者易知，由淺以入深也。奇驗奧理，後卷有之。

⑤『星斗』，泛指星星。——鼎升註

⑥《卜筮全書・黃金策・天時》原文作：『妻財發動，八方咸仰晴光。』——鼎升註

⑦『子爲妻財之原神』，原本與敦化堂本、李紱抄本俱作『財爲子孫之原神』，顯誤，據如意堂本與文意改。——鼎升註

父母爲雨雪雹霜，發則八方潤澤。

凡占須宜分禱，或求晴、或求雨、或求雪求霜，念專於一而神告矣。又宜分請求於何地，禱曰：城內雨否，晴否？或占某鄉、或占某省，不然天下何日不晴，何日不雨？指其地而占之可也。法以『父母爲天地，天地閉塞而日月掩藏』，此亦近理。予以父母爲濃雲重霧，父動傷子，掩其日月也，所以父爻發動，雲霧迷天，日月掩藏而雨矣。

如巳月甲戌日，占天何日雨。得小過之旅——

	ㄨ	戌土	父母	巳火 官鬼
	〃	申金	兄弟	
世	丶	午火	官鬼	
	丶	申金	兄弟	
	〃	午火	官鬼	
應	〃	辰土	父母	

因連日大晴，本日卯時占何日雨。即於辰時起雲，辰末巳初雷雨交作。應辰時者，戌日沖辰父而暗動；雷雨交作者，戌化巳火鬼也。

妻財天氣晴明。

財動尅父而化子孫回頭生⑧，所以主晴。

⑧原本與敦化堂本、李紱抄本俱作『財動尅父而生子孫』，顯誤，據如意堂本與文意改。——鼎升註

如酉月乙巳⑨日，占本日陰晴。得升之恒——

	〻	酉金	官鬼	
	〻	亥水	父母	
世	✕	丑土	妻財	午火 子孫
	丶	酉金	官鬼	
	丶	亥水	父母	
應	〻	丑土	妻財	

此卦丑土財動化出午火子孫，上半日雖晴，常有浮雲掩日，自午時之後，滿天紅日無雲。所以財爻雖主晴明，難免無雲，必至午時而見子孫，始大晴也。

官鬼雷霆霧電。

官鬼乃父母之元辰，動則生父，故主雷霆霧電：或爲黑雲，或應雷霆。不拘春夏秋冬，不可執以爲雷，濃雲黑霧者是也。

⑨『乙巳』，敦化堂本作『乙丑』。——鼎升註

如巳月丁卯日，占天何日雨。得恒之大過——

應	〃	戌土	妻財	
	〆	申金	官鬼	酉金　官鬼
	丶	午火	子孫	
世	丶	酉金	官鬼	
	丶	亥水	父母	
	〃	丑土	妻財	

世爻酉鬼暗動，申鬼明動化進神，本日申時霹靂驚天，遠方大雨，而本處灑來幾點。或曰：想因父爻月破。予曰：非也。父爻若動，雖臨月破，亦有大雨。

應乃太虛⑩，逢空，雨晴難定；世爲大塊⑪，受尅，天變非常。

覺子曰：占雨用父爻，占晴用子孫及財爻，與世應何干？予嘗占雨占晴，一卦不現，再占兩卦；六爻不動者，務必求其動而驗之。何故而曰『雨晴難定』？假使人問趨避，亦可答曰『我難定』耶？至於世爻受尅而天變者，或係偶然凑合一兩卦耳，何得以之爲法？予常⑫占得官父兄爻尅世者不少，未見天變。此二句宜删之。

---

⑩『太虛』，天空。——鼎升註

⑪『大塊』，地。——鼎升註

⑫『常』，敦化堂本作『嘗』。——鼎升註

若論風雲，全憑兄弟。

兄弟發動雖主風雲，乃雲淡風輕之景、非晴非雨之天。每見兄動而日月於雲中穿走，乍隱乍出耳。

如午月丁亥日，占本日陰晴。得遯之否——

應	丶	戌土	父母	
	丶	申金	兄弟	
	丶	午火	官鬼	
	○	申金	兄弟	卯木 妻財
世	丶丶	午火	官鬼	
	丶丶	辰土	父母	

或曰：兄動爲風雲，今日還是陰天。予曰：申時要見日色。彼曰：何也？予曰：申金兄爻爲雲，化出卯木財爻，是由雲霧中變出日色之象。果一日陰雲，申時而見日色，次日卯時大晴。

更詳四季推詳，須配五行參決。

《黃金策》曰：『父母爻四時主雨，若臨金水，雨大而未止；若臨火土，雨小而不久。⑬』

覺子曰：此係不論衰旺，四時皆以父臨水則雨大，臨火則雨小。既不論旺衰，如何後章又曰『父持月建，必然陰雨連旬』？假使巳午未月火土當令之時，正大雨施行之際，若值父臨火土而發動，如以旺

⑬《卜筮全書・黃金策・天時》原文作：『凡占天時，固不可以水火爲主，若五類所臨，亦憑參究。父母爻四時主雨，若臨金水，雨乃未止；臨火土，雖雨不久。但臨土則雨雖止而雲不散，臨木則有風有雨之象也。』——鼎升註

衰而斷者，當主陰雨連旬；若以五行參决論火土者，當斷之雨小。古法之謬，何以不刪？

更可笑者，舊註有云：『冬天以子孫爲霜雪。⑭』既以子孫爲霜雪，倘值冬令占晴，以何爻而爲日月？

昔賢悖理之謬，當時而不省悟者，何也？

（鼎升曰：此條文之下，自『《黃金策》曰』至『當時而不省悟者，何也？』，敦化堂本與原本大不相同。敦化堂本如下：

《黃金策》曰：『父母爻四時主雨，若臨金水，雨大而未止；若臨火土，雨小而不久。』

覺子曰：此係不論衰旺，四時皆以父臨水則雨大，臨火則雨小。既不論衰旺，如何後章又曰『父持月建，必然陰雨連旬』？假使巳午未月火土當令之時，正大雨施行之際，若值父臨火土，斷之陰雨連旬耶，雨小不久耶？

又曰：『冬天與正月，子孫發動爲霜雪。』既以子動爲霜雪，父動鬼動又爲霜雪，執此論之，冬天竟無晴⑮日矣！

予又疑而問之，『父持月建，陰雨連旬』，假使子月占得子孫臨子水，乃是子孫持月建，自當累日晴明，若又以之爲霜雪，予不知以何物而持月建斷之連日晴明？）

---

⑭《卜筮全書・黃金策・天時》原文作：『子孫爻臨金，四時皆爲星月。屬陽，則冬與正月爲冰霜，……臨水，正月與冬季爲冰雹雪霜……』——鼎升註

⑮『晴』，敦化堂本作『時』，顯誤，據文意改。——鼎升註

如子月己亥日，因連日雪，占何日晴。

	○	卯木	妻財	子水 子孫
	丶	巳火	官鬼	
世	〃	未土	父母	
	〃	卯木	妻財	
	〃	巳火	官鬼	
應	〃	未土	父母	

斷曰：兩爻火鬼暗動，今日還是陰天；卯木財爻化出子水子孫，明日卯時必晴。果於次日卯時雲開日出。此子水者，既臨月建，又有亥日拱之，旺之無比，若以之爲霜雪，不獨不晴，即當雪深十尺。所以占天時不論旺衰，亦未有以子孫爲霜雪也。

晴或逢官，爲烟爲霧。

舊註：『卦得晴兆，爻中又有鬼動者，必有濃雲重霧，或惡風晦暗，冬或大寒，夏或大熱，必非風和日麗之天。⑯』予以此論有理，但須分別時辰。

---

⑯《卜筮全書·黄金策·天時》原文作：『卦得晴兆，鬼亦動者，必有濃烟重霧，或惡風，或陰晦，冬或大寒，夏或大熱，或有日月薄蝕之變，必非風和日麗、天晴月皎之候。』——鼎升註

即如辰月己卯日，占本日陰晴。得屯之臨——

應			世		
〃	○	〃	〃	ㄨ	丶
子水	戌土	申金	辰土	寅木	子水
兄弟	官鬼	父母	官鬼	子孫	兄弟
	亥水			卯木	
	兄弟			子孫	

斷曰：寅木子孫化進神，今日大晴；五爻戌土鬼動，戌亥時必起黑雲。果於戌時星斗無光。若以一日之烟霧斷者，錯也。

雨而遇福，爲電爲虹。

謂『卦得有雨之象，子孫亦動者，非有閃電，則有彩虹⑰』，予亦以之爲非。

---

⑰『卦得有雨之象，子孫亦動者，非有閃電，則有彩虹』，《卜筮全書・黃金策・天時》原文作：『卦得雨兆，子孫亦動者，非有閃電，則有彩虹。』——鼎升註

如辰月丙辰日，因連日陰雨，占本日晴否？得困之比——

	〃	未土	父母	
	、	酉金	兄弟	
應	○	亥水	子孫	申金　兄弟
	〃	午火	官鬼	
	○	辰土	父母	巳火　官鬼
世	〃	寅木	妻財	

此卦二爻辰土，既是父持月建，又持日辰，化出巳火生之，豈非有雨之兆？而亥水子孫發動化出申金，予竟不以虹霓斷之，許申時天開，亥時大晴。果於亥時萬里無雲。子孫爲日月星斗，勿以之爲雹⑱爲虹。

三合成財，問雨難堪入卦。

三合財局子孫局者，主晴；三合父局主雨。

三合鬼局，黑霧迷天，或雷雹閃爍；三合木局，主風。

五鄉連父，求晴怪殺臨空。

舊註謂：『父爻空而無雨，子孫及財爻空而不晴。⑲』

---

⑱『雹』，原本與敦化堂本俱作『雲』，當誤，據李紱抄本與文意改。——鼎升註

⑲《卜筮全書·黃金策·天時》原文作：『五鄉，財官父兄子也。五類中唯父母爲雨，此爻空亡或休囚不動，雨未可望。若遇動爻化出父母則主有雨，化出財爻則主晴也。』——鼎升註

予常⑳占雨，父母休囚不動，果是難望；若值空者，勿謂無望：常得父爻動而逢空，不應沖空之日，即應填實之期，百靈百驗。財與子孫空者，亦同此推。

財化鬼，晴明不久。

舊係「財化鬼，陰晴未定」，非也。

如巳月甲寅日，因連日晴，占何日雨。得既濟變蹇——

應			世		
〃	、	〃	、	〃	○
子水	戌土	申金	亥水	丑土	卯木
兄弟	官鬼	父母	兄弟	官鬼	子孫
					辰土
					官鬼

若以「財化鬼，陰晴未定」，此卦卯木子孫化辰土鬼，豈可曰「陰晴而未定」耶？殊不知卯木子，卯日晴；辰土鬼，辰日天變則不晴矣。予斷辰日天陰，巳日必雨。何以知其巳日雨？卦中申金父爻暗動，動而逢合之日。果於辰日天變，巳日大雨。故曰：「子孫財爻化鬼，晴之不久」；父動化財化子，乃㉑雨之不久，非「陰晴而難定」也。

⑳「常」，敦化堂本作「嘗」。——鼎升註

㉑「乃」，敦化堂本作「皆」。——鼎升註

父化兄，風雨靡常㉒。

『父化兄，父化鬼，或卦中父動兄動，皆主風雨交作。若論前後，動者爲先，變者爲後。㉓』即如兄化父，先風而後雨；鬼化父，春夏占者，先雷後雨。

覺子曰：鬼動雖爲雷電，應雷者少，黑雲者多，不可執之。

母化子，雨後晴明；弟化孫，雲開日出。

舊係『母化子，長虹垂螮蝀㉔』，非也。

如午月乙卯日，因連日雨，本日亦雨，占何日晴。

✕	酉金	父母		寅木	子孫
ヽヽ	亥水	兄弟			
ヽヽ	丑土	官鬼	世		
ヽ	亥水	兄弟			
ヽヽ	丑土	官鬼			
○	卯木	子孫	應	辰土	官鬼

㉒『靡常』，無常，沒有一定的規律。——鼎升註

㉓《卜筮全書·黃金策·天時》原文作：『父主雨，兄主風，兩爻相化，或俱發動，皆主風雨交作。凡論先後，當以動者爲先，變者爲後。』——鼎升註

㉔『母化子，長虹垂螮蝀』，《卜筮全書·黃金策·天時》原文作：『母化子孫，雨後長虹垂螮蝀。』『螮蝀』，音dìdōng【地東】。虹的別稱。原本與敦化堂本俱作『帶蝀』，顯誤，據李紱抄本改。——鼎升註

予告吾友曰：今日酉時必見紅輪㉕西墜，明日還是陰天。彼曰：何也？予曰：上爻酉父化子，今日酉時見日；初爻卯木化辰鬼，明朝辰日必是陰雲。果於酉時忽爾㉖天開見日色，次日迷雲而不雨。

父持月建，必然陰雨連旬。

舊註：『父母臨月建而動者，雨必不止。㉗』

野鶴曰：此以旺衰而言，予試不驗。

如午月丙午日，占何日雨。得大壯之升卦——

	丶丶	戌土	兄弟	
	丶丶	申金	子孫	
世	○	午火	父母	丑土 兄弟
	丶	辰土	兄弟	
	丶	寅木	官鬼	
應	○	子水	妻財	丑土 兄弟

㉕『紅輪』，比喻紅日。——鼎升註

㉖『忽爾』，忽然；突然。——鼎升註

㉗《卜筮全書・黃金策・天時》原文作：『卦中六親皆不宜臨月建，唯子孫一爻遇之爲吉，其他如父臨之必主久雨……』——鼎升註

又如申月丙辰日，占何日雨。得坎之困——

世	‖	子水	兄弟	
	丶	戌土	官鬼	
	ㄨ	申金	父母	亥水 兄弟
應	‖	午火	妻財	
	丶	辰土	官鬼	
	‖	寅木	子孫	

前卦午火父動，未時一陣大雨，酉時即晴；後卦申金父動，庚申日雨，辛酉日半陰半晴，亥時大晴。前卦不惟父持月建，且臨日辰；後卦父持月建，辰日生之，旺莫旺如此也：似此之旺，且無風雨連旬，而況他乎？予試天時，旺衰不論。

兄坐長生，擬定狂風累日。

如辰月戊申日，占本日陰晴。得中孚之小畜——

、	卯木	官鬼	
、	巳火	父母	
〃	未土	兄弟	世
ㄨ	丑土	兄弟	辰土 兄弟
、	卯木	官鬼	
、	巳火	父母	應

丑土兄動化進神，臨月令，又長生於申日，若論旺衰，旺之無比，並不見狂風累日，只見一日陰雲而已。

或曰：兄動化進神，不見狂風者，以何爻而主狂風？予曰：木動化進神，乃狂風耳。

父財無助，旱潦有常。

舊註：『官鬼空伏，父母無氣，而財爻旺動者，必旱；子孫空伏，妻財無氣，而父爻旺動者，必潦，再遇日月動爻生扶者，潦必至於浸沒。㉘』

㉘《卜筮全書・黄金策・天時》原文作：『官鬼空伏，父母無氣，而財爻旺動者，必旱；子孫空伏，妻財無氣，而父爻旺動者，必潦。凡遇此象，最怕日月動爻又來生扶合併，則潦必至浸沒，旱必至枯槁。如父財二爻雖或旺動，却有制伏，或居死墓絕之地又無扶助者，雖旱有日，雖潦有時，必不爲害。』——鼎升註

覺子曰：若重旺衰，此論何嘗無理？予存四十餘年之占驗，天時無日不占，時當潦者，鬼動亦雨，兄動亦雨，父鬼休囚無氣者，動亦有雨；時當旱者，父持月建，亦不過濃雲重霧，灑塵而已。故章後有云：『競發父官，連朝風雨。㉙』凡遇卦中父鬼亂發，而雨水連綿而不止也。

福德帶刑，日月必蝕。

此乃特占日月之論，不可以占陰晴之卦偶而湊合者而妄斷也。

雨嫌妻位以逢沖。

占雨，倘父爻不動而妻財暗動者，還主晴明。

占晴，若子財不動而父母暗動者，還主有雨。

晴利父官而化退。

舊係『晴利父爻之入墓』，謂『父爻入墓，或動而化墓，必主晴明㉚』。予以爲非。父爻入墓，沖開之時則雨，何得利於占晴？惟父動化退神，勢必晴也。

㉙後文作：『競發父官，連朝猛雨。』——鼎升註

㉚『父爻入墓，或動而化墓，必主晴明』，《卜筮全書·黃金策·天時》原文作：『墓主晦滯。父爻動入，即是雨意，終不沾濡；財爻動入，亦是陰晴氣候。入墓亦然。』——鼎升註

如丑月戊辰日，久雪占晴。得隨之震——

應			世		
〃	○	丶	〃	〃	丶
未土	酉金	亥水	辰土	寅木	子水
妻財	官鬼	父母	妻財	兄弟	父母
	申金				
	官鬼				

斷曰：鬼化退神，雪㉛將止矣！果於酉時霧散天開。凡得父化退神，雨亦將止；兄動化退神，雲將開矣；子孫財爻化退者，晴不久矣。

子伏財飛，淡雲輕霧。

舊係『子伏財飛，曝夫猶抑鬱㉜』，謂『財動雖主晴明，若子孫休囚空伏，乃陰晴之象㉝』。予以此論是理。此章首句，原係『妻財發動，八方咸仰晴光』，予故改曰『子孫發動，萬里晴光』，實此意耳。

㉛『雪』，原本與敦化堂本俱作『雨』，顯誤，據李紱抄本與文意改。——鼎升註

㉜『子伏財飛，曝夫猶抑鬱』，《卜筮全書・黃金策・天時》原文作：『子伏財飛，檐下曝夫猶抑鬱。』『曝』，音pù【瀑】。曬。——鼎升註

㉝『財動雖主晴明，若子孫休囚空伏，乃陰晴之象』，《卜筮全書・黃金策・天時》原文作：『大抵占晴，以財爲主。若徒有財而無子孫，或居空地而又變弱，此日有陰晴之象。』——鼎升註

父衰鬼旺，少雨濃雲。

占雨以父爻爲主。若父爻不動，又不暗動，而官鬼動者，必主濃雲厚霧而無雨也。倘爻中變出父母者，不拘㉞旺衰，皆主有雨。

卦值暗沖，雖空有望。

父母官鬼，靜而逢空，日建沖之主雨。

子孫財爻，靜而逢空，日建沖之主晴。

木臨兄鬼，靜而逢空，日建沖之主風。

兄弟臨空，日建沖之，主輕風薄霧。

如巳㉟月己卯日，占何日晴。得離卦——

世	丶	巳火	兄弟
	丷	未土	子孫
	丶	酉金	妻財
應	丶	亥水	官鬼
	丷	丑土	子孫
	丶	卯木	父母

酉財旬空，本日日建沖動，次日即晴，乃應動而逢合之日。

福興被尅，沖則成功。

子孫爻動而化回頭尅，或被動爻尅，須待沖去尅神之日則晴。父母財爻動化尅者，同此斷之。

㉞『拘』，原本與敦化堂本俱作『俱』，當誤，據李紱抄本與文意改。——鼎升註

㉟『巳』，敦化堂本作『乙巳』。——鼎升註

如丑月甲戌日，占何日雨。得震之豫——

世	〃	戌土	妻財	
	〃	申金	官鬼	
	、	午火	子孫	
應	〃	辰土	妻財	
	〃	寅木	兄弟	
	○	子水	父母	未土 妻財

子水父動，被未土回頭尅住，丑日而雨。夫應丑日者，沖去未土，合起子水父母而雨也。

覺子曰：舊係『爻逢合住，總動無功』，非也。合住父爻，沖開之日必雨；合住財爻，沖開之日時必晴。何謂『無功』？故删之。

木動生風，風伯㊱肆虐。

舊有『兄弟木興係巽風，馮夷肆虐㊲』。

覺子曰：木動生風，不在乎震與巽也。臨子父，值財官，皆主有風，不在乎臨於兄弟。惟化進神則風大，否則風小，亦不在乎化水化火。

㊱『風伯』，即風神，字飛廉，能興疾風。——鼎升註

㊲『兄弟木興係巽風，馮夷肆虐』，《卜筮全書・黃金策・天時》原文作：『兄弟木興係巽風，而馮夷何其肆虐。』『馮夷』，河神名。一說為河神之妻，一說為雨神名。——鼎升註

金空則響，電母㊳施威。

金鬼動而逢空，若遇本日日建相沖，或後遇沖空實空之日，必然動雷，謂之『金空則響』。金化金者，迅雷霹靂；火鬼動者，電掣金蛇㊴。

此雖屢試屢驗，當決於雷作之時，勿斷於收聲之後。

動而合，靜而沖，勿臨月破。

父母主雨，官鬼主濃雲雷電，子孫財爻主晴。

動者，逢值逢合之日；靜者，逢值逢沖之日。若靜而逢月破者，則不應之；動而破者，亦應實破之日。

如辰月癸卯日，因晴，占何日雨。得蹇卦——

		世			應
〃	、	〃	、	〃	〃
子水	戌土	申金	申金	午火	辰土
子孫	父母	兄弟	兄弟	官鬼	父母

或曰：卦中辰、戌父爻，月建又是父爻，明日辰日沖動戌父，必然有雨。予曰：戌臨月破，如何有雨？陰雲而已。果於次日常見陰雲。

㊳『電母』，司閃電之神。——鼎升註

㊴『金蛇』，喻閃電之光。——鼎升註

沖則應，填則實，最喜動空。

人以爲空則無功，殊不知動而空者，占晴占雨，若非沖空之日，定應填實之朝。

如未月丙午日，占何日雨。得離之旅卦——

世	丶	巳火	兄弟	
	〃	未土	子孫	
	丶	酉金	妻財	
應	丶	亥水	官鬼	
	〃	丑土	子孫	
	○	卯木	父母	辰土 子孫

斷曰：卯木父動，臨於旬空，己酉日若不雨者，卯日必雨。或曰：如何定在兩日？予曰：不難，爾再占一卦。又得離卦不動。予曰：此卦還與前卦相同，爾再占一卦。

又得艮之謙——

世	○	寅木	官鬼	酉金 子孫
	〃	子水	妻財	
	〃	戌土	兄弟	
應	丶	申金	子孫	
	〃	午火	父母	
	〃	辰土	兄弟	

斷曰：甲寅日陰雲，乙卯日必雨，辰日而又晴矣。彼曰：何以知之？予曰：此卦又是寅木鬼動，值旬空，出空之日必於天變；前卦卯木父，變辰土子孫，故知卯日必雨，辰日必晴。果於寅日密雲，卯日大雨，辰日大晴。所以動則不爲空矣。

雨遇財興，欲雨須得財墓絕。

占雨須宜父動鬼動，倘父鬼不動，又見財與子孫動者，須待財爻入墓之日及臨絕之日，纔得有雨。

占晴須宜財動子動，倘若父母又動，須待父爻臨墓絕之日，方能得晴。

如戌月丙午日，占何日雨。得坎之井——

世	〃	子水	兄弟	
	丶	戌土	官鬼	
	〃	申金	父母	
應	乂	午火	妻財	酉金 父母
	丶	辰土	官鬼	
	〃	寅木	子孫	

或曰：今日占雨，如何又動財爻？想是大旱而無雨也。予曰：非也。化出酉父，酉日就當有雨，但因日建又是午火，必待戌日午火入墓，方纔有雨。果於酉日天變，戌日而雨：午火財爻墓於戌也。

晴逢子動，望晴只待子逢生。

占晴得子財動，占雨得父動，後逢長生之日應之。

如卯月丁巳㊵日，占何日雨。得渙之坎——

世	○	卯木	父母	子水	官鬼
	、	巳火	兄弟		
	〃	未土	子孫		
	〃	午火	兄弟		
應	、	辰土	子孫		
	〃	寅木	父母		

卯木父動，當應在卯戌日而雨，却應長生亥日。

競發父官，連朝猛雨。

卦中父、鬼重疊，或又鬼變父、父變鬼，父化兄、兄化父，或連日又占，並不見子孫財爻發動者，一定連旬風雨。

㊵『巳』，敦化堂本作『丑』。——鼎升註

如午月乙卯日，占天何日晴。得晋之歸妹——

世　　　　　　應
○　〃　丶　〃　ㄨ　ㄨ
巳火　未土　酉金　卯木　巳火　未土
官鬼　父母　兄弟　妻財　官鬼　父母
戌土　　　　　　卯木　巳火
父母　　　　　　妻財　官鬼

斷曰：父、鬼疊見，乃連朝風雨之象。次日又占，又是鬼、父同興。果雨四十餘日。

多逢財子，累日晴明。

未月甲午日，占天何日雨。得屯變中孚㊶——

應　　　　　世

ㄨ　丶　〃　〃　ㄨ　丶

子水　戌土　申金　辰土　寅木　子水

兄弟　官鬼　父母　官鬼　子孫　兄弟

卯木　　　　　　　　卯木

子孫　　　　　　　　子孫

大旱望雲霓。㊷ 卦中父爻不動，子孫重疊化進神，疑其木爻入墓之日必雨。又令他人占之，又得財興子動。次日又占，並無父動鬼動，知其旱矣。果於兩月不雨。

卦得反吟，晴雨終須反復。

㊶『中孚』，原本與敦化堂本、李紱抄本俱作『益』，顯誤，據諸本實際卦象改。——鼎升註

㊷語出《孟子・梁惠王下》：『民望之，若大旱之望雲霓也。』好像大旱的時候盼望寸水一樣。比喻渴望解除困境。『雲霓』，下雨的徵兆。——鼎升註

如辰月庚寅日，占何日晴。得觀之升——

		世			應
〇	〇	〃	ㄨ	ㄨ	〃
卯木	巳火	未土	卯木	巳火	未土
妻財	官鬼	父母	妻財	官鬼	父母
酉金	亥水		酉金	亥水	
兄弟	子孫		兄弟	子孫	

斷曰：卯木財現，明日必晴，但卦得內外反吟，晴而還雨。果於次日晴，晴而又雨。

爻逢伏象，旱潦必待沖開。

伏吟卦，動如不動。子財動者，沖開之日必晴；父爻動者，沖開之日必雨。

如辰月甲戌日，占雨。得大壯變震卦——

	丶丶	戌土	兄弟		
	丶丶	申金	子孫		
世	丶	午火	父母		
	○	辰土	兄弟	辰土	兄弟
	○	寅木	官鬼	寅木	官鬼
應	丶	子水	妻財		

占雨，父爻不動，兄鬼同動，木動生風，無雨而有風也。即於本日申時沖開寅木，拔木狂風。

合父，鬼沖開，有雷則雨；合財，兄剋破，無風不晴。

父母合住，本主不雨，若遇鬼動沖開，必待雷震而後有雨；卦中若無鬼爻動，而他爻沖動者，亦必有雨；他爻又無沖動者，須待沖開之日有雨。財子兩爻被合，亦同此推。

覺子曰：合父，鬼沖開，沖開之日必雨；合財合子，沖剋之日必晴。有雷有風者，乃偶然耳，不必執之。

半晴半雨，卦中財父同興。

舊註：『妻財、父母同興，或是子孫、鬼爻同動，必然半晴半雨。㊸』予以此論亦謬，殊不知各應其時。

㊸《卜筮全書・黃金策・天時》原文作：『妻財、父母俱動，必然半雨半晴。』——鼎升註

如酉月癸未日，占何日晴。得訟之兌㊹——

　　世　　　應
○　丶　丶　〃　丶　ㄨ
戌土　申金　午火　午火　辰土　寅木
子孫　妻財　兄弟　兄弟　子孫　父母
未土　　　　　　　　　　巳火
子孫　　　　　　　　　　兄弟

此卦子孫、父母同興，寅木父化巳火兄，又是一日陰雨，直至戌時，天開而見星斗。應戌時晴者，戌土子孫而值時也。

又雨又晴，爻上母子皆動。

㊹『兌』，原本與敦化堂本、李紱抄本俱作『隨』，顯誤，據諸本實際卦象改。——鼎升註

如巳月丙申日，占何日雨。得臨之蒙——

	ㄨ	酉金	子孫	寅木	官鬼
應	〃	亥水	妻財		
	〃	丑土	兄弟		
	〃	丑土	兄弟		
世	、	卯木	官鬼		
	○	巳火	父母	寅木	官鬼

卦中父母、子孫同動，因巳火父空，亥日沖空則實，亥日而雨，即於亥日酉時晴。應酉時者，上爻動出酉金子孫之故耳。

前卦父與子孫同動，戊土子孫，應本日戌時晴。

後卦父與子孫同動，應他日之雨、晴之時也。

覺子曰：即此兩卦論，陰晴各有其時，豈可謂之『半雨半晴』耶？

若知占遠應近，可稱爲神。

如酉月初五戊子日，占中秋月。得小過之豐——

	〃	戌土	父母	
	〃	申金	兄弟	
世	、	午火	官鬼	
	、	申金	兄弟	
	〃	午火	官鬼	
應	乂	辰土	父母	卯木 妻財

卦中辰父發動，當許中秋有雨，殊不知應在初九辰日即雨。

即於壬辰日，又占中秋晴否？

	、	卯木	兄弟	
	、	巳火	子孫	
應	〃	未土	妻財	
	○	辰土	妻財	丑土 妻財
	、	寅木	兄弟	
世	、	子水	父母	

癸巳日又占，得屯之中孚——

	〤	子水	兄弟	卯木	子孫
應	丶	戌土	官鬼		
	〃	申金	父母		
	〃	辰土	官鬼		
世	〤	寅木	子孫	卯木	子孫
	丶	子水	兄弟		

一卦財動，一卦子動，並不見父鬼爻動，知其必晴。果於中秋夜，月朗星稀。

識得卜日應時，方得其奧。

辰月癸巳日，占甲午日竪造㊺，此日雨否？

	○	戌土	父母	未土	父母
應	丶	申金	兄弟		
	丶	午火	官鬼		
	丶	申金	兄弟		
世	〃	午火	官鬼		
	〃	辰土	父母		

㊺『竪造』，修繕建造各種建築物，如動土、修竈、拆竈、作竈、安竈、起基、造廟、造橋、開渠、蓋屋等。——鼎升註

彼以父動有雨。予曰：常見占日應時。且看今日申戌時而無雨者，明日實有雨也。果於本日申時雨。彼又問曰：如何申時雨？予曰：戌土長生在申。又問：雨久遠否？予曰：父化退神，雨之不久，明日必晴。果於次日大晴。

野鶴曰：或問予曰：有動而逢合逢值，可能實知其一日也？予曰：昔人不知多占之法，亦不明其此理，錯斷有之。天機未肯全洩，全在人之通變。聖人立教㊻，設此天時，教人以驗人事：即如子孫持世發動，占天時者，皓日當空，無雲點綴，及至墓絕之日，黑暗無光；若占身命，烈烈轟轟，揚揚得志，後逢墓衰之年，災、非同至。故予首言教人以天時而驗人事，取效之速。今欲實知一日者不難。曾因官長有事，命在旦夕，因占得子孫持世，勸之勿憂，必蒙赦宥㊼。彼不肯信，意欲先尋自盡。予設一法。

酉月丙子日，占何日雨。得蒙之臨——

	○	寅木	父母	酉金	妻財
	、、	子水	官鬼		
世	、、	戌土	子孫		
	、、	午火	兄弟		
	、	辰土	子孫		
應	ㄨ	寅木	父母	巳火	兄弟

上下寅木父動，明知寅日必雨。

㊻『立教』，樹立教化；進行教導。——鼎升註

㊼『赦宥』，音shèyòu【射又】。饒恕，赦免。——鼎升註

再叫人占何日雨，又得大壯變泰卦——

世	〃	戌土	兄弟	
	〃	申金	子孫	
	〇	午火	父母	丑土 兄弟
	丶	辰土	兄弟	
應	丶	寅木	官鬼	
	丶	子水	妻財	

前卦寅木父，當應寅日；此卦午火父，火長生於寅，亦是寅日。

又叫人占，得隨之屯——

應	〃	未土	妻財	
	丶	酉金	官鬼	
	〇	亥水	父母	申金 官鬼
世	〃	辰土	妻財	
	〃	寅木	兄弟	
	丶	子水	父母	

又見亥水父動，知寅日而必雨也。何也？亥水父動，動而逢合之日，亦應寅日。

又至寅日五更，又占本日何時有雨？得睽之履——

父母	巳火	丶		
兄弟	未土	ㄨ		申金 子孫
子孫	酉金	丶	世	
兄弟	丑土	〃		
官鬼	卯木	丶		
父母	巳火	丶	應	

予以前三卦俱應寅日而雨，此卦未土動變申金子孫，此應一爻獨發，知其未時必雨，申時大晴。清晨往彼安慰而曰：卜公之卦，子孫持世無憂，公不肯信，試看今日未時雨，申時晴者，公知我卦之靈，從此不須憂也。彼留於家。見午末未初，雨從西南而來，未時大雨，申時雲散天開。合家喜曰：真神卦也！予曰：既知天時，何難知其人事？公宜寬心。遲半月，果蒙恩赦㊽。

或曰：未土兄動，如何指定未時必雨？予曰：神已報定寅日雨矣，今日再問者，又報晴時。不然目下已是晴天，如何又現申金子孫，申時晴耶？全在靈機通變耳。

㊽『恩赦』，由帝王特恩赦免罪犯。——鼎升註

辰月丙子日，因雨占晴。得巽之姤——

世　　　應
ヽ　ヽ　ㄨ　ヽ　ヽ　〃
卯木　巳火　未土　酉金　亥水　丑土
兄弟　子孫　妻財　官鬼　父母　妻財
　　　午火
　　　子孫

又叫人占，姤之乾——

　　　應　　　世
ヽ　ヽ　ヽ　ヽ　ヽ　ㄨ
戌土　申金　午火　酉金　亥水　丑土
父母　兄弟　官鬼　兄弟　子孫　父母
　　　　　　子水
　　　　　　子孫

又叫人占，得无妄卦——

世　　　應
、　、　、　〃　〃　、
戌土　申金　午火　辰土　寅木　子水
妻財　官鬼　子孫　妻財　兄弟　父母

此因滿城㊾欲裝擡閣㊿以賽神㊿¹，因連日忽雨忽晴，不敢裝扮。予以此三卦合而决之，知癸未日必大晴。前卦未土財化出午火子孫，古法謂之『合住財爻不晴』，予嘗得驗沖開之日必晴，况此卦子日占之，子水已沖開午火，而未土不能作合，故知未日必晴。第二卦，丑土父母爲雨，化出子水子孫爲晴，亦應未日沖開丑土，而子水子孫不能與丑作合，亦當晴於未日。第三卦，午火子孫，子日沖之而暗動，動而逢合之日，亦應晴於未日。果於癸未日萬里晴光。

㊾『滿城』，今河北省滿城縣。明清皆屬直隸保定府。——鼎升註

㊿『擡閣』，是一種由小演員裝扮成戲曲人物，在高空進行精巧造型和奇險技藝表演的民間藝術。小演員立於人擡著或軲轆板車承載的會轉動的、四周裝有鏤花小欄杆的小舞臺上演出，故又稱『臺閣』。一說指樓臺和高閣。——鼎升註

㊿¹『賽神』，即迎神賽會。以鼓樂儀仗和雜戲等迎神出廟，周遊街巷，以酬神祈福。於春、秋二季舉行。——鼎升註

又如寅月癸酉日，因連日雨，占何日晴。

世			應		
〃	、	〃	〃	、	ㄨ
子水	戌土	申金	午火	辰土	寅木
兄弟	官鬼	父母	妻財	官鬼	子孫
					巳火
					妻財

寅木子孫獨發，亥日不晴者，寅日必晴。許亥日者，動而逢合之日；許寅日者，寅木而值日也。但亦不能實指一日。

又命人占，得夬之需——

	世			應	
〃	、	○	、	、	、
未土	酉金	亥水	辰土	寅木	子水
兄弟	子孫	妻財	兄弟	官鬼	妻財
		申金			
		子孫			

前卦寅木子孫，動而主晴，常[52]有應在動而逢合之亥日，亦有應在寅日；此卦亥水財動，故知亥日而無疑矣！況亥值旬空，亦應實空之日。果於亥日大晴。

又如申月己卯日，早上天陰，占今日雨否？得夬之大壯——

	〃	未土	兄弟		
世	○	酉金	子孫	申金	子孫
	、	亥水	妻財		
	、	辰土	兄弟		
應	、	寅木	官鬼		
	、	子水	妻財		

因天陰而問雨，神不報雨，而報酉時大晴。予疑神之意：雨已來矣，雨則不久，酉時即晴。果於午、未時小雨，申時雲開，酉時大晴。此卦常多，後賢須宜會意，要知雨已來矣，神不報雨而報晴。或曰：酉金爻動，動而逢沖謂之『散』，又化退神，如何亦晴？予曰：旺金如何得散？申金月建，如何爲退？

[52]『常』，李紘抄本作『嘗』。——鼎升註

又如卯[53]月甲辰日，天陰占雨。得艮之乾——

世			應		
丶	ㄨ	ㄨ	丶	ㄨ	ㄨ
寅木	子水	戌土	申金	午火	辰土
官鬼	妻財	兄弟	子孫	父母	兄弟
	申金	午火		寅木	子水
	子孫	父母		官鬼	妻財

斷曰：從今日天陰起，有四日不晴。或曰：今日晴否？予曰：辰土兄化子水財，子水長生於申，申酉時必晴；明日巳日，或晴或雨；午未日必有大雨；申日大晴。或曰：何以知之？予曰：自初爻辰土一動，連動四爻，父化鬼、兄化父，乃連朝之不晴也；第五爻子水財化申金子孫，故知申日必晴。果於連日或陰、或雨、或晴，直至申日萬里無雲。

[53]『卯』，敦化堂本作『丁卯』。——鼎升註

又如巳月朔日[54]庚辰，占一月陰晴。得坤之師——

世	⚋	酉金	子孫	
	⚋	亥水	妻財	
	⚋	丑土	兄弟	
應	⚋	卯木	官鬼	
	✕	巳火	父母	辰土 兄弟
	⚋	未土	兄弟	

或曰：巳火父動，『父持月建，陰雨連旬[55]』。此卦巳火父動，又是父化兄，風雨靡常，此月必澇。

予曰：書中雖有此說，予試不驗。明日巳日必雨，他日未必。果於次日小雨。所以前篇予闢其陰雨連旬之謬，後賢不可不察。

[54]『朔日』，農曆每月初一。——鼎升註

[55]『旬』，原本與敦化堂本俱作『晴』，當誤，據李紱抄本與文意改。——鼎升註

又如巳月辛卯日，占次日陰晴。得遯之咸——

應　　　　世

〇　丶　丶　丶　〃　〃

戌土　申金　午火　申金　午火　辰土

父母　兄弟　官鬼　兄弟　官鬼　父母

未土

父母

或曰：戌父化未父，明日必有大雨。予曰：常見神報近而不報遠，且看今日未戌時而無雨者，明日必雨。果於本日未時小雨，申、戌時大雨，亥時即晴。

又如酉月丙戌日，因連日陰雨，占何日晴。得小過之賁——

　　世　　　　應

ㄨ　〃　〇　丶　〃　ㄨ

戌土　申金　午火　申金　午火　辰土

父母　兄弟　官鬼　兄弟　官鬼　父母

寅木　　戌土　　　　卯木

妻財　　父母　　　　妻財

斷曰：卦中父、鬼亂動，今日必有大雨。幸初爻辰土父化卯木財，上爻戌父化寅木財，明日寅卯時必晴。果於次日寅、卯時天開。

又如卯月癸巳日，連日雨，占何日晴。

應　　　世

〃　、　ㄨ　ㄨ　〃　ㄨ

子水　戌土　申金　卯木　巳火　未土

妻財　兄弟　子孫　官鬼　父母　兄弟

　　　亥水　亥水　　　　卯木

　　　妻財　妻財　　　　官鬼

卦中父[56]鬼亂動，連日還有大雨。幸申金子孫化出亥水財爻，申日必晴。果於申日大晴。

卯月癸卯日，占何日雨。得小過之遯——

　　　世　　　　應

ㄨ　ㄨ　、　、　〃　〃

戌土　申金　午火　申金　午火　辰土

父母　兄弟　官鬼　兄弟　官鬼　父母

戌土　申金

父母　兄弟

戌父化戌父，乃是伏吟卦，明日辰日必雨，伏吟必要沖開。果於次日辰、巳時得雨。

---

[56]『父』，原本與敦化堂本、李紱抄本、如意堂本俱如此，疑爲『兄』之誤。——鼎升註

又如子㊼月甲申日，因連日大雪，占何日晴。得損之臨——

應			世		
○	丶丶	丶丶	丶丶	丶	丶
寅木	子水	戌土	丑土	卯木	巳火
官鬼	妻財	兄弟	兄弟	官鬼	父母
酉金					
子孫					

寅木鬼動，木動生風，變出酉金子孫，今日亥時必起大風，明日酉日則晴矣。果於亥時起風，次日大晴。

又如巳月丁亥日，因連日雨，占何日晴。得屯之噬嗑——

	應			世	
ㄨ	○	ㄨ	丶丶	丶丶	丶
子水	戌土	申金	辰土	寅木	子水
兄弟	官鬼	父母	官鬼	子孫	兄弟
巳火	未土	酉金			
妻財	官鬼	父母			

㊼『子』，敦化堂本作『己巳』，顯誤。——鼎升註

外卦父化父、鬼化鬼，還有連朝風雨；上爻子水化出巳火財爻，要到巳日方晴。或曰：鬼旺而化退，父衰而化退，何以斷之？予曰：父化父、鬼化鬼，乃神告我連日之風雨也，何論旺衰？要知神意既欲報我連日之雨，又要報我巳日之晴，非此爻象，難盡此意。今又以旺衰進退言之，乃不知通變之人也。

又如申月丁未日，連日雨，占何日晴。得復之既濟——

	ヽヽ	酉金	子孫		
	✕	亥水	妻財	戌土	兄弟
應	ヽヽ	丑土	兄弟		
	✕	辰土	兄弟	亥水	妻財
	ヽヽ	寅木	官鬼		
世	ヽ	子水	妻財		

斷曰：辰土兄化亥水財，亥日必晴，但晴之而不久耳。何以知之？第五爻亥水財又變戌土兄[58]，是以知之。果於亥日天開，至申、酉、戌時而又雨矣。

[58]『兄』，原本與敦化堂本、李紱抄本俱作『鬼』，顯誤，徑改。——鼎升註

又如卯月壬寅日，占何日雨。得天地否之觀——

應	丶	戌土	父母		
	丶	申金	兄弟		
	○	午火	官鬼	未土	父母
世	〃	卯木	妻財		
	〃	巳火	官鬼		
	〃	未土	父母		

或曰：午火鬼化未土父，當雨之兆，只因午與未合，必待子丑日沖開其合，方得有雨。予曰：今日子丑時亦可沖開。果於半夜大雨。

又於未月庚子日，因求雨而占雨。

	╳	未土	父母	巳火	官鬼
	○	酉金	兄弟	未土	父母
應	丶	亥水	子孫		
	〃	午火	官鬼		
	○	辰土	父母	寅木	妻財
世	╳	寅木	妻財	子水	子孫

斷曰：內卦辰土父動，又化寅木之財，辰日有雨而不大；酉兄化出未土父，未父又化巳火鬼，必到未日而有大雨。果於辰日小雨，未日大雨。

又如寅月甲申日，友約亥日遊春。予曰：連日雨雪，遊玩何能盡興？友曰：今早占得亥水子孫動，亥日必晴。予即卜之，得豫之震——

	‖	戌土	妻財		
	‖	申金	官鬼		
應	、	午火	子孫		
	‖	卯木	兄弟		
	‖	巳火	子孫		
世	✕	未土	妻財	子水	父母

予曰：子日方晴，亥日未必。友曰：我占亥水子孫，兄占子水子孫，必是亥、子日俱晴。予曰：非也。兄占亥水子孫者，旺於子日也，亦應子日晴，非亥日也。果於亥日還雪，子日大晴。

（鼎升曰：此卦賁解，卦中並無子水子孫。疑『豫之震』爲『小過之震』之誤。一則雷地豫與雷山小過卦象與卦名接近，二則雷山小過初、三爻發動，內卦成子孫子水局。

又，『兄占子水子孫』，或爲『兄占子日沖實子孫』之誤。）

增刪卜易卷五終

增刪卜易・卷六

野鶴老人著
楚江李坦我平鑒定
湖南李文輝覺子增刪
山西李凡丁鼎升校註
婿陳文吉茂生
男茹芝山秀
仝訂

身命章第三十六

諸書占身命，謂『妻財子祿，一卦能包；壽夭窮通，六爻兼盡』。殊不知父子財官兄弟，各有相忌相傷，若以一卦而兼斷者，即如『父母旺相，雙慶①之徵』，又曰『父旺傷子』，豈世之有父母者，皆無子嗣之人也？又曰『見兄則財莫能聚，又爲尅妻之神』，又曰『兄弟爻興，紫荊②並茂』，倘值旺兄持世，尅妻耶，耗財耶，手足③無傷耶？

---

①『雙慶』，謂父母俱在。——鼎升註

②『紫荊』，據南朝梁吳均《續齊諧記・紫荊樹》載，田真兄弟三人析産，堂前有紫荊樹一株，議破爲三，荊忽枯死。真謂諸弟：『樹本同株，聞將分斫，所以憔悴，是人不如木也。』因悲不自勝。兄弟相感，不復分産，樹亦復榮。後因用『紫荊』爲有關兄弟之典故。——鼎升註

③『手足』，比喻兄弟。——鼎升註

《易林補遺》有曰：『兄動妻亡財耗散。④』執此論者，世之貧人寒士⑤，盡皆失偶之人？至於財官子孫，皆同此論，不暇細辨。勢必兼而斷者，即先賢猶在，執此問之，知亦無從置喙⑥。

覺子曰：予今得其法者，分占之法也。占父母，占兄弟，另占一卦；占終身財福何如，占終身功名有無，占終身夫妻偕老否，占終身子嗣⑦及壽元⑧，俱宜分占。

終身財福章第三十七

福財旺相，鐘鳴鼎食⑨之家。

舊係『既富且壽，世爻旺相無傷⑩』。

覺子曰：占財宜於財旺，占壽獨重世爻。未聞財福不旺，而世爻獨旺，即許富與壽也。執此論之，世之多壽者，悉皆富貴之人也？

---

④《易林補遺・易林總斷章》原文作：『兄動，妻災奴僕患，資財耗散事無成。』又《易林補遺・身命造化章》有『兄動傷妻，損餘囊之積蓄』一句。——鼎升註

⑤『寒士』，貧窮的讀書人。——鼎升註

⑥『置喙』，插嘴，參預議論。『喙』，音huì【慧】。——鼎升註

⑦『子嗣』，傳代的兒子。——鼎升註

⑧『壽元』，壽命，壽數。——鼎升註

⑨『鐘鳴鼎食』，擊鐘列鼎而食。形容貴族的豪華排場。——鼎升註

⑩『既富且壽，世爻旺相無傷』，《卜筮全書・黄金策・身命》原文作：『既富且壽，世爻旺相更無傷。』——鼎升註

凡占終身財福，世爻、財爻、子孫爻，三者無一失陷，定是家殷戶足⑪，福祿綿長⑫；財、世旺相，而福神不旺者，乃先富後貧之人也。何也？子孫者，財之源也，水無源流，終須枯涸，謂之『財旺福空，榮華⑬不久』。

世與福爻旺相，而財爻不旺者，乃無財享福之人也。既曰無財，焉能享福？此人必有現成之事業，止知坐享，不知生發⑭；或是財托他人掌管，止知花費，不識艱難。

財與福爻旺相，而世爻不旺者，乃富屋之貧人也。

覺子曰：以上之論『不旺』，所包者廣。無氣失陷，謂之『不旺』；得地無⑮氣，亦謂之『不旺』；空破墓絕，亦謂之『不旺』。

財、福旺，而世爻不旺而有氣者，後逢生旺之年，仍復旺相：故謂之『財福司權，榮華有日』。

財、福兩旺，而世爻無氣者，不爲吉也：雖則豐衣足食，不免痴啞喑⑯聾，或遭疾病官非，或係慳嗇⑰鄙俗⑱。

---

⑪『家殷戶足』，家境殷實富足。——鼎升註

⑫『福祿綿長』，世代高官富貴。——鼎升註

⑬『榮華』，草木開花。比喻興盛或顯達。——鼎升註

⑭『生發』，生利，即孳生利息的意思。——鼎升註

⑮『無』，原本作『有』，當誤，據李紱抄本改。——鼎升註

⑯『喑』，音yīn【音】。啞，不能說話。——鼎升註

⑰『慳嗇』，音qiānsè【牽色】。吝嗇，貧困。——鼎升註

⑱『鄙俗』，粗俗，庸俗。——鼎升註

財、福兩旺，而世爻失陷者，更爲凶也：雖有萬斛⑲金銀，難買長生藥石⑳。前論財與福神，㉑雖則不旺，亦宜有氣，若失陷者，俱爲凶兆。財福失陷，立見傾家㉒。惟動空及動而破者不妨，定應實破實空之年月也。

財世休囚，竈釜㉓生塵之宅。

世爻、財爻、福爻，三者無氣，或空破墓絕，或動而變凶，乃無衣乏㉔食之人也。

世爻得地，而財、福失陷者，此人身强力健，或有小謀小技，亦可支撑度日。

世爻、福爻有氣，財無氣者，雖則貧寒，樂享清福㉕。

世爻、財爻有氣，福爻而無氣者，此人雖無積蓄，手頭常過金銀，或代人掌財，再得日月動爻生扶者，亦許小成㉖。

---

⑲『斛』，音hú【壺】。古量器名，也是容量單位，十斗爲一斛。——鼎升註

⑳『藥石』，藥劑和砭石。泛指藥物。——鼎升註

㉑李紱抄本前有『野鶴曰』三字。——鼎升註

㉒『傾家』，家産蕩盡。——鼎升註

㉓『竈釜』，竈和鍋。——鼎升註

㉔『乏』，敦化堂本作『無』。——鼎升註

㉕『清福』，清閑之福。——鼎升註

㉖『小成』，略有成就。——鼎升註

如卯月甲申日，占終身財福。得復之頤——

	ㄨ	酉金	子孫	寅木	官鬼
	〃	亥水	妻財		
應	〃	丑土	兄弟		
	〃	辰土	兄弟		
	〃	寅木	官鬼		
世	丶	子水	妻財		

五爻亥水財，世爻子水財，皆長生於申日，雖不當令，却得日建之生。獨嫌酉金福神，破而化絕，生平衣祿不少，難於積蓄成家。果此人自三十七歲入典鋪㉗掌櫃㉘，財東㉙更換者三，此人依然在櫃，活至七旬之一㉚，每年工食㉛養家，此應財爻持世，遇長生也。生四子二女，若執古法而兼斷者，卦中子孫破而化絕，乃無子也。

㉗『典鋪』，即當鋪，收典當物作爲抵押而貸款的店鋪。——鼎升註

㉘『掌櫃』，稱店主或經理。——鼎升註

㉙『財東』，店鋪或企業的所有者。——鼎升註

㉚『一』，敦化堂本作『外』。——鼎升註

㉛『工食』，工錢；工資。——鼎升註

《黄金策》曰：㉜『世位休囚，非貧即夭。㉝』予以爲非。貧者須觀財福，夭者單用世爻，非夭即貧，不是卜易之理。

世居空位，終身作事無成。

舊註：『大忌世空，一生百事無成。㉞』予以此論近理，但未分出旺而與動：世爻旺而空者，謂之『帶旺匪空』；動而空者，動不爲空；遇日建沖者，沖空則實。卦中若是財福得地，沖空實空之年勃然發福，豈曰『無成』？

㉜李紱抄本前有『覺子曰』三字。——鼎升註

㉝《卜筮全書·黄金策·身命》原文作：『非夭即貧，身位休囚兼受制。』——鼎升註

㉞《卜筮全書·黄金策·身命》原文作：『凡占身命，大忌世身空亡。主一生作事無成，多謀少遂，難立家計。』——鼎升註

如戊㉟月辛亥日，占終身財福。得比之觀——

應	ㄨ	子水	妻財	卯木官鬼
	丶	戌土	兄弟	
	〃	申金	子孫	
世	〃	卯木	官鬼	
	〃	巳火	父母	
	〃	未土	兄弟	

斷曰：世爻雖空，月建合之，亥日生之，子水財爻動而生世，卯年一定成家。丑年占卦，果至卯年，彼時鼎定㊱之初，雲貴㊲未平，此人於川㊳中帶出附子㊴、黃連㊵藥材數擔，勃然家畜㊶數千餘金，從此置業成家，連年豐足。此豈可謂『終身作事無成』耶？

㉟『戊』，敦化堂本作『丙戌』，當誤。——鼎升註

㊱『鼎定』，建立王朝。——鼎升註

㊲『雲貴』，雲南和貴州。——鼎升註

㊳『川』，指四川。——鼎升註

㊴『附子』，植物名。多年生草本，株高三四尺，莖作四棱，葉掌狀，如艾。秋月開花，若僧鞋，俗稱僧鞋菊。葉莖有毒，根尤劇，含烏頭鹼，辛，大熱，可入藥。有回陽救逆，逐寒燥濕，溫助腎陽的作用。——鼎升註

㊵『黃連』，多年生草本植物，莖高三四寸到一尺多，羽狀複葉，花小，白色。根莖味苦，可入藥。——鼎升註

㊶『畜』，敦化堂本作『蓄』。——鼎升註

（鼎升曰：清王朝鼎定於公元1644年清順治元年甲申年。經查萬年曆，從公元1637年明崇禎十年丁丑年始，至公元1685年清康熙二十四年乙丑年止，俱未查到戌月有辛亥日。此卦存疑。）

又如酉月辛未日，占終身財福。得頤卦——

		世			應
丶	〃	〃	〃	〃	丶
寅木	子水	戌土	辰土	寅木	子水
兄弟	父母	妻財	妻財	兄弟	父母

斷曰：財爻持世，雖有未日扶拱，不宜旬空，且卦中無火生助，占身命之最忌也，難許成家。此人自二十五歲至五十外歲，東奔西走，一事無成。後因貧極，從戎㊷外出，不知所終。如此者，謂之『生平作事無成』，可也。

身入墓鄉，到老求謀多戾㊸。

『世爻有三墓，但有一墓者，若休囚無氣，主其人如醉如痴、不伶不俐，動靜行藏，必不響快㊹，凡爲不遂。㊺』

㊷『從戎』，從軍。——鼎升註

㊸『戾』，音lì【力】。本義爲彎曲，此處引申爲不順利。——鼎升註

㊹『響快』，爽快。——鼎升註

㊺《卜筮全書・黃金策・身命》原文作：『如世身入墓，主其人如醉如痴、不伶不俐，動靜行藏，必不響快，雖有所爲，亦皆不稱心也。』——鼎升註

覺子曰：世爻若得臨於日月，或日月生扶，或動而化吉，不逢沖墓之年，果然顛倒昏迷，及逢墓庫沖開，如苗遇雨，諺云『福至心伶㊻』，爻中再有財福相生，或財福旺相者，陡然富足。故曰：『墓中人逢沖之年而發。』豈可謂『到老而多戾』耶？

如午月丙戌日，占終身財福。得節卦——

		應			世
- -	—	- -	- -	—	—
子水	戌土	申金	丑土	卯木	巳火
兄弟	官鬼	父母	官鬼	子孫	妻財

此人旺財臨世，平素手有餘錢，亦因世入戌墓，酷好痴㊼賭。後至巳㊽年，因開鉛鑛，連開數穴，富冠一鄉。

野鶴曰：古法常㊾應沖開戌墓之年，此卦而應沖㊿世之年。

㊻『福至心伶』，人的運氣來了，心也變得靈巧了。——鼎升註

㊼『痴』，入迷，痴迷。——鼎升註

㊽『巳』，原本與敦化堂本、李紱抄本俱如此，疑爲『亥』之誤。——鼎升註

㊾『常』，李紱抄本作『嘗』。——鼎升註

㊿『沖』，李紱抄本作『值』。——鼎升註

卦宮衰弱根基淺，爻象豐隆命運高。

爻象興隆，占身命最重：世爻、財爻、福爻得遇生扶，自然命運高強。惟卦宮之衰弱者不驗，常見根基淺薄之人，卦宮極旺，不可爲法。

若問成家，嫌六沖之爲卦。

舊註：『凡遇六沖，必主其人作事有始無終：前卦六沖，前三十年生涯淡泊；後卦六沖，三十年後家業凋零[51]。[52]』予曰：非也。若止以兩卦六沖，斷六十年之休咎[53]，而世與財福置之於何地？若世、福、財爻無氣，再遇六沖卦者是也。

---

[51]『凋零』，衰落。——鼎升註

[52]《卜筮全書·黄金策·身命》原文作：『凡遇六沖卦，必主其人作事有始無終：前卦六沖，前三十年生涯淡泊；後卦六沖，三十年後家業凋零；前後六沖，則一生苦楚，不能發達。』——鼎升註

[53]『休咎』，吉與凶；善與惡。——鼎升註

如寅月乙巳日，占財福。得大壯——

	ヽヽ	戌土	兄弟
	ヽヽ	申金	子孫
世	ヽ	午火	父母
	ヽ	辰土	兄弟
	ヽ	寅木	官鬼
應	ヽ	子水	妻財

予見此卦世旺、官旺、文旺，見其人才品㊹異常，問曰：近來所作何事？彼曰：在庠㊺。因家寒，意欲行醫，不知財福何如？予曰：卦中官、文兩旺，寅年必有際遇㊻，午未年定登金榜㊼。伊㊽曰：予知不能，竟無此念。予曰：爾雖以財惟㊾問，而神告曰將來還可成名。後果於寅年醫好富翁，厚贈讀書，午年

㊹『才品』，才能和品德。——鼎升註

㊺『在庠』，明清時代，凡經本省各級考試，取入府、州、縣學的秀才，稱爲『在庠』。『庠』，音xiáng【翔】。古代的地方學校，多指鄉學。——鼎升註

㊻『際遇』，遭遇（多指好的）。——鼎升註

㊼『金榜』，金製的匾額。舊時多指科舉應試考中者的名單。——鼎升註

㊽『伊』，人稱代詞。他；她。——鼎升註

㊾『惟』，敦化堂本作『爲』。——鼎升註

一榜，富翁及親友又贈援例(60)縣令(61)，未幾(62)丁艱(63)，及至補缺(64)，未幾罣誤(65)而歸，囊篋(66)消然(67)。應寅年者，寅年而實空也；應午年發者，世爻而值年也；功名反復(68)而不久者，六沖之卦也；宦囊(69)消索(70)者，子水財爻絕於日也。

安知創業，喜六合以成爻。

---

(60)『援例』，援引捐納的成例向政府交納一定的費用而取得作官的資格。——鼎升註

(61)『縣令』，一縣的行政長官。明清亦稱知縣。——鼎升註

(62)『未幾』，不久。——鼎升註

(63)『丁艱』，舊時稱遭父母之喪爲丁艱，也叫丁憂。父母死後，子女要在家守喪三年，不做官，不婚娶，不赴宴，不應考。——鼎升註

(64)『補缺』，遞補官職。——鼎升註

(65)『罣誤』，官吏因過失而受譴責。罣，音guà【掛】。——鼎升註

(66)『囊篋』，袋子與箱子。此處代指『宦囊』，即做官所得的財物。『篋』，音qiè【竊】。——鼎升註

(67)『消然』，猶匱乏。——鼎升註

(68)『復』，敦化堂本與李紱抄本俱作『覆』。——鼎升註

(69)『宦囊』，指做官所得的財物。——鼎升註

(70)『消索』，猶匱乏。——鼎升註

舊註：『占身命得六合卦，主其人春風和氣，交遊⑰必善，謀事多遂；若前合後合，主一生利達⑱，百事如心⑲。⑳』予以主其人善於交遊，春風和氣者有之，若以百事如心，未必㉑然也，必以用神兼之：爻象吉者，吉之又吉；爻象凶者，合亦無益。

動身自旺，獨力撐持。

舊註：『世爻不遇日辰動爻生扶，而自强自旺，其人必白手成家。㉒』此果屢驗。但須財爻持世，而自强自旺，多見成家；若兄父官鬼持世，未必成家，僅可撐持而已。

---

⑰『交遊』，結交朋友。——鼎升註

⑱『利達』，猶顯達。——鼎升註

⑲『如心』，稱心，如意。——鼎升註

⑳《卜筮全書・黃金策・身命》原文作：『占身命得六合卦，主其人春風和氣，交遊必善，謀事多遂，基業開拓。如前合前亨，後合後遂，前後皆合，主一生通達，萬事如心。』——鼎升註

㉑『必』，原本作『心』，顯誤，據敦化堂本改。——鼎升註

㉒《卜筮全書・黃金策・身命》原文作：『如世爻不遇動爻日辰生扶，而自强自旺，得時發動者，其人必白手成家，無人幫助。』——鼎升註

如申月壬子日，占終身財福。

應	〃	酉金	子孫		
	〃	亥水	妻財		
	〃	丑土	兄弟		
世	○	辰土	兄弟	丑土	兄弟
	丶	寅木	官鬼		
	丶	子水	妻財		

世臨辰土，旺於子日，並無刑傷沖尅，亦無生扶，真可謂之『自强自旺』。此人向來稍有家業，因賭致貧，今問將來還有發旺否？予曰：兄爻持世，永無發福⑰之秋⑱，且世爻逢退，難許長年。後當夫頭⑲，死於丑年。⑳

衰世遇扶，因人刱立。

此果屢驗。世爻無氣，得遇日月動爻有一而生扶者，必遇好人提拔。但亦要財爻持世，或日月動爻作財以生世，因人照看㉑成家；若兄父持世，僅可度日。

---

⑰『發福』，事物或事業充分發展、欣欣向榮。——鼎升註

⑱『秋』，指某個時期。——鼎升註

⑲『夫頭』，夫役的頭目。——鼎升註

⑳『後當夫頭，死於丑年』，李紱抄本作『後此人貧極當夫頭，至丑年而死。』——鼎升註

㉑『照看』，照料，看顧。——鼎升註

屢見日月生世，[82]貴人生世，常得官貴垂青[83]。

如丑[84]月丙辰日，占終身財福。得未濟之睽——

應	丶	巳火	兄弟	
	〃	未土	子孫	
	丶	酉金	妻財	
世	〃	午火	兄弟	
	丶	辰土	子孫	
	乂	寅木	父母	巳火 兄弟

斷曰：兄爻持世，耗財之神，雖得寅木相生，而財不聚。彼曰：作何事可以成家？予曰：木生火旺，木火通明，胸中靈巧，況朱雀臨父，筆硯[85]可以營生[86]。後因叔父作衙門[87]，命之貼寫[88]，得上人[89]之

[82] 李紱抄本前有『野鶴曰』三字。——鼎升註

[83] 『垂青』，尊重愛悅。——鼎升註

[84] 『丑』，敦化堂本作『癸丑』。——鼎升註

[85] 『筆硯』，毛筆和硯臺。借指文墨書寫之事。——鼎升註

[86] 『營生』，謀生；職業。——鼎升註

[87] 『作衙門』，在衙門裏當差。——鼎升註

[88] 『貼寫』，抄錄文書的人員。——鼎升註

[89] 『上人』，居於上位的人；對主人的稱呼。——鼎升註

意，儘可[90]度日，而財不聚。叔父提拔者，應寅木父爻生世，又是筆硯營生。

日時合助，一生偏得小人心；歲月剋沖，半世未沾君子德。

『世爻不論旺衰，但得歲月日建，有一而生扶者，仕者，君恩寵愛，君子相親，下[91]人忠敬；平人者，必得貴客扶持。[92]』又曰：『父來生，得父輩之恩；兄來剋，受兄之累。[93]』此則間有驗者，不可執之。

世爻有氣，或被日月有一而沖剋者，仕者，上位相淩[94]，同輩不睦，小人毀謗[95]，若太歲五爻沖剋者，君恩失寵，世若休囚者更甚。

平人而得此者，官貴欺淩，親朋妒[96]忌，下輩欺侮，世若休囚更甚。

---

[90] 敦化堂本『可』後有『營生』二字。——鼎升註

[91]『下』，敦化堂本作『小』。——鼎升註

[92]《卜筮全書·黃金策·身命》原文作：『如世身遇年月日時生扶拱合，主上得貴人親愛，下得小人忠敬。』——鼎升註

[93]《卜筮全書·黃金策·身命》原文作：『父來合，得父之蔭；兄來剋，受兄之累。』——鼎升註

[94]『淩』，以强力壓迫和侮辱。——鼎升註

[95]『毀謗』，詆毀和誹謗。——鼎升註

[96]『妒』，敦化堂本與李紱抄本俱作『妬』。——鼎升註

遇龍子而無氣，總⑰清高亦是寒儒⑱。

此果屢驗。『凡得青龍子孫持世，必然立志高遠，不慕富貴。即子孫無氣，亦主絕俗超群⑲，寧甘寒薄⑳。㉑』

---

⑰『總』，原本與李紱抄本俱如此，敦化堂本作『縱』。——鼎升註

⑱『寒儒』，貧寒的讀書人。——鼎升註

⑲『絕俗超群』，指遠過於尋常之輩。——鼎升註

⑳『寒薄』，謂命相不好，福分淺薄；貧寒，不富裕。——鼎升註

㉑《卜筮全書・黃金策・身命》原文作：『青龍子孫持世身，必然立志高遠，不慕功名富貴；如邵康節、陶淵明輩。子孫即無氣，亦絕俗超群之寒士也。』——鼎升註

如酉月癸丑日，占終身除功名之外，何事可爲？

白虎		丶	戌土	父母	
螣蛇		丶	申金	兄弟	
勾陳	應	丶	午火	官鬼	
朱雀		丶	酉金	兄弟	
青龍		○	亥水	子孫	午火 官鬼
元武	世	〃	丑土	父母	

斷曰：財星伏於二爻，又值空亡，正所謂『內外無財伏又空，財莫能聚』，且喜子孫獨發遇青龍，雖不持世，亦主清高，生平非義不取，不以富貴關心。彼曰：祖有恩蔭(102)，已讓舍弟(103)承襲(104)，今欲挾伎(105)遍遊，取樂山水，可能如願否？予曰：亥水子孫變鬼，財爻又空，子死妻空，絕俗離塵(106)之輩，如有此

(102)『恩蔭』，蔭生的一種。清制，因祖先的官職、功勞而得進國子監讀書的叫蔭生，意謂藉祖宗的餘蔭。蔭生有恩蔭、難蔭兩種，凡官員遇慶典，文職在京四品以上，在外三品以上，武職二品以上，送一子進國子監讀書三年，期滿錄用，叫恩蔭。——鼎升註

(103)『舍弟』，對人自稱其弟的謙詞。——鼎升註

(104)『承襲』，繼承，沿襲。——鼎升註

(105)『伎』，音jì【技】。夥伴，同伴；本領，技能。敦化堂本作『技』。——鼎升註

(106)『絕俗離塵』，指超脫世俗。——鼎升註

志，此卦驗之極矣！彼曰：予年四十有三，自二十一歲妻亡之後，竟未續絃⑩⑦，子女皆無。予曰：卦之相合，必如其願。後聞此人遊川廣滇黔⑩⑧，及至十餘載之後，致書於家，竟入華山⑩⑨，不知所終。

覺子曰：予因父子兄財官鬼各有相忌，難以一卦決之，是以分占得理。然亦有不占財福，卦中現出旺財；不問功名，爻象現出官旺；目下刑妻尅子，不待另占，卦中先現刑傷：不可不細加詳查。或曰：既謂分占，何故又言兼斷？予曰：此理難向俗人而言。來人欲占事者，其機動矣：人之至親，莫過於骨肉；人之得志，莫過於利名。神不告已問之事而告未問之事者，以重大者而先告也。即如此卦，福遇青龍，清高之客；子孫變鬼，絕後之人；兼之財伏而空，乃是離塵絕俗。以此數事，正合『福遇青龍，清高之客』也。似此顯而易見，何須另卜再占？不然此財爻者，以之爲財帛空耶，以之爲妻妾空耶？

逢虎妻而旺强，雖鄙俗偏爲富客。

舊註謂：『白虎臨財持世，其人雖不知禮義，然必家道殷實。⑪⓪』此果有驗。又曰：『旺財若有制服，亦粗知文墨。⑪①』此又非理之論：旺財逢制，乃應將來之破敗也，豈以文墨言？

---

⑩⑦『續絃』，男人妻死以後再娶。——鼎升註

⑩⑧『川廣滇黔』，四川、廣東廣西、雲南、貴州。——鼎升註

⑩⑨『華山』，今址不詳。江蘇、江西、湖南、陝西等地俱有『華山』。疑爲今陝西省華陰市南十里的西岳華山。——鼎升註

⑪⓪《卜筮全書・黄金策・身命》原文作：『白虎臨旺財持世，其人雖不知禮義，然必家道殷實。』——鼎升註

⑪①《卜筮全書・黄金策・身命》原文作：『旺財有制伏，亦粗知文墨、勉强向上之流，不可以頑俗論。』——鼎升註

如午月丙子日，占財福。得明彝⑫之豐——

	〃	酉金	父母	
	〃	亥水	兄弟	
世	ㄨ	丑土	官鬼	午火 妻財
	丶	亥水	兄弟	
	〃	丑土	官鬼	
應	丶	卯水	子孫	

世臨白虎，化出旺財生世，果此人目不識丁⑬，鄙俗不堪，農莊儘可度日，人丁⑭六畜⑮豐盛。戌年占卦，值子年，莊⑯被蝗蟲食盡，全家瘟疫，六畜亦瘟。應子年者，占時原有子日沖其午火，因午火而值月建，可以相敵，今遇子年，增其沖尅，所以破敗。

---

⑫『明彝』，原本與敦化堂本俱作『彝』，顯誤，據李紱抄本與文意改。——鼎升註

⑬『目不識丁』，連最普通的『丁』字也不認識。形容一個字也不認得。——鼎升註

⑭『人丁』，人口；家口。——鼎升註

⑮『六畜』，指猪、牛、羊、馬、鶏、狗。也泛指各種家畜、家禽。——鼎升註

⑯『莊』，原本與敦化堂本俱如此。李紱抄本作『田』，丁耀亢全集本作『禾』，民國錦章本作『生』。——鼎升註

父母持身，辛勤勞碌；鬼爻持世，疾病綿纏。遇兄則財莫能聚，遇子則身不犯刑。

《黃金策》自此之後，皆非理也。父母官鬼持世，竟可以勞碌疾病而斷耶？舊註有云：『貴人占者，不可以此斷之。[117]』彼占身命，焉知不是貴人？便實知不是貴人，焉知將來不貴？曾有人占財福。

酉月壬辰日，占得恒卦——

應	⚋	戌土	妻財
	⚋	申金	官鬼
	⚊	午火	子孫
世	⚊	酉金	官鬼
	⚊	亥水	父母
	⚋	丑土	妻財

問曰：爾適間禱告，曾問功名否？彼曰：生意之人，何有功名之念？予曰：此卦財生官旺，竟可問名。彼曰：天有落下來之官，亦不到我頭上。命再占名。

---

[117]《卜筮全書・黃金策・身命》原文作：『若貴人見之，不以此斷。』——鼎升註

得噬嗑變否——

丶	巳火	子孫		
ㄨ	未土	妻財	世	申金 官鬼
丶	酉金	官鬼		
⺀	辰土	妻財		
⺀	寅木	兄弟	應	
○	子水	父母		未土 妻財

予曰：世爻未土之財，變出申金之官，明明以財而變官。前卦財旺生官者，因世臨月建之官，辰日沖動戌土之財，暗動生世，雖可許名，不敢指以年月；後卦世臨未土動而逢空，實空之年，包爾出仕[118]。

[118]『出仕』，出來做官。——鼎升註

果於卯年援例入監⑪⑲，巳年初任兵馬⑫⓪，即加納⑫①縣令，未年再任江南⑫②。⑫③

舊註：『官鬼持世，疾病綿纏，若是貴人，勿以此斷。⑫④』此人原非貴人，豈可謂之『疾病綿纏』耶？

---

⑪⑲『入監』，科舉時代稱入國子監讀書。清代的國子監爲最高學府。清初，沿襲明制，南京和北京都設有國子監。清順治七年（公元1650年），改南京國子監爲江寧府學，保留了北京國子監，稱爲國學，亦稱太學。——鼎升註

⑫⓪『兵馬』，即兵馬司。官署名。專理京城捕盜及鬥毆等事。始建於元代。元至元九年（公元1272年）改千戶所爲大都路兵馬司，明沿設五城兵馬司。清制同。——鼎升註

⑫①『加納』，進一步捐資納粟以換取官職官銜。——鼎升註

⑫②『江南』，即江南省。清順治二年（公元1645年）置。轄今江蘇、安徽二省。清康熙元年（公元1662年），分建安徽爲省治；清康熙六年（公元1667年），改稱江蘇。——鼎升註

⑫③自『果於卯年』至『再任江南』，李紱抄本作『果於卯年援例，巳年任兵馬司，未年任縣尹』。——鼎升註

⑫④《卜筮全書・黃金策・身命》原文作：『鬼爻持世，疾病纏綿。……若貴人見之，不以此斷。』——鼎升註

又如巳月己丑日，占終身財福。得歸妹之臨——

應　　　世

〃　〃　○　〃　丶　丶

戌土　申金　午火　丑土　卯木　巳火

父母　兄弟　官鬼　父母　妻財　官鬼

丑土⑫⑤

父母

予曰：卦中財、福不旺，而官、文兩旺，如何不問求⑫⑥名？彼曰：功名之念已灰⑫⑦。予曰：世臨日建，月建生身，必主顯貴⑫⑧薦舉⑫⑨，巳午年，富貴逼人來⑬⓪也。果於午年保舉⑬①，雖非科甲⑬②，身爲科甲之官。此豈可謂『父母持身，辛勤勞碌』耶？

---

⑫⑤『丑土』，原本與李紱抄本俱作『未土』，顯誤，據敦化堂本與文意改。——鼎升註

⑫⑥『求』，敦化堂本作『功』。——鼎升註

⑫⑦『灰』，志氣消沉。——鼎升註

⑫⑧『顯貴』，地位和聲望特別大的人。——鼎升註

⑫⑨『薦舉』，介紹，推薦。——鼎升註

⑬⓪『富貴逼人來』，不求富貴而富貴自來；富貴能使他人前來靠攏。——鼎升註

⑬①『保舉』，向上級薦舉有才或有功的人，使得到提拔任用。——鼎升註

⑬②『科甲』，漢唐兩代考選官吏後備人員分甲、乙等科，後來因稱科舉爲科甲。清代稱考上進士、舉人的人爲科甲出身。——鼎升註

父母臨身，勞碌貧寒之輩。

或曰：《黃金策》乃卜筮之宗，未有占身命而以父子財官兼斷之理。予曰：既不爲信，即看『父母持身』之解註，便⑬可知矣。謂『占身，不可見父兄官鬼持世。世爻遇父則剋傷子女，一生勞碌，不得安逸⑭』。豈非父爲剋子之神，又爲一生勞碌之神耶？執此論之，但遇父爻持世，不獨勞碌，抑且無子：世之無子者，悉皆勞碌之人也？

覺子曰：占功名，父母持世，以之爲詩書文館；如占財福，以之爲勞碌辛勤⑮。官不旺而父旺者，雖不見用於朝廷，名盛文傳；衰而又逢沖剋，即欲寄食⑯於公門⑰，凶多吉少。

---

⑬『便』，敦化堂本作『即』。——鼎升註

⑭《卜筮全書・黃金策・身命》原文作：『占身，不可見父兄官鬼持世。如遇父，則剋傷子，一生不得安逸。』——鼎升註

⑮『勤』，敦化堂本作『苦』。——鼎升註

⑯『寄食』，依附別人生活。——鼎升註

⑰『公門』，官署，衙門。——鼎升註

如子月乙未日，占終身財福。得兌卦——

世			應		
丶丶	丶	丶	丶丶	丶	丶
未土	酉金	亥水	丑土	卯木	巳火
父母	兄弟	子孫	父母	妻財	官鬼

斷曰：卯木之財而入未日之墓，巳火之官休囚無氣，名不能成，利不能就。惜乎旺父臨身，財[138]彌[139]高而和彌寡，況得卦遇六沖，一事無成之象。後見屢逢顯貴聘之，才高氣傲，皆不待瓜期[140]而辭歸矣！目擊十有餘載，貧寒淡泊。後隨表弟陞任雲南，不知所終。

---

[138]『財』，才能。通『才』。李紱抄本作『才』。——鼎升註

[139]『彌』，更加。——鼎升註

[140]『瓜期』，任職期滿。——鼎升註

又如午月壬寅日，占終身財福。得豐卦——

	世			應	
ヽヽ	ヽヽ	ヽ	ヽ	ヽヽ	ヽ
戌土	申金	午火	亥水	丑土	卯木
官鬼	父母	妻財	兄弟	官鬼	子孫

古以『占財者，喜之剋世』，却不知占目下之財者，財剋世者必得；占終身之財福者，不宜財爻剋世，乃生平受財之累，因財之害也。且嫌父母持身，一世無安逸之日，休因又遇日沖而爲日破，如蜂釀蜜，誰苦誰甜？果此人原係農莊之貧人也，勞碌勤耕，稍成家業，後因逆子[141]賭博，首[142]其子，並告窩賭[143]之人，其人自縊[144]，致成人命，產業蕩費，氣鬱[145]而亡。探[146]之死於午年，乃因世爻申金，午月剋之、寅日沖之，故逢火剋而死。

兄爻臨世，財耗貧寒。

---

[141]『逆子』，忤逆不孝順的兒子。——鼎升註

[142]『首』，告發。——鼎升註

[143]『窩賭』，聚衆或包庇賭博。——鼎升註

[144]『自縊』，用繩索自勒其頸而死。俗稱上吊。——鼎升註

[145]『氣鬱』，心情鬱悶。——鼎升註

[146]『探』，探聽，打聽。——鼎升註

舊係『遇兄則財莫能聚』。解註有云：『世逢兄爻必剋妻妾，一生必不聚財。[147]』既以之爲剋妻，又以之爲破耗，執此而論，世之傷妻者，皆貧困之人也。假使貧者偕老[148]，富者斷絃[149]，何以決之？故予以分占之法，實得理也。

覺子曰：凡占財福，兄爻持世，雖不許之富足，亦看旺衰。旺則貧而好義，衰則多疾招非。得日月生扶，貧而樂；得日月作財而合世，富而驕。旺臨蛇虎元武，奸盜詐僞之凶頑；衰遇勾陳雀武，背負肩挑之窮漢。受剋受制，下賤隸卒[150]；得合得扶，上人擡舉[151]。全在人之活變，觀其輕重而言。

官衰無破，公門異術[152]資生[153]。

官鬼持世，休囚無氣者，乃綿纏疾病、殘疾之人也；若有氣者，或入公門，或挾術行道[154]，再遇日月動爻貴人扶助，皆得貴客相親，從此成家立業。財若無氣，空有虛名而已。

---

[147]《卜筮全書·黃金策·身命》原文作：『至兄乃剋剝破敗阻滯之神。世或逢之，主剋妻妾，破耗多端，一生不聚財物。』——鼎升註

[148]『偕老』，共同生活到老。常特指夫妻相偕到老。——鼎升註

[149]『斷絃』，指死了妻子。——鼎升註

[150]『隸卒』，衙門裏的差役。——鼎升註

[151]『擡舉』，稱贊；提拔。——鼎升註

[152]『異術』，指特別的技藝。——鼎升註

[153]『資生』，賴以生長；賴以爲生。——鼎升註

[154]『挾術行道』，憑藉技藝、技術以謀生。——鼎升註

財弱有扶，商賈[155]百工[156]事業。

財爻、福爻自來旺相者，或商或賈，或守農莊，乃生成之富足，樂享豐饒[157]；倘遇衰財持世，或得日月動爻生扶合助者，暴發興家，守農莊年時豐稔[158]，習工藝巧奪天工[159]。

慕道修行，皆爲子孫持世。

子孫乃恬澹[160]之神，如若持世，孤立無助，又遇財爻失陷者，若有高尚之志，許之爲道爲僧，若無出家之念，不可妄斷。殊不知『見子則身不犯刑』，許之生平不犯官刑可也。

家傾名喪，乃因官鬼傷身。

凡遇官鬼尅世，世爻旺者，生平多招刑憲[161]，或招嫉妒、或小人暗害、或殘疾纏身；若鬼旺身衰，乃身喪家傾之兆，勸之不必以財福爲問，速尋趨避之法可也；如世爻動而變鬼尅世，及日月作官鬼而尅世者，更凶。

---

[155]『商賈』，商人。『賈』，音gǔ【賈】。做買賣的人；商人。——鼎升註

[156]『百工』，泛指各種手工工匠。——鼎升註

[157]『豐饒』，富饒。——鼎升註

[158]『豐稔』，豐熟；富足。『稔』，音rěn【忍】。——鼎升註

[159]『巧奪天工』，人工的精巧勝過天然。形容技藝十分巧妙。——鼎升註

[160]『恬澹』，清靜澹泊。敦化堂本作『恬淡』。——鼎升註

[161]『刑憲』，刑法，刑罰。——鼎升註

如辰月甲寅日，占終身財福。得風澤中孚變水澤節——

世　應
○　、　〃　〃　、　、
卯木　巳火　未土　丑土　卯木　巳火
官鬼　父母　兄弟　兄弟　官鬼　父母
子水
妻財

斷曰：世爻臨未土，辰月助之，亦作有氣，但嫌日建傷身，上爻卯木之鬼化出子水之財，正謂之『助鬼以傷身』也，不必以財福爲問，可問凶災。彼曰：可能避否？予曰：今年九月十月不可出門，可以避之。果於九月蒙官差遣，此人僱人代頂[162]而去，中途遇害。似此之法，禍亦可避。

[162]『代頂』，代替，頂替。——鼎升註

如卯月癸未日，占終身財福。得革之家人——

	ㄨ	未土	官鬼	卯木	子孫
	、	酉金	父母		
世	○	亥水	兄弟	未土	官鬼
	、	亥水	兄弟		
	〃	丑土	官鬼		
應	、	卯木	子孫		

外卦世與日、月，同爲三合，以爲吉卦，不宜世爻變鬼，又化回頭之剋，上爻未土又剋，目下雖則無妨，今年丑月沖開其合，或是酉月沖開卯木，須防不測。果至巳月而生惡瘡，卒於酉月。

財化退兮，不利於己。

財爻持世化進神，或動而生世者，事業從此而進，家道自此豐亨；若化退神，家業自此漸退，日剝月削，漸至消條[163]，若世爻再被刑沖剋害者，非漸退也，災非即見，物覆財傾。

世逢合住，受制於人。

世臨財爻，或被日月動爻合住，雖則豐衣足食，定然受制於人，事不由己。

世爻若臨父兄者，而得日月動爻合住，衣食僅可度日，難許豐足。

世爻無氣而被合，財福無氣，兄動卦中，乃奔走受制之下賤[164]也。

---

[163]『消條』，指經濟衰退，不景氣。李紱抄本作『蕭條』。——鼎升註

[164]『下賤』，敦化堂本作『賤人』，李紱抄本作『賤流』。——鼎升註

終身功名有無章第三十八

官父興隆，文章見用。

凡得旺父持世，官動生之；或官星持世，父爻旺動；或官星、父爻旺動，生合世爻；或日月作官星、父母，生合世爻，皆主成名之象。『學成文武藝，貨與帝王家。⑯』

鬼財搖發，納粟⑯成名。

官星持世，財動相生；或世臨官，動化財；或世臨財，動化官；或官星、財星動而生合世爻；或日月作官星、財星，生合世爻，皆主納粟以奏名⑯也。

⑯語出元朝高明《琵琶記》：『秀才，這個正是學成文武藝，合當貨與帝王家。』一說語出元朝無名氏雜劇《馬陵道》。然此二出處，當俱非最早出處。原文意思，是說學習好了文才也罷，武藝也罷，最終目的都是貢獻給皇帝，都要替朝廷出力。也就是我國傳統的儒家道德觀念『學而優則仕』。——鼎升註

⑯『納粟』，明清兩代富家子弟捐納財貨進國子監爲監生，可直接參加省城、京都的考試，稱納粟。——鼎升註

⑯『奏名』，科舉考試，禮部將擬錄取的進士名册送呈皇帝審核。此處指得中功名。——鼎升註

如辰月乙未日，占終身功名有無。得地火明彝變豐——

〃	酉金	父母
〃	亥水	兄弟
乂 世	丑土	官鬼　午火 妻財
丶	亥水	兄弟
〃	丑土	官鬼
丶 應	卯木	子孫

此公原是武蔭⑯⑧，已任卑官⑯⑨，因病告退，即無官矣。問將來還有功名否？此卦丑土官星持世，化出午火，財旺生官。卯年占卦，巳年援例，連連加納，官至府佐⑰⓪，未年出仕，戌年陞任黄堂⑰①。古法以『動而逢沖謂之「散」』，此係未沖世爻之丑土，竟不見其散也。

---

⑯⑧『武蔭』，封建時代子孫因先代有軍功而受封賞。——鼎升註

⑯⑨『卑官』，職位低微的官吏。——鼎升註

⑰⓪『府佐』，官名。知府的佐官，品級略低於知府。知府，官名，在清代爲從四品。清代省轄府、府轄州、州轄縣，知府轄數州、縣，是省以下，州、縣以上行政單位的長官。——鼎升註

⑰①『黄堂』，明清時知府的俗稱。參前『府佐』。——鼎升註

又如戌月壬子日，占終身功名有無。得困之兌卦——

	〃	未土	父母	
應	丶	酉金	兄弟	
	丶	亥水	子孫	
	〃	午火	官鬼	
	丶	辰土	父母	
世	ㄨ	寅木	妻財	巳火官鬼

斷曰：寅木財爻持世，化出官星，終身之功名以財而得之也。彼曰：目下意欲援例。予曰：援例必妥，第恐不能出仕，六合變六沖，有始無終之象。果已考職[172]，忽害眼疾，雙眼失明。

獨旺於官，立功建業。

凡卦中財爻、父爻皆不得地，而官星獨旺；或日月作官星而生世；或虎臨世動；或虎臨金鬼，動而生合世爻：皆主立功以成名也。

---

[172]『考職』，考官府文書的草擬，合格者可以出職爲小官。——鼎升註

如戊月戊辰日，占終身功名有無。得蠱卦——

應	、	寅木	兄弟
	〃	子水	父母
	〃	戌土	妻財
世	、	酉金	官鬼
	、	亥水	父母
	〃	丑土	妻財

日、月作財生世，白虎臨金官持世，若入文途，必以援例，若入武途，可以立功。彼曰：有功名否？予曰：官星持世，日、月生之，豈曰無官？後此人亦未食糧[173]，竟隨營破寨，奮勇當先，主帥[174]嘉之，即以職官。不出五載，連建奇功，官至元戎[175]。

[173]『食糧』，吃公家發給的糧食。——鼎升註

[174]『主帥』，統率全軍的最高將領。——鼎升註

[175]『元戎』，主帥。——鼎升註

如辰月己巳日，占終身功名有位[176]否？

	〃	戌土	妻財	
	ㄨ	申金	官鬼	酉金 官鬼
應	丶	午火	子孫	
	〃	卯木	兄弟	
	〃	巳火	子孫	
世	〃	未土	妻財	

此公考過州佐[177]，因缺少人多，問將來得缺否？予見此卦五爻申官化進神，長生於巳日，辰月生之，但嫌不來[178]生合世爻，疑是應於獨發，請再卜之。彼曰：改日虔誠再卜。予曰：更好。

---

[176]『位』，職位；地位。——鼎升註

[177]『州佐』，官名。清代設置。知州的佐官，亦稱州同，品級略低於知州，爲從六品官。明代有知州之稱，其相當於府的州，稱爲直隸州知州，爲正五品官；相當於縣的州，僅稱知州，爲從五品官。清制略同。——鼎升註

[178]『來』，敦化堂本作『能』。——鼎升註

辰月丁未日，占得晉之姤——

世　　　應

丶　〤　丶　〤　〤　〃

巳火　未土　酉金　卯木　巳火　未土

官鬼　父母　兄弟　妻財　官鬼　父母

申金　　酉金　亥水

兄弟　　兄弟　子孫

予因此卦，參悟前卦。前卦官化進神，動於五位，不臨世合世，非分內之官也；此卦內得反吟，巳火之官被亥水沖去，明明現出分內之官已沖壞矣！將來之功名，非此考定之州佐也，另有奇處。彼曰：從何而得？予曰：前卦官搖五位，官出特恩[179]；此卦未土日建動於五位，化長生而生世爻，必得敕旨[180]而立軍功。此公亦知易理，問曰：兄爻持世，如何有官？予曰：此膠柱[181]也。若非世值兄爻，何得五位之文書而生世？官星旺化進神，前卦已定就矣。彼又問曰：此時多事之際，正有此念，不知何方爲吉？予

---

[179]『特恩』，皇帝所給予的特殊的恩典。——鼎升註

[180]『敕旨』，帝王的詔旨。——鼎升註

[181]『膠柱』，即『膠柱而鼓瑟』。用膠把絃柱粘住以後奏琴，絃柱不能移動，就無法調絃。比喻固執拘泥，不知變通。——鼎升註

曰：前卦申官化酉官，此卦世爻又臨酉金，西去大利。果往西行，未幾建立奇功，官至副使[182]，加銜[183]方伯[184]，午年陞任山東。

（鼎升曰：此處午年陞任山東者，疑為清康熙五年【公元1666年，丙午年】五月由雲南參政道陞任山東按察使司按察使的何毓秀。清順治十七年【公元1660年，庚子年】，總管滇黔且有除授官吏特權的平西王吳三桂以分巡上湖南道胡允等十人題補雲南各道，其中四川重慶府知府何毓秀為雲南按察使司副使管參事，分守臨元道；清順治十八年【公元1661年，辛丑年】，吏部具奏陞補。

又，前二卦之日建，己巳日與丁未日，相隔三十九天，不可能屬於同一辰月。此卦存疑。又『己巳日』疑爲『乙巳日』之誤，或『丁未日』疑爲『辛未日』之誤。）

歲五生世，平步登雲[185]。

---

[182]『副使』，按察使（官名。清代於各省內設有按察使，掌振揚風紀，澄清吏治，隸於總督、巡撫，爲正三品官員）的副職，督理刑名，也稱分巡道。起於明洪武年間（公元1368年~公元1398年），廢於清乾隆年間（公元1736年~公元1795年）。清代副使爲省以下、府以上一級的正四品官員，是道員的一種。——鼎升註

[183]『加銜』，給官吏高於本職的虛銜，表示尊貴。清制以太師、太傅、太保、少師、少傅、少保等爲大臣加銜。亦泛指加官。——鼎升註

[184]『方伯』，明清時對布政使的尊稱。清代布政使爲總督、巡撫的屬官，主管一省的財賦和人事。清康熙六年（公元1667年）後，每省設布政使一員，爲從二品官。但江蘇設二布政使，一在江寧，一在蘇州。——鼎升註

[185]『平步登雲』，比喻一下子就達到很高的地位或境界。——鼎升註

凡得太歲及五爻生世，或日月入爻動而生世，皆主庶民[186]食祿[187]，平步登雲：須要太歲入爻，又宜發動，倘得五爻生世，亦要發動，而世與官星亦宜旺相，方可斷之。

古有存驗。丙戌年戌月乙卯日，占聞駕[188]至，吉凶何如？

應	⺀	子水	妻財	
	○	戌土	兄弟	亥水　妻財
	⺀	申金	子孫	
世	⺀	卯木	官鬼	
	⺀	巳火	父母	
	⺀	未土	兄弟	

此人雖係庶民，乃一方之首領，忽聞駕至，迎之而得將軍之爵。太歲與五爻月建動而合世，世爻卯木之官又臨日建，神之徵驗如此，此非『知幾[189]者神』也？

福德動搖，豈是廟廊[190]之客？

凡得子孫持世，卦中子孫發動，終非貴客。

---

[186]『庶民』，衆民；平民。——鼎升註

[187]『食祿』，享受俸祿。——鼎升註

[188]『駕』，特指帝王。——鼎升註

[189]『知幾』，謂有預見，看出事物發生變化的隱微徵兆。——鼎升註

[190]『廟廊』，太廟兩廊。喻朝廷。借指天子。——鼎升註

如戊月丁卯日，占終身功名有無。得需卦——

妻財	子水	⚋	
兄弟	戌土	⚊	
子孫	申金	⚋	世
兄弟	辰土	⚊	
官鬼	寅木	⚊	
妻財	子水	⚊	應

斷曰：子孫持世，休問功名。彼曰：作何事可以成名？予曰：任爾才能倚馬[191]，力能舉鼎[192]，終身不許成名。但此人功名之念切甚，讀書苦勝囊螢[193]，文重當時[194]，竟未遊泮[195]。後從戎二[196]十餘載，或立軍功，或援例納粟，奔馳於名利之場，皓首[197]無成。此子孫尅官之徵驗也。

---

[191]『才能倚馬』，晉代桓溫北征，袁宏倚馬前草擬文告，傾刻寫成七紙。後稱人文思敏捷爲倚馬才。——鼎升註

[192]『力能舉鼎』，能將大鼎舉起。比喻力大氣壯。——鼎升註

[193]『囊螢』，典出晉代南平人車胤。車胤，字武子，幼時勤學，但家境貧寒，經常買不起燈油，於是就在夏夜用白色的絹囊盛數十個螢火蟲來照明讀書。後以囊螢形容讀書刻苦。——鼎升註

[194]『文重當時』，因文章寫得好而在當時享有極大的聲譽。——鼎升註

[195]『遊泮』，明清科舉制度，士子經過考試，取得進入府、州、縣學的生員資格，稱爲入泮，也稱遊泮。府、州、縣學的學宮，都有一個半圓形的水池，稱爲泮水，所以稱府、州、縣學爲泮宮，稱入學爲入泮。——鼎升註

[196]『二』，敦化堂本作『三』。——鼎升註

[197]『皓首』，白頭（指年老）。——鼎升註

破空臨世，終須白屋[198]之人。

世靜而臨旬空月破，官逢月破旬空，皆主不得成名。惟世與官星空破而動者，勿以此斷。

又如巳月乙卯日，占終身功名。得旅卦——

、	巳火	兄弟	
〃	未土	子孫	
、	酉金	妻財	應
、	申金	妻財	
〃	午火	兄弟	
〃	辰土	子孫	世

斷曰：雖是爻逢六合，嫌其子孫持世、官逢月破，勿想成名。彼曰：業已援例。予曰：費盡萬金[199]，終難食祿。後至子年得病，丑年得蠱疾[200]而終。

又於寅月丁卯日，曾占一人，已考職矣，問後運陞選何如，亦得此卦。戌年在地方多事，被人告發，革職[201]提問[202]。

終身功名之占，止知功名之有無。卦中若現功名者，再問或文或武，或入公門，任其本念，指其事而占之，其驗如響，若以一卦妄以文武斷之，乃欺人之法也。

[198]『白屋』，茅屋。古代指平民的住屋。因無色彩裝飾，故名。也指平民。——鼎升註

[199]『萬金』，敦化堂本作『黃金』，當誤。——鼎升註

[200]『蠱疾』，神經錯亂之病。一說『蠱』通『痼』，久病。——鼎升註

[201]『革職』，撤職。——鼎升註

[202]『提問』，傳訊審問。——鼎升註

曾遇武蔭占終身功名，即此功名終身，還是另有功名？

卯月戊子日，占得大過變井——

朱雀	青龍	元武	白虎	螣蛇	勾陳
		世			應
〃	、	○	、	、	〃
未土	酉金	亥水	酉金	亥水	丑土
妻財	官鬼	父母	官鬼	父母	妻財
		申金			
		官鬼			

斷曰：另有功名。卦中之酉金官星，已臨破矣，即是身上現在之官也，破而無用。幸世爻化出申金之官回頭生世，申乃今年之太歲，將來另有顯爵(203)，出自特恩。彼曰：從何而得？予曰：元武臨亥水父爻發動，必因息盜安民(204)之策(205)而得之也。彼曰：我何能有此長才(206)？又問應在何時。予曰：寅年得官，申年出仕。後果因盜賊之事，除首有功，寅年叙功(207)，先得武爵，後又改爲文職，申年陞任陝西副使，隨陞

(203)『顯爵』，顯貴的爵位。——鼎升註

(204)『息盜安民』，平息盜賊，穩定民生。——鼎升註

(205)『策』，策略，計策。——鼎升註

(206)『長才』，優異的才能。——鼎升註

(207)『叙功』，評議功勛的大小。——鼎升註

粵東[208]臬憲[209]，亥年坐陞藩臺[210]。予於子年到公署[211]，又占。

卯月辛丑日，占後運功名。得歸妹變震——

應	ˋˋ	戌土	父母	
	ˋˋ	申金	兄弟	
	ˋ	午火	官鬼	
世	ˋˋ	丑土	父母	
	○	卯木	妻財	寅木 妻財
	ˋ	巳火	官鬼	

---

[208]「粵東」，古稱廣東、廣西爲百粵之地，故稱兩粵，亦稱兩廣。又稱廣東爲粵東，廣西爲粵西。——鼎升註

[209]「臬憲」，對按察使的敬稱。按察使，官名。清代於各省內設有按察使，掌振揚風紀，澄清吏治，隸於總督、巡撫，爲正三品官員。「臬」，音niè【聶】。——鼎升註

[210]「藩臺」，明清時布政使的俗稱。清代布政使爲總督、巡撫的屬官，主管一省的財賦和人事。清康熙六年（公元1667年）後，每省設布政使一員，爲從二品官。但江蘇設二布政使，一在江寧，一在蘇州。——鼎升註

[211]「公署」，辦理地方行政事務的機關。——鼎升註

予曰：我特遠來，指望占得吉卦，預報開府[212]，奈何事與心違，不惟不能開府，且有退休[213]之兆。公曰：何也？予曰：月建之財現於卦象，尅世尅父，雖無虎動，難免長上之災；世亦逢傷，自身亦有險厄。果於寅年丁父艱[214]，卯年回籍[215]，至中途得病而終，乃因丑土父母持世，疊疊卯木而相尅也。

（鼎升曰：前卦當爲李文輝於清康熙二十三年【公元1684年，甲子年】旅居粵東【今廣東省】時所占。參卷四《增删〈黃金策·千金賦〉章》中『動爻何妨空破』條文。

此處卯年回籍得病而終者，當爲時任廣東布政使的郎廷樞。據《清實錄》記載：清康熙二十年【公元1681年，辛酉年】『五月』『丙寅』，『陝西平慶道郎廷樞爲廣東按察使司按察使』；清康熙二十一年【公元1682年，壬戌年】『七月』『辛未，陞廣東按察使郎廷樞爲廣東布政使司布政使』；清康熙二十六年【公元1687年，丁卯年】『四月』『丙寅』，『湖南按察使柴望爲廣東布政使司布政使』。又據《李士楨李熙父子年譜》清康熙二十三年【公元1684年，甲子年】條下記載：『杜臻《粵閩巡視紀略·卷上》：正月丁卯日，……。戊辰【初二日】，吳總制興祚、李撫軍士楨、郎藩伯廷樞、……，先行請安禮，乃敢具賓主會議諸務。』這也足以證明清康熙二十三年【公元1684年，甲子年】郎廷樞確實在

---

[212]『開府』，古代高官（如三公、大將軍、將軍等）自選僚屬開設府署，稱爲『開府』。清代特指任總督、巡撫者爲開府。總督一般爲正二品官員，亦有從一品或正一品官員，轄一省至三省，一般轄兩省。另有河道總督、漕運總督等。巡撫一般爲從二品官員，亦有正二品官員，每省一人，爲一省之長。——鼎升註

[213]『退休』，古代官吏辭官退閑於家，頤養晚年。——鼎升註

[214]『丁父艱』，舊時稱遭父母之喪爲丁艱，也叫丁憂。父母死後，子女要在家守喪三年，不做官，不婚娶，不赴宴，不應考。『丁父艱』，即遭父親之喪。——鼎升註

[215]『籍』，本義指戶口册，也指名册。此處指家鄉，故土。——鼎升註

擔任廣東布政使一職。而在《李士楨李熙父子年譜》清康熙二十六年【公元1687年，丁卯年】條下又有『康熙二十六年四月初五日，據廣東布政司丁憂布政使郎廷樞呈稱云云』的記載，也足可證明此卦『寅年丁父艱』的記載無誤。

又，在《八旗通志》中，有郎廷樞的一則小傳，可以更好地闡明前二卦中『即此功名終身，還是另有功名』與『先得武爵，後又改為文職』、『寅年丁父艱，卯年回籍，至中途得病而終』等一系列史實：

『郎廷樞，字維垣，漢軍鑲黃旗人。山東巡撫郎永清長子。初補太學生，考授州同。康熙十二年【公元1673年，癸丑年】冬，奸民楊起隆詐稱朱三太子，糾黨謀叛，以紅帽裹為號，約於京城內外放火舉事。廷樞家人黃才等四人與焉。廷樞查知其事，具獲首告。官兵廣為搜捕，共獲賊數百人。廷樞以擒逆出首功，特給與二等阿達哈哈番世職，准襲五次。廷樞白兵部，言系候補州同，不敢濫膺此職。兵部奏聞，特旨以參政道用。仍帶世職，准承襲』，『二十六年【公元1687年，丁卯年】，以父卒於山東，訃音至，哀毀致疾，倉皇北歸』，『二十七年【公元1688年，戊辰年】病卒』。

又，據《碑傳集·光祿大夫巡撫山東都察院副都御史二等阿達哈哈番郎公永清墓誌銘》記載，郎廷樞之父郎永清『卒於康熙二十五年【公元1686年，丙寅年】十二月廿八日』；據《清史稿》記載，郎永清於清康熙『二十五年【公元1686年，丙寅年】，擢山東巡撫。未幾，卒官，祀湖南名臣』。

至於郎廷樞此人早年『因盜賊之事，除首有功，寅年敘功』的經歷，《清實錄》中有更詳細的記載：清康熙十二年【公元1673年，癸丑年】『十二月』『丁巳』，『奸民楊起隆詐稱朱三太子，糾党謀叛，約於京城內外放火舉事，鑲黃旗監生郎廷樞家人黃裁縫、正黃旗周全斌子周公直家人陳益等與焉。

是日，郎廷樞察知其事，隨拿其家人黃裁縫等四人首告；周公直亦呈首，有素不識面凶惡之徒三十餘人在於伊家。正黃旗都統圖海、祖永烈等親領官兵圍周公直家，鑲黃旗副都統紀哈里等亦親領官兵往捕。賊陳益等放火拒捕。鑲黃旗拜他喇布勒哈番鄂克孫首先入內，官兵繼進，拿獲陳益等。復廣爲搜捕，共獲賊數百人。楊起隆逃去。所獲賊黨俱下三法司勘問』。清康熙十三年【公元1674年，甲寅年】『正月』『癸未』，『刑部等衙門題：會審黃裁縫等，党附楊起隆，謀逆情實，俱應淩遲處死；其祖、父、子、孫、兄弟及同居之人，不分異姓及伯、叔兄弟之子，男年十六歲以上者俱應斬；男年十五歲以下及本犯母、女、妻、妾、姊、妹，若子之妻、妾，財產，俱入官。得旨：黃裁縫等十二人俱淩遲處死，餘犯俱改爲即行處斬；各犯親屬本應依律正法，但牽連甚多，朕心不忍，著從寬免罪，人口家產並免入官。郎廷樞從優議叙』。

李文輝此時旅居粵東【今廣東省】，當爲受到時任廣東布政使的郎廷樞的邀請。）

壽元章第三十九

世爻旺相，永亨長年；身位休囚，須防夭折[216]。

凡占壽元，獨以世爻爲根本：世爻或旺或相，或臨日月，或得日月生扶及動爻生扶，或動而化生化旺、化回頭生者，乃大壽之徵也。

世爻休囚，防之於沖尅之年；再有刑傷尅害者，動而逢合逢值之年，靜而逢值逢沖之年，皆在《應期章》內斷之。休囚隨鬼入墓，衰逢助鬼之傷，皆爲凶兆。世動化退化鬼，及化回頭之尅、化絕化墓、化破化空，夕陽無限好，只恐不多時，皆於《應期章》內决之。

如辰月乙巳日，占壽。得中孚——

六親	地支	爻	世應
官鬼	卯木	丶	
父母	巳火	丶	
兄弟	未土	〃	世
兄弟	丑土	〃	
官鬼	卯木	丶	
父母	巳火	丶	應

[216]『夭折』，年少而亡，短命。——鼎升註

世臨未土，巳日生之、月建扶之，遂兒孫期頤[217]之祝，必享長年。彼曰：看在何時？予曰：古[218]以『初爻管五年，二爻管五年，共作三十年；再占一卦，又作三十年[219]』，予試四十餘載，並無應驗，不以爲法，止以世爻衰旺而斷長短。欺人之法，予不爲之。依此卦象，過二十載公再卜之。此人占卦之時五十三矣，後至七旬之一，相遇而曰：向年所占壽元，還可記否？予曰：占得中孚卦，原許二十年後再占。彼笑而占。

申月己卯日，占得山澤損變復卦——

應	○	寅木	官鬼	酉金	子孫
	、、	子水	妻財		
	、、	戌土	兄弟		
世	、、	丑土	兄弟		
	○	卯木	官鬼	寅木	官鬼
	、	巳火	父母		

---

[217]『期頤』，百年。高壽的意思。——鼎升註

[218]『古』，敦化堂本作『占』，當誤。——鼎升註

[219]《卜筮全書·天玄賦·身命》原文作：『初爻管五年，二爻管五年，三爻管五年，共十五年；後三爻亦管十五年，共三十年。支卦亦管三十年。却看爻上無阻，一年一位，數至壽終。』——鼎升註

予曰：適間若是一爻鬼動，公之壽則不久矣，今見多鬼搖發[220]，反爲不礙。今年太歲在子，還享八年之福，至未年是其時也。彼曰：何也？予曰：未年者，鬼多入墓，又是世逢年破。果終於未年七月。

又如巳月己酉日，占壽。得大畜之泰——

○		寅木	官鬼	酉金 子孫
〃	應	子水	妻財	
〃		戌土	兄弟	
、		辰土	兄弟	
、	世	寅木	官鬼	
、		子水	妻財	

斷曰：世臨寅木之鬼，晚景多災。世值休囚，又逢日剋，今歲流年太歲在辰，還可保其無礙，防申年木絕於申。後於未年得蠱症[221]，交春[222]之日而死。此亦卦之奇驗也。

元神宜於安靜。

占壽，世爲根本，元神爲滋生之物，宜旺而靜，不宜動搖。其故何也？占他事宜元神動者，動則而有力也；占壽元不宜發動，動則已有限期矣，非元神值絕墓之年，即在元神被[223]沖剋之歲。

---

[220]『發』，敦化堂本作『動』。——鼎升註
[221]『蠱症』，腹內生蟲的病。——鼎升註
[222]『交春』，立春。——鼎升註
[223]『被』，敦化堂本作『值』。——鼎升註

如亥月丁卯日，占壽。得姤之小畜——

	丶	戌土	父母		
	丶	申金	兄弟		
應	○	午火	官鬼	未土	父母
	丶	酉金	兄弟		
	丶	亥水	子孫		
世	ㄨ	丑土	父母	子水	子孫

斷曰：世臨丑土，化子水而合之、應爻午火生之，乃爲世爻得地，長壽之徵。然反不宜火動生土，猶恐子年沖去午火，是其時也。果卒於子年。應子年者，世爻動而逢合之年，又是沖去午火，不能生世。

又如辰月乙卯日，占壽。得中孚之睽——

	丶	卯木	官鬼		
	○	巳火	父母	未土	兄弟
世	ㄨ	未土	兄弟	酉金	子孫
	〃	丑土	兄弟		
	丶	卯木	官鬼		
應	丶	巳火	父母		

予曰：世爻未土，月拱、日剋可以敵之，反不宜巳火動而生世。今歲太歲在申，予恐亥年不利。後卒於戌年，應在巳火入墓之年。

忌神最怕動搖。

忌神不動，自是平安，動則已有限期矣，非應逢合之年，必應逢值之歲。

如寅月己酉日，占壽。得剝之无妄——

世			應		
、	ㄨ	ㄨ	〃	〃	ㄨ
寅木	子水	戌土	卯木	巳火	未土
妻財	子孫	父母	妻財	官鬼	父母
	申金	午火			子水
	兄弟	官鬼			子孫

斷曰：世化申金回頭之生，不宜寅月沖破，又嫌戌、未二土動而剋水，有剋而無生也，須防卯歲。

果卒於卯年，乃應戌土逢合之年而剋世也。

又如酉月癸亥日，占壽。得泰之明夷——

應			世		
〃	〃	〃	、	○	、
酉金	亥水	丑土	辰土	寅木	子水
子孫	妻財	兄弟	兄弟	官鬼	妻財
				丑土	
				兄弟	

此卦寅木鬼動而剋世，當應寅年亥年，却死於辰年世爻所值之年也，乃是世爻辰土，逢辰年而遭鬼剋。

又如子月乙亥日，占終身財福。

	ㄨ	子水	兄弟	卯木 子孫
	丶	戌土	官鬼	
應	〃	申金	父母	
	〃	丑土	官鬼	
	丶	卯木	子孫	
世	丶	巳火	妻財	

予曰：勿以財問，問壽可也。巳火世爻，日、月沖剋，豈當子水又加剋之？三十六歲逢丑年，須防水厄。彼曰：此其問故？予曰：坎宮屬水，日辰、月建是水，又動出子水，是以防之。

忽於丑年卯月辛卯日，楊友偕一人占流年㉔。得兌之隨——

世	〃	未土	父母	
	丶	酉金	兄弟	
	丶	亥水	子孫	
應	〃	丑土	父母	
	○	卯木	妻財	寅木 妻財
	丶	巳火	官鬼	

斷曰：今年六月，若非水中之險，定逢竹木之災。卦中日、月剋世，二爻寅、卯又剋，目下世空，可以不礙，六月世爻出空，逢群木以傷之，難保無危。楊友曰：此位姓郭，前歲㉕占身，爾許今年不利，今又如此，果然低㉖耶？予曰：數與數合，不獨於低。後果於六月隨主避暑園林，二十九日向人而曰：某人說我六月必死，今日念㉗九，飯吃七碗，如何得死？少刻持褲往塘內，在獨木船上洗之。忽而船已離岸，岸上一人叫曰：無怪乎某人說你死於水中，今船離岸，不死何爲？其人心忙，以手划船而船不動，

㉔『流年』，一年的運道。——鼎升註

㉕『歲』，敦化堂本作『友』。——鼎升註

㉖『低』，壞，惡劣。——鼎升註

㉗『念』，通『廿』。二十。——鼎升註

竟下水，欲以一手扳船一手劃之，豈知船輕，連人而覆，既死於木，又死於水。少刻，主人隨命家人戽[228]乾船水，叫兩人番[229]船，竟番不過，豈非數耶？

古法占流年，『財尅世者，以財斷之』，予竟以木多尅世，防木爲害。[230]《千金賦》曰：『卦遇凶星，避之則吉。』此卦忌神動搖，世爻空亡，豈可避耶？

又如午月己丑日，占壽。得否之遯——

應	丶	戌土	父母	
	丶	申金	兄弟	
	丶	午火	官鬼	
世	乂	卯木	妻財	申金 兄弟
	〃	巳火	官鬼	
	〃	未土	父母	

斷曰：此卦不敢定壽。世與妻財同化回頭之尅，間有應於傷妻。須再占一卦。

---

[228]『戽』，音hù【戶】。用戽斗取水。戽斗，取水灌田的舊時農具，形狀像斗，兩邊有繩，由兩人拉繩牽斗取水。——鼎升註

[229]『番』，同『翻』。——鼎升註

[230]李紱抄本前有『覺子曰』三字。——鼎升註

又得比之屯——

應	〃	子水	妻財	
	、	戌土	兄弟	
	〃	申金	子孫	
世	〃	卯木	官鬼	
	〃	巳火	父母	
	乂	未土	兄弟	子水 妻財

世爻隨鬼入墓，故知前卦乃應自身之壽也，但不敢以年月斷之。彼曰：須求直判。予曰：非我不言，因卦中之年月難定。世爻卯木，有應逢值，有應逢沖，有應木絕於申，有應木墓於未。再占一卦，可以決之。

又得蒙之臨——

	○	寅木	父母	酉金 妻財
	〃	子水	官鬼	
世	〃	戌土	子孫	
	〃	午火	兄弟	
	、	辰土	子孫	
應	乂	寅木	父母	巳火 兄弟

予曰：此卦得其年也。上下寅木動而尅世，木墓之年乃未年也。彼曰：有凶事否？予曰：前卦木被金傷，臨元武而動，須防盜賊。㉛後於申年城破而亡㉜，還應木絕於申也。

趨避章第四十

聖人作易，㉝原令人趨吉避凶。若使吉不可趨，凶不可避，聖人作之何益？世人卜之何用？或曰：年災月禍可以避之，死生如何能避？予曰：安於正寢㉞者，雖有可避之方，亦不須避。

康節㉟先生臨終，呼弟子沐浴更衣。群弟子哭曰：先生何不息神避穀㊱，以樂天年㊲？先生曰：不怕二程夫子㊳笑，要作神仙有甚難？故曰『可避而不避也』。若占得死於水者，莫近河邊；死於刑者，不可

㉛如意堂本『須防盜賊』後有『恐有非常之厄』六字。——鼎升註

㉜『後於申年城破而亡』，如意堂本作『後於申年城破而死於盜賊手中』。——鼎升註

㉝李紱抄本前有『野鶴曰』三字。——鼎升註

㉞『正寢』，舊式住宅的正房。喻指老死在家裏。——鼎升註

㉟『康節』，即邵雍，宋代共城人，字堯夫，後人稱爲百源先生。好易理，以太極爲宇宙本體，有象數之學。著有《皇極經世》、《伊川擊壤集》、《漁樵問答》等。宋元祐年間（公元1086年~公元1094年）賜謚康節。——鼎升註

㊱『避穀』，即辟穀。古稱行導引之術，不食五穀，可以長生。——鼎升註

㊲『天年』，人的自然壽命。——鼎升註

㊳『二程夫子』，指宋理學家程顥、程頤兄弟。——鼎升註

違條犯法：未有不化凶而爲吉也。曾於漢口[239]。

卯月壬寅日，占索債得否[240]？益之中孚——

應	、	卯木	兄弟	
	、	巳火	子孫	
	〃	未土	妻財	
世	〃	辰土	妻財	
	ㄨ	寅木	兄弟	卯木 兄弟
	、	子水	父母	

此人欲渡江索債，因屢取不得，欲與之斷鬧。問得財否？成非否？予見此卦，本日日辰動化進神剋世，因世爻落空，辰時出空，被日、月、動爻之剋，必有危亡之禍。留之早膳[241]，過此時辰去亦[242]不遲。彼必欲去，予苦留之。飯後去到江邊，忽而跑回，向予拜謝活命之恩。予曰：此其何故？彼曰：今早四隻大船擺渡，行至江心，忽起暴風，盡行覆沒，此時屍滿長江。若不蒙君[243]之苦留，已在結中矣！予曰：

---

[239]『漢口』，今湖北省武漢市區長江與漢江交匯處之北、京廣鐵路綫上。——鼎升註

[240]『得否』，敦化堂本無。——鼎升註

[241]『早膳』，吃早飯。——鼎升註

[242]『亦』，敦化堂本作『之』。——鼎升註

[243]『君』，原本無，據敦化堂本與文意補。——鼎升註

依數全無救星㉔，定是兄之德行㉕，我有何功？此非避耶？

最忌官鬼尅世。

凡占防患，尅世者皆不爲吉，獨鬼爻尅世更凶：火鬼須防火災；木鬼須防木害；水鬼尅世，沉溺之憂；土鬼傷身，岩墻之厄；金鬼劍刀斧鉞㉖。虎元盜賊兵戈；蛇雀官非，兼防火厄㉗；勾陳田土，又係牢獄；青龍雖是吉神，尅世亦爲凶象：或因酒色亡身，間有喜中起禍。

既以五行六神而定，再以八卦參之：乾兌爲寺廟，又屬金形；坎兌以水爲災，勿執弓弩；離是火災，又爲蟹鼈；震有舟車之寇；巽防婦女之奸；坤艮郊野山林，又爲老婦妖童㉘之惑。諸類多門，在人通變。

㉔『救星』，比喻幫助人脫離苦難的集體或個人。——鼎升註

㉕『德行』，品德操行。——鼎升註

㉖『斧鉞』，古代軍法用來殺人的斧子。泛指刑罰中的殺戮。『鉞』，音yuè【越】。——鼎升註

㉗『火厄』，猶火災。——鼎升註

㉘『妖童』，邪惡的小子；對興兵作亂者或侵略者的蔑稱。——鼎升註

如丑月戊子日，占夢。得益之中孚——

朱雀	應	、	卯木	兄弟	
青龍		、	巳火	子孫	
元武		〃	未土	妻財	
白虎	世	〃	辰土	妻財	
螣蛇		ㄨ	寅木	兄弟	卯木 兄弟
勾陳		、	子水	父母	

此人因夢一身之血，入河洗之。予曰：血乃財也，洗去者，破財之兆。今又占得此卦，螣蛇㉔⑨發動化進神，尅世尅財，不獨劫財，還防身遭木害。巽宮屬木，又係木動尅世，木害須防。彼曰：何以避之？予曰：世與木爻皆在內卦，出外可避；巽爲少女，勿貪幼婦[250]。彼曰：應在何時？予曰：交春就可避之。彼曰：年近歲逼[251]，如何遠去？不意果於正月亥日宿於妾房，被賊明火[252]入室，席捲一空，身受木器所傷。若不宿於少婦之室，或者扒墻而出，未必身受其傷。

---

[249]『螣蛇』，原本與敦化堂本俱作『元武』，顯誤，據李紱抄本與文意改。——鼎升註

[250]『幼婦』，少女。——鼎升註

[251]『年近歲逼』，指臨近年節。——鼎升註

[252]『明火』，謂公開搶劫。——鼎升註

獨宜福德隨身。

占夢兆　占漂洋過江　占踰險偷關[253]　占防瘟疫

占防病　占誤食毒物　占遠鄰[254]火起　占防仇害

占避難　占賊盜生發[255]　占孤身夜行　占宿店廟

占入山　占仇人訛詐　占已定大罪　占入不毛[256]

大凡一切憂疑驚恐、防災防患者，皆宜子孫持世，或福神動於卦中。古法曰：『但得子孫乘旺動，飛殃橫禍化爲塵。』

---

[253]『踰險偷關』，越過危險的地方，偷偷地經過關卡。『踰』，通『逾』。——鼎升註

[254]『遠鄰』，敦化堂本作『鄰近』。——鼎升註

[255]『生發』，滋生發展。——鼎升註

[256]『不毛』，不生植物。指荒瘠。——鼎升註

如午月丁亥日，占夢前夫叫去，已隨去矣。

應			世		
⺀	○	⺀	○	ㄨ	丶
子水	戌土	申金	亥水	丑土	卯木
兄弟	官鬼	父母	兄弟	官鬼	子孫
	亥水		丑土	卯木	
	兄弟		官鬼	子孫	

斷曰：世爻亥水雖臨日辰，豈當重重土剋？今冬防危。果於九月小產㉕⑦成癆㉕⑧，臘月㉕⑨而死。

㉕⑦『小產』，流產的通稱。謂懷孕未足月而胎兒墮出。——鼎升註

㉕⑧『癆』，勞損的疾病。——鼎升註

㉕⑨『臘月』，農曆十二月。——鼎升註

又如戊月戊申日，占夢亡母叫去，已隨去矣。

應	丶	卯木	官鬼
	丶	巳火	父母
	〃	未土	兄弟
世	丶	申金	子孫
	〃	午火	父母
	〃	辰土	兄弟

凶夢相同，生死各別。前卦世爻變鬼，死於臘月；後卦子孫持世，竟無凶災。

覺子曰：雖然子孫持世，雖[260]爲吉兆，若值月破，許之出月無憂；若臨旬空，許之出旬無患。未至出旬之日，盡屬虛疑空憂。

如巳月庚辰日，占防患。得夬卦——[261]

	〃	未土	兄弟
世	丶	酉金	子孫
	丶	亥水	妻財
	丶	辰土	兄弟
應	丶	寅木	官鬼
	丶	子水	妻財

---

[260]『雖』，敦化堂本作『難』，當誤。因李紱抄本『雖爲吉兆』作『固吉』。——鼎升註

[261]此卦與以下『无妄』、『節之坎』二卦，原本與敦化堂本俱未排出卦象，卦象據李紱抄本補。——鼎升註

世臨子孫值旬空，事之不結，終日憂煎。

又於乙酉日，占得无妄——

丶	戌土	妻財	
丶	申金	官鬼	
丶	午火	子孫	世
〻	辰土	妻財	
〻	寅木	兄弟	
丶	子水	父母	應

世臨午火子孫，又值旬空，事又反復不結。

己酉日，又占得節之坎卦——

〻	子水	兄弟		
丶	戌土	官鬼		
〻	申金	父母	應	
〻	丑土	官鬼		
丶	卯木	子孫		
○	巳火	妻財	世	寅木 子孫

予曰：甲寅日則事結矣。彼曰：何也？予曰：世爻[262]巳火變出寅木子孫，又值旬空，幸得卦遇六沖，所以結矣。果結於甲寅日。

[262]『爻』，原本與敦化堂本、李紱抄本俱作『下』，顯誤，據文意改。——鼎升註

剋在內，世在外，宜於外避。

剋神若在內卦，動而剋世，宜出外避之。

剋神若在外卦，動而剋世，宜在家避之。

如寅月丁未日，占流年。得噬嗑之睽——

	ヽ	巳火	子孫	
世	〃	未土	妻財	
	ヽ	酉金	官鬼	
	〃	辰土	妻財	
應	ㄨ	寅木	兄弟	卯木 兄弟
	ヽ	子水	父母	

予曰：今秋必有險厄。寅木動爻臨月建，化進神剋世，此時木盛貪榮，不來剋害，六七月衰墓之時，防土木之厄。彼曰：可避否？予曰：宜往外方可避。又問：何方爲吉？予曰：目下去者，宜往西方；六七月去者，宜往東方。何也？六七月木衰矣，所以反宜於東。此人竟未出門，捱(263)至七月初七，又得凶夢，初八即往東行，廿八地震房塌，人口被傷，獨伊得免。

（鼎升曰：此卦日建與卦名，諸本不一。清康熙年間【公元1662年～公元1722年】原本與李紱抄本俱作寅月丁未日，得益之睽；清乾隆年間【公元1736年～公元1795年】敦化堂本作寅月丁卯日，得

(263)『捱』，拖延；磨蹭。敦化堂本作『挨』。——鼎升註

益之睽：之後版本，如清嘉慶年間【公元1796年~公元1820年】一木刻殘本、民國錦章本、民國廣益巾箱本等俱從敦化堂本，唯另一民國廣益本爲寅月丁卯日，得噬嗑之睽。但以上諸本實際排卦俱爲噬嗑之睽。今日建從清康熙年間【公元1662年~公元1722年】版本，卦名據實際排卦徑改。

又，此卦附在『尅在內，世在外，宜於外避』條文之下，與噬嗑之睽卦意相符。

此處所述地震，當爲清康熙十八年【公元1679年，己未年】京師地震。據《清史稿·聖祖本紀一》記載：十八年秋七月庚申【9月2日，七月二十八日】，京師地震，詔發內帑賑恤，被震廬舍官修之。

又清人董含《三岡識略》中有《地震》一則，可資佐證：

己未七月二十八日巳刻，京師地震，自西北起，飛沙揚塵，黑氣障空，不見天日，人如坐波浪中，莫不傾跌。未幾，四野聲如霹靂，鳥獸驚竄。是夜，連震三次，平地坼開數丈。得勝門下裂一溝，水如泉湧。官民震傷，不可勝計，至有全家覆沒者。二十九日午刻，又大震。八月初一日子時，復震如前。自後時時簸蕩，十三日，震二次。十九至二十一日，大雨三日，衢巷積水成河，民房盡行沖倒。二十五日晚，又大震二次。內外官民，日則暴處，夜則露處，不敢入室，晝夜不分，狀如混沌。朝士壓死者，則有學士王敷治、員外王開運、總河王光裕、通冀道郝炳等。積屍如山，莫可辨識。通州城房坍者更甚，空中有火光，四面焚燒，哭聲震天。又李總兵者，攜眷八十七口進都，宿館驛，俱陷沒，止存三口。涿州、良鄉等處，街道震裂，黑水湧出，高三四尺。山海關、三河地方平沉，爲河環遶。帝都連震一月，亘古未有之變，舉朝震驚，因下詔求直言。既而群寇以次掃除，海宇乂安，竟爲蕩平之兆云。）

又如卯月己未日，占得履卦——

	世			應	
ヽ	ヽ	ヽ	〃	ヽ	ヽ
戌土	申金	午火	丑土	卯木	巳火
兄弟	子孫	父母	兄弟	官鬼	父母

予過鄱陽[264]，忽起暴風，水沖舵去，其舟旋於湖內。小價[265]擲錢，予問所得何卦，答曰：天澤履。予曰：子孫持世，何足爲憂？仍復睡卧。少刻，一陣大風將船吹送其岸。

---

[264]『鄱陽』，江西省境內鄱陽湖。——鼎升註

[265]『小價』，舊時在他人面前對自己僕人的謙稱。『價』，音jiè【借】。書面語中稱被派遣傳送東西或傳達事情的人。——鼎升註

又如申月戊申日，占被人訛詐，可成非否？得旅卦——

丶	巳火	兄弟	
〃	未土	子孫	
丶	酉金	妻財	應
丶	申金	妻財	
〃	午火	兄弟	
〃	辰土	子孫	世

予曰：子孫持世，何足爲懼？必不成非。分文勿使，不必理他。予詳酉金旺財臨應爻，又曰：我雖勸爾分文勿使，應財旺甚，是非雖無，只恐不得不使錢耳。後果仇家央煩[266]當道[267]說合，無奈，費過四數。

世在外，尅在外，宜於家居。

世爻與忌神皆在外卦者，不可出行，宜居家可避；世與忌神在內卦者，不可家居[268]，宜於外避。

《出行章》云：『路上有官休出外，宅中有鬼莫居家。[269]』同此意耳。

---

[266]『央煩』，懇求；請求。——鼎升註

[267]『當道』，執掌政權的人。——鼎升註

[268]『家居』，敦化堂本作『居家』。——鼎升註

[269]《卜筮全書・黃金策・求財》原文作：『路上有官休出外，宅中有鬼勿居家。』《卜筮全書・黃金策・避亂》原文作：『路上若逢休出外，宅中如遇勿歸家。』——鼎升註

如未月丙子日，占僕人爲禍否？得解之震——

	〃	戌土	妻財		
應	〃	申金	官鬼		
	丶	午火	子孫		
	〃	午火	子孫		
世	○	辰土	妻財	寅木	兄弟
	ㄨ	寅木	兄弟	子水	父母

此公知僕役變心，意欲處治，尚無實跡，故占之。斷卦者若執奴僕爲財，則迂也：彼既防患，只看忌神，此卦世臨辰土，兩重寅木傷之。予曰：不獨此人，還有附從者。彼曰：何法處之？予曰：彼無實跡，如何處之？但未月乃木之墓，七月乃木之絕，此兩月乃敗露之月也！公宜出外，自能免禍。果依計而行，往墳莊[270]上住過半月，兩僕人逃矣，一婦隨去，一婦未去。未去之婦而曰：彼二人原欲害主而逃，今因出外，不能相害。此非避凶之法耶？

避患於生世之方，趨吉於福神之地。

凡避兵避盜、避瘟養病、避是非，皆宜避於生世之方及子孫之方爲吉。

子孫若發動於卦中，不拘剋世、生世、持世，俱以爲吉。

---

[270]『墳莊』，家鄉，故土。——鼎升註

如巳月戊辰日，占防流兵[271]。得臨之睽——

朱雀	青龍	元武	白虎	螣蛇	勾陳
	應			世	
ㄨ	〃	ㄨ	〃	、	、
酉金	亥水	丑土	丑土	卯木	巳火
子孫	妻財	兄弟	兄弟	官鬼	父母
巳火		酉金			
父母		子孫			

彼時流兵爲害，到處遭殃。此人知易，占得此卦，終日焦憂。予問其故。彼曰：巳酉丑合成金局而剋世，世爻又臨螣蛇之鬼，數在結中，萬萬莫能逃矣！予笑而曰：爾與兵賊同居，保爾無事。彼曰：何也？予曰：子孫合成金局，剋去身邊之鬼，夫復何憂？彼曰：酉金子孫，旺於巳月，又化巳火，論剋如何論生？予曰：酉金得丑、辰[272]二土以相生，如何論剋？後果屢逢兵變[273]，此人或避或不避，皆不逢驚。自癸未年占得此卦，直至庚寅年地方大定，向予而曰：子孫爲福神，信乎有驗！世之看書不到，論理不徹，以吉爲凶者，不獨我一人而已。

[271]『流兵』，逃兵。——鼎升註

[272]『辰』，原本與敦化堂本俱作『未』，顯誤，據李紱抄本與文意改。——鼎升註

[273]『兵變』，軍隊嘩變。——鼎升註

（鼎升曰：此處癸未年至庚寅年，當爲明崇禎十六年【公元1643年，癸未年】至清順治七年【公元1650年，庚寅年】，是明亡清興，狼烟四起的幾年。）

如巳月丙戌日，占通㉗㊹鄉避亂。得乾之大有——

世	、	戌土	父母	
	○	申金	兄弟	未土 父母
	、	午火	官鬼	
應	、	辰土	父母	
	、	寅木	妻財	
	、	子水	子孫	

衆以子孫屬水，金動生之，北方爲吉。予曰：非此議論。兄動化元[275]神，乃破財之象；午火得令而生世，往南避之爲吉。信予之言，皆從南避。後果賊從北來，放火燒村而去，房屋稻穀盡成灰燼，乃申金兄動，破財之故耳。

所以生方爲吉，子孫之方亦吉，又當以旺衰分別。火雖鬼方，生我何礙？

世遇生扶，百年正寢；身遭尅害，五類推詳。

凡占終身結果何如，但得世爻旺相，或有動爻日月生扶，或動而化吉，皆許無疾而終。

---

[274]『通』，全部，整個。——鼎升註

[275]『元』，原本與敦化堂本俱作『進』，顯誤，據李紱抄本改。——鼎升註

斷。

如若世逢剋制刑沖，須以五行兼六神而斷：受五行之剋，以疾病而言；如兼六神之凶，即以橫亡㉗⁶而

火若傷金，肺經之病；土來刑水，腎受其傷；水剋火以傷心；金剋木而肝疾；脾虛胃弱，皆因木旺刑沖；腸損腰傷，乃爲仇神獨發。

兼螣蛇以心驚，帶青龍而酒色，勾陳腫脹，朱雀顛狂[277]，虎必血災，元因氣惱[278]。

虎元金鬼，難免盜賊兵戈；水鬼龍元，宜遠江湖池井；蛇雀木鬼犯官刑，臨火須防焚害；蛇木又言縊絞；勾陳土鬼牢獄。

諺云：『一樣之生，百樣之死。』卦如神見，理宜細詳。

[276]『橫亡』，指因自殺、被害或意外事故而死亡。——鼎升註

[277]『顛狂』，精神病名。也指精神病人的狂亂表現。——鼎升註

[278]『惱』，敦化堂本作『腦』。——鼎升註

如未月癸亥日，占定何罪？得中孚變臨卦——

白虎		○	卯木	官鬼	酉金	子孫
螣蛇		○	巳火	父母	亥水	妻財
勾陳	世	〃	未土	兄弟		
朱雀		〃	丑土	兄弟		
青龍		丶	卯木	官鬼		
元武	應	丶	巳火	父母		

斷曰：木鬼臨白虎，絞罪定矣！但幸世臨月建；木鬼雖動，又被酉金回頭之尅；外卦反吟，事必反復：雖定絞罪，終有改移。果議絞罪。後蒙駁審[279]，改活罪。

父母壽元章第[280]四十一

凡占祖父祖母，占父占母，須宜分占。

古以『陽爻爲父，陰爻爲母』，予試不驗。

[279]『駁審』，駁回再審。——鼎升註

[280]『第』，原本無，據前後章文意補。——鼎升註

父臨日月，椿庭㉘晚歲榮華；母值破空，萱草㉘殘年樵瘁㉘。

父母爻或旺或相，或臨日月，或日月動爻生扶及動而化吉，長享遐齡㉘。

父母爻休囚，不遇刑傷剋害，晚年多病，還保無傷；休囚又被刑沖，或日月動爻之剋及動而變凶，承歡㉘宜早。

㉘『椿庭』，《莊子・逍遙遊》謂上古有大椿長壽，《論語・季氏》有孔鯉趨庭接受父訓，後因以『椿庭』爲父親的代稱。——鼎升註

㉘『萱草』，《詩・衛風・伯兮》：『焉得諼草，言樹之背？』《毛傳》：『諼草令人忘憂；背，北堂也。』『諼』，同『萱』；『言』，語助詞。謂北堂樹萱。古制，北堂爲主婦之居室。後因以『萱堂』指母親的居室，並藉以指母親。此處『萱草』亦指母親。——鼎升註

㉘『樵瘁』，敦化堂本作『憔悴』，李紱抄本作『憔瘁』。——鼎升註

㉘『遐齡』，高齡；長壽。——鼎升註

㉘『承歡』，侍奉父母。——鼎升註

如丑月庚子日，先占父壽。得姤卦——

		應			世
丶	丶	丶	丶	丶	〃
戌土	申金	午火	酉金	亥水	丑土
父母	兄弟	官鬼	兄弟	子孫	父母

又占母壽。得大壯之升——

		世			應
〃	〃	○	丶	丶	○
戌土	申金	午火	辰土	寅木	子水
兄弟	子孫	父母	兄弟	官鬼	妻財
		丑土			丑土
		兄弟			兄弟

斷曰：前卦兩現父母，取月建丑土爲用神，旺於子日，又與日合，蒂固根深，大椿[286]永茂。後卦午火父母，動被日沖，初爻子水又動，此午火有尅無生。因初爻子水化出丑土，貪合不來尅火，防丙子年加以太歲沖之，是其時也。癸酉年占，至乙巳年三十餘載，復遇其人而問曰：尊翁[287]健否？

---

[286]『大椿』，《莊子・逍遙遊》謂上古有大椿長壽，以一萬六千歲爲一年。後因以爲父親的代稱。——鼎升註

[287]『尊翁』，對別人父親的敬稱。——鼎升註

答曰：甚健。問乃堂㉘，答曰：果終於子歲。

若以古法，『陽爲父，陰爲母』，前卦丑、戌兩現，俱以旺而斷者，如天遠矣。

又如卯月庚寅日，占母壽。得蹇之謙——

		世			應
〃	○	〃	丶	〃	〃
子水	戌土	申金	申金	午火	辰土
子孫	父母	兄弟	兄弟	官鬼	父母
	亥水				
	子孫				

卦中兩現父母，取戌土動爻爲用神，春占休囚，雖則卯與戌合，嫌日、月同剋，論剋不論合也。酉年占，戌年辰月而終：此應動而逢值之年；應辰月者，沖戌之月也。

㉘『乃堂』，他的母親。——鼎升註

又如酉月庚申日，占祖母壽。得蒙變渙——

		世			應
ヽ	ㄨ	〃	〃	ヽ	〃
寅木	子水	戌土	午火	辰土	寅木
父母	官鬼	子孫	兄弟	子孫	父母
	巳火				
	兄弟				

寅木父母，秋占凋零，逢絕、逢沖、逢尅，五爻子水，獨發相生，無根之木，生之不久，防午年沖去子水，爲子者勿遠遊[289]也。卯年占，果終於午年。此應沖去元神之年也。

[289]『爲子者勿遠遊』，語出《論語・里仁》：『父母在，不遠遊，遊必有方。』——鼎升註

又如巳月乙酉日，占父壽。得巽之姤——

世　　　　應

丶　丶　乂　丶　丶　〃

卯木　巳火　未土　酉金　亥水　丑土

兄弟　子孫　妻財　官鬼　父母　妻財

　　　午火

　　　子孫

斷曰：亥水父臨月破，又被未土相傷，雖則酉日沖動卯木剋土，土旺木衰，不惟難許長年，且無長月。果終於本年冬至月。應子月者，沖去午火，而未土以剋亥水。

又如卯月丙寅日，占祖母壽。得中孚——

　　　世　　　應

丶　丶　〃　〃　丶　丶

卯木　巳火　未土　丑土　卯木　巳火

官鬼　父母　兄弟　兄弟　官鬼　父母

斷曰：巳火父母，日、月生之，且有大壽。伊曰：家父爲祖母拜斗[290]，許拜七年。我因家父勞於公

[290]『拜斗』，禮拜北斗星。道教祈禱的一種。——鼎升註

事，我停妻未娶[291]，代爲禮拜。予曰：可見喬梓[292]大孝，感格[293]天心[294]。此卦日、月相生，勿謂非神之力。

戊年占，及至次年，偶因痰堵，此子又來卜之。

丑月庚子日，占得歸妹變震——

應	〃	戌土	父母		
	〃	申金	兄弟		
	丶	午火	官鬼		
世	〃	丑土	父母		
	○	卯木	妻財	寅木	妻財
	丶	巳火	官鬼		

剛未裝畢，家人來曰：老太已去世矣！此子急去。予詳此卦，丑土父母既臨月建，又有午火暗動相生，雖則木動尅土，却是化退神，而貪生忘尅，豈無救耶？隨即趕到其家。北人[295]土俗[296]，臨終不肯停床[297]，已抬

---

[291]『停妻未娶』，已有明媒的妻子却還沒有娶進門。——鼎升註

[292]『喬梓』，喬木高，梓木低，比喻父位尊，子位下，因稱父子爲『喬梓』。——鼎升註

[293]『感格』，謂感於此而達於彼。——鼎升註

[294]『天心』，天意。——鼎升註

[295]『北人』，泛稱北方之人；指我國北方的少數民族。此處當特指滿族。——鼎升註

[296]『土俗』，當地的習俗。——鼎升註

[297]『停床』，謂死者未入棺前，停屍床上。——鼎升註

於門板之上，痰壅[298]於喉，稍有微息。予以白生礬[299]三錢[300]，滾水化開，撬牙灌之。忽而叫曰：冷甚！隨即復移燒炕[301]，又活十有三載。

（鼎升曰：此卦費解。清康熙年間【公元1662年～公元1722年】原本作『丑月庚子日，占得歸妹變復』，清康熙年間【公元1662年～公元1722年】李紱抄本作『丑月庚子日，占得歸妹之復』，但二本中實際排卦俱是歸妹變震。清乾隆年間【公元1736年～公元1795年】敦化堂本從原本。以上三本中『却是化退神，而貪生忘尅』句，原本與敦化堂本俱作『化退神絕於申日』，李紱抄本作『却是化退神，而絕於申日』。

這樣産生的矛盾是：如果正確的卦像是『丑月庚子日，占得歸妹變復』，則官鬼午火是發動而非暗動，而『化退神絕於申日』句則費解；如果正確的卦像是『丑月庚子日，占得歸妹變震』，則官鬼午火暗動，『化退神絕於申日』句亦十分費解；如果正確的卦像是『丑月庚申日，占得歸妹變震（或歸妹變復）』，雖然『化退神絕於申日』句成立，而官鬼午火暗動之説則無從談起。

如意堂本與武陵本中，此卦都作『丑月庚子日，占得歸妹變復』。但如意堂本實際排卦爲歸妹變復，武陵本實際排卦却是歸妹變震。以上二本『化退神絕於申日』句俱作『却是化退神，而貪生忘尅』。

---

[298]『壅』，音yōng【庸】。堵塞。——鼎升註

[299]『生礬』，未經煉製的礬石。『礬』，含水複鹽的一類，是某些金屬硫酸鹽的結晶。——鼎升註

[300]『錢』，中國市制重量單位，一兩的十分之一。——鼎升註

[301]『燒炕』，設有烟道，可以燒火取暖的炕。——鼎升註

又，從卦意上看，原卦無法判斷是野鶴老人所占還是李文輝所占，經查萬年曆，從公元1583年明萬曆十一年起，至公元1690年清康熙二十九年《增删卜易》成書止，並無戌年卯月丙寅日與次年亥年丑月庚申日同時存在，而戌年卯月丙寅日與次年亥年丑月庚子日却有三次出現。

又，從卦意上看，原卦中所指『北人土俗』，當指清軍入關後的滿族喪葬禮儀。滿族人不許人死在平常睡覺的床上，人將死時，必抬至事先準備好的床板上停放。

現日月建據原本保留，卦名據原本中實際卦象改，原解中『化退神絕於申日』據如意堂本與武陵本改作『却是化退神，而貪生忘尅』。）

兄弟章第[302]四十二

凡占弟兄，須宜問明。或因弟兄不睦，問將來和好否？或因弟兄雖多，將來得濟[303]否？或問將來有弟兄否？或占兄弟壽元，便於判斷。

兄爻旺相遇生扶，紫荊並茂。

兄弟爻或旺或相，或臨日月，或日月動爻生扶及動而化吉，長枕大被[304]，和睦[305]致祥。

---

[302]『第』，原本與敦化堂本俱作『弟』，顯誤，據前後章文意改。——鼎升註

[303]『得濟』，有益；得利。——鼎升註

[304]『長枕大被』，長形的枕頭，寬大的被褥。比喻兄弟友愛。也比喻夫妻關係和諧融洽。——鼎升註

[305]『睦』，敦化堂本作『氣』。——鼎升註

弟位休囚兼受制，雁序[306]分飛。

兄弟爻休囚者，若問得濟，雖有如無；若問將來有否，從此無矣；如問弟兄之壽元，長年有限。倘休囚又逢破空，及日月動爻刑尅，或動而化凶者，諸占皆不吉也。

如申月丙辰日，占弟兄和好否？得濟否？大有之乾——

青龍	應	丶	巳火	官鬼		
元武		ㄨ	未土	父母	申金	兄弟
白虎		丶	酉金	兄弟		
螣蛇	世	丶	辰土	父母		
勾陳		丶	寅木	妻財		
朱雀		丶	子水	子孫		

弟兄臨月建[307]，未土父動以相生，又化出兄爻。予曰：弟兄雖多，有一位屬猴者得濟。彼問：何故？予曰：神兆於動，動而變出以臨月建，自是超群拔類。彼曰：果有舍弟[308]屬猴，去年曾叨[309]一第，餘三人

---

[306]『雁序』，作隊有序飛行的雁群。比喻兄弟。——鼎升註

[307]『弟兄臨月建』，原本與敦化堂本、李紱抄本俱如此，當誤。——鼎升註

[308]『舍弟』，對人自稱其弟的謙詞。——鼎升註

[309]『叨』，音tāo【濤】。謙詞。忝辱，受之有愧。——鼎升註

皆從別業[310]。可見數之靈驗如此。遲一科，又登甲榜[311]。

又如卯月戊辰日，占弟兄。得震之兌——

世	〃	戌土	妻財		
	ㄨ	申金	官鬼	酉金	官鬼
	丶	午火	子孫		
應	〃	辰土	妻財		
	ㄨ	寅木	兄弟	卯木	兄弟
	丶	子水	父母		

予見此卦，爲伊赧然[312]，問曰：此因何事而占？彼曰：愚兄弟四人，尚未分家，問將來和睦久遠否？終有反目[313]否？當分居否？予曰：此卦大凶！爻凶、卦凶，大有不測之禍。內卦兄弟化進神，金鬼亦化進神，動而沖尅；震木變兌金，亦化回頭之尅，凶之極矣！壬午年占，至甲申年，弟兄四人同時被害，大小男女，悉陷賊營。應申年者，木絕於申。

（鼎升曰：此處甲申年，當爲明崇禎十七年【清順治元年，公元1644年，甲申年】，是年明思宗崇禎帝朱由檢登景山自縊，明亡，清世祖順治帝福臨遷都北京。）

[310]『別業』，其它的職業。——鼎升註

[311]『甲榜』，元明以來稱進士爲甲榜。因以指中進士的人。——鼎升註

[312]『赧然』，因羞愧、慚愧而臉紅。形容難爲情的樣子。『赧』，音nǎn【腩】。——鼎升註

[313]『反目』，翻眼相看，不和睦。——鼎升註

又如未月辛酉⑭日，占弟兄還有否？得既濟變革——

世應	爻	納甲	六親	變爻
應	〃	子水	兄弟	
	丶	戌土	官鬼	
	乂	申金	父母	亥水 兄弟
世	丶	亥水	兄弟	
	〃	丑土	官鬼	
	丶	卯木	子孫	

予曰：弟兄雖有，必不得濟；亥水兄爻持世，申爻動而生之，此一位得濟之弟，尚未生也。應爻之子水，雖則出現，已值旬空，故曰『必不得濟』。彼曰：果一位舍弟已得顛狂之症，所以再問有無。予曰：必有，乃異母⑮所生。彼曰：何也？予曰：父母化出之爻也，是以知之。又問：子水之兄弟臨空而不得力，是也；亥水持世之兄爻，如何亦不得濟？予曰：第四爻申金化出之亥水，即是此爻，卦之微妙，爾豈得知？後果異母有出，父亡而撫之，予目擊其成人，後事未考⑯。古法：『卦無父母而有兄弟，胞於異母。』予未得試。

⑭『酉』，敦化堂本作『丑』，顯誤。——鼎升註

⑮『異母』，同父不同母。——鼎升註

⑯『考』，推求，研究。——鼎升註

夫婦章第四十三

夫婦之占，亦須分別：或占妻壽，或占夫妻偕老否，或占夫妻和睦否，或占妻有刑傷破敗否？占妾⑶⒄占婢，一卦止占一人，不可概問。

財福生身，可遂唱隨⑶⒅之願；應爻合世，堪爲附和之神。

《黃金策》專以應爻爲妻，其故何也？因其《身命章》中，父子、弟兄、妻財、官鬼，一卦而兼斷之，正恐屢以財爲妻者，又以何爻爲財帛？不得不以應爻而爲妻位，不顧驗與不驗，竟以應爻爲妻。雖然以應爲妻者，亦非全非理也。占妻，財爻爲重，應爻次之：財爻旺相，應爻空破，仍以吉斷；應爻旺相，財爻空破，即以凶推；應旺財旺，吉而又吉；應破財破，凶而更凶。故以應爻爲附和也。

財爻或旺或相，⑶⒆或臨日月，或日月動爻生扶及動而化吉，又與世爻相生合者，如占偕老，定然舉案齊眉⑶⒇；若問和睦，白首必無反目；若問妻命之妍媸⑶㉑，入夫門，夫家隨旺。占妾占婢，指而問者，亦同此斷。

⑶⒄『妾』，敦化堂本作『妻』。——鼎升註

⑶⒅『唱隨』，『夫唱婦隨』的略語。比喻夫婦和睦相處。——鼎升註

⑶⒆李紱抄本前有『覺子曰』三字。——鼎升註

⑶⒇『舉案齊眉』，後漢梁鴻的妻子孟光給丈夫送飯時，總把端飯的盤子舉得與眼眉相齊，表示尊敬。後用以形容夫妻相敬有禮。——鼎升註

⑶㉑『妍媸』，音yánchī【顏吃】。美好和醜惡。——鼎升註

財動化凶，失履遺簪(322)**之嘆；弟兄持世，鼓盆箕踞**(323)**之悲。**

財動化凶者，乃化鬼、化回頭剋、化退神、化絕、化墓、化破、化空之類是也，不拘何問，玉碎珠沉(324)。

弟兄持世，或兄爻動於卦中，或日月臨兄弟以傷財，或兄化財爻，不拘問妻問妾，皆主不得長年。

財旺兄衰，終須反目；尅財財退，必主生離(325)。

兄爻持世而財爻旺者，不能尅妻，終乖(326)琴瑟(327)，相見如仇。兄爻持世，財化退神者，亦同此意，非反目即生離。

---

(322)『失履遺簪』，遺棄的簪珥鞋襪。比喻舊物或故情。此處指妻死。——鼎升註

(323)『鼓盆箕踞』，『鼓盆』，叩擊瓦器；『箕踞』，古人席地而坐，隨意伸開兩腿，像個簸箕，是一種不拘禮節、傲慢不敬的坐法。語出《莊子·至樂》：『莊子妻死，惠子吊之，莊子則方箕踞鼓盆而歌。』後因稱妻死爲鼓盆之戚。——鼎升註

(324)『玉碎珠沉』，美玉破碎，珠寶沉沒。比喻美女的死亡。——鼎升註

(325)『生離』，猶生別離。生時與親友的難以再見的別離。此處指夫妻離異。——鼎升註

(326)『乖』，違背，不協調。——鼎升註

(327)『琴瑟』，指琴與瑟兩種絃樂器。古代常合奏。也用以比喻夫妻感情和諧或兄弟、朋友的融洽情誼。——鼎升註

如酉月辛巳日，占夫婦將來和好否？得泰卦——

應　　　世

〃　〃　〃　丶　丶　丶

酉金　亥水　丑土　辰土　寅木　子水

子孫　妻財　兄弟　兄弟　官鬼　妻財

兄爻持世以尅妻財，幸亥水財爻酉月生之，財旺難於尅害。彼曰：目下不和，將來和好否？予曰：巳日沖動亥水，又臨驛馬，妻財臨馬而暗動，心去難留，生離之象。此人自此之後，常爲此事而占，十有餘次，若非兄爻持世，定逢財化退神，後竟生離。

《黃金策》：『世爲一生之本，應爲百歲之妻。[328]』此卦世應相生，如鮑宣娶桓氏[329]之斷者，失千里也。

---

[328]《卜筮全書・天玄賦・身命》原文作：『世是平生之本，應爲百歲之妻。』——鼎升註

[329]『鮑宣娶桓氏』，『鮑宣』，漢高城人，字子都。好學明經。哀帝時爲豫州牧，徵爲諫大夫，後拜司隸。王莽秉政，因宣不附己，以事逮之入獄，自殺。『桓氏』，即桓少君，漢鮑宣妻。初嫁宣，裝送資財甚多，宣不悅。少君乃盡送還父家，改著短衣裳，與宣共挽鹿車回鄉里。拜姑禮畢，提瓮出汲。桓少君在舊時被視爲能勤儉持家、自甘守貧之賢妻典型。——鼎升註

又如戊月癸卯日，占夫婦何如？有刑尅否？得旅之蹇——

	○	巳火	兄弟	子水	官鬼
	ㄨ	未土	子孫	戌土	子孫
應	○	酉金	妻財	申金	妻財
	丶	申金	妻財		
	〃	午火	兄弟		
世	〃	辰土	子孫		

斷曰：不獨世應相生，且喜世與財合，當許相守百年。奈何世爻空而且破，欲合而不能，更嫌財化退神，必有生拆[330]之事。果自娶入門，並無和氣，後竟休[331]之。

應財受制，結髮[332]難於偕老；動妻旺相，續絃堪許白頭。

卦中財爻多現，若分正庶[333]者，自當以應爻臨財[334]而作正妻之位也，倘被日月動爻沖尅及動而化凶，乃結髮之有傷也；若得他爻之財旺相，或動而化吉，及他爻變出之財旺相，相生合世爻者，乃再娶之妻，反遂白頭。

---

[330]『生拆』，夫妻離異。——鼎升註

[331]『休』，舊時丈夫把妻子趕回娘家，斷絕夫妻關係。——鼎升註

[332]『結髮』，年輕時結成的夫妻。指原配夫妻。——鼎升註

[333]『正庶』，正妻與偏房。——鼎升註

[334]『財』，原本作『才』，據敦化堂本與李紱抄本改。——鼎升註

如若財爻不臨於應，又以正卦之財爲正妻，變爻之財爲再娶。

妻若尅身，非刑傷必然妒悍㉟。

妻財尅世，世若休囚空破，或墓絕，或動而變凶，或隨鬼入墓，但逢一者，夫命夭亡㊱。

旺財尅世，世爻得地者，雖無刑傷，必遭悍婦㊲。

應財生世，非內助㊳**即獲外財**。

卦中但遇財爻生合世爻，亦不可止以和美斷之，間有應在得妻家之財力也，否則內君㊴必善於持家。

---

335 『妒悍』，妒忌而凶暴。——鼎升註

336 『夭亡』，早死。——鼎升註

337 『悍婦』，潑婦，凶悍之妻。——鼎升註

338 『內助』，妻子幫助丈夫料理家庭內部的事，因稱妻子爲『內助』。——鼎升註

339 『內君』，妻子。——鼎升註

如巳月丁未日，占夫妻偕老否？得无妄變觀——

	丶	戌土	妻財		
	丶	申金	官鬼		
世	〇	午火	子孫	未土	妻財
	〃	辰土	妻財		
	〃	寅木	兄弟		
應	〇	子水	父母	未土	妻財

滿盤俱是財爻。世爻變出之未土與世爻相合，此未土之財乃正妻也，臨日建，遇月生扶，不獨偕老，且許賢比《周南[340]》。果此公美妾十餘，正夫人賢而無妒。夫妻同庚[341]而生，妻活八旬有一，夫年八十二歲。此卦若以世應相沖相尅而斷之，遠如天㨾。

---

[340]『周南』，《詩經・國風》之一，周朝時采自舊周地的民間歌謠，多中正和平之音，歷來皆被視為正風的典型。上古禮制，夫婦爲首，修身齊家，起化夫婦，終化天下。此處當指《詩經・國風・周南・桃夭》。《桃夭》是一首賀婚詩。詩中以嫩紅的桃花，碩大的桃實，密綠成蔭的桃葉比興美滿的婚姻，表達對女子出嫁的純真美好的祝願。關於它的大義，《詩序》曰：『後妃之所致也。不妒忌，則男女以正，婚姻以時，國無鰥民也。』——鼎升註

[341]『同庚』，謂年齡相同。——鼎升註

子嗣章第四十四

凡問子嗣，須明告之：或已有子，後還生否？或問現在之子，將來可保長年否？或從不生育，終有子否？

易告未來，不告已往[342]：即如占天時，神報將來之旱潦，不言昨日之陰晴。爾若含糊而問，假使從前有子，問後來還可生否，後若不生，神必現無子之卦，不報已前之有，乃現後來之無。斷卦之人依卦而斷，爾肯服耶？

又有現今有子，將來若難存者，神亦現無嗣之卦。爾雖曰有，神告曰無，神肯阿諛[343]耶？

即如寅月癸亥日，占子嗣多少。得坤之艮——

世	ㄨ	酉金 子孫	寅木	官鬼
	ヽヽ	亥水 妻財		
	ヽヽ	丑土 兄弟		
應	ㄨ	卯木 官鬼	申金	子孫
	ヽヽ	巳火 父母		
	ヽヽ	未土 兄弟		

斷曰：鬼變子孫，子孫變鬼，有一而遇者，皆無子也，此卦兩現無子之兆。彼曰：少年艱於子嗣，

---

[342]『已往』，以前。——鼎升註

[343]『阿諛』，音 ēyú【屙魚】。迎合奉承。——鼎升註

自五旬之外，連得四子，長子已六歲矣。予曰：依此卦象，恐俱難[344]存。彼甚不悅。豈知婢妾極多，三五年內，生者生而死者死，生過九子，並無一存。臨終過侄立嗣[345]，承襲世職[346]。

福德旺隆，育兒賢德。

福德即子孫爻，若旺遇生扶，或臨日月，或帝旺長生於日，或動而化吉，必產賢兒。

子孫衰弱，生子愚痴。

子孫爻衰弱，必生愚痴[347]之子。衰而被尅、休囚無氣，或墓絕空破、或動而化凶、或日月動爻沖尅，或父化子、子化父、鬼變子孫，或父母持世，皆主生而不存。子動[348]逢空不礙，必得子於沖空實空之年。

覺子曰：《黃金策》：『子化兄，生兒不肖[349]。[350]』殊不思化兄[351]乃回頭之生，如何不肖？註解又曰：『化鬼亦不肖。』化鬼者，百無一活，豈不肖而已耶？

---

[344]『難』，敦化堂本作『無』。——鼎升註

[345]『過侄立嗣』，將侄子過繼為自己的兒子，以承繼家系。——鼎升註

[346]『世職』，世代承襲的職位。——鼎升註

[347]『愚痴』，敦化堂本作『痴愚』。——鼎升註

[348]『動』，敦化堂本作『孫』。——鼎升註

[349]『不肖』，子不像父。多指不孝。——鼎升註

[350]《卜筮全書·黃金策·身命》原文作：『子化兄，而房、杜生兒不肖。』其下註解爲：『若子孫動變兄鬼者，其子必不肖，蓋兄弟乃破敗之神故也。李英公常曰：房、杜平生辛苦，然生子不肖。』『房、杜』，唐名相房玄齡、杜如晦的並稱。——鼎升註

[351]『兄』，敦化堂本作『凶』，顯誤。——鼎升註

申月辛卯日，占子嗣。得復——

子孫	酉金	ヽヽ	
妻財	亥水	ヽヽ	
兄弟	丑土	ヽヽ	應
兄弟	辰土	ヽヽ	
官鬼	寅木	ヽヽ	
妻財	子水	ヽ	世

斷曰：『身帶吉而子扶，喜聞鶴和[352]。[353]』此卦申金月建作子孫以生世，有子之兆。上爻酉金子孫，日神沖動以生世，定有遠方之子來家之象。彼喜而曰：我於三十七歲有子，已十八矣，因亂失散，至今並無所出。予曰：恭喜，明現子從六爻動來生世，此子必歸。彼曰：何時得見？曰：明歲甲辰，與酉金相合，定然得意而歸。果於次年六月，父子相逢。

財化子，可辨正出庶出[354]。

卦有財而無子孫者，須看變出之爻，變爻子孫乃庶出也。即斷曰：正無所出，定得偏生[355]。

卦有子孫，變爻亦有子孫，又非此論，即以變爻之子爲晚子也。倘若正庶俱已生子，而問賢愚者，又以正卦之子爲正出，變爻之子爲庶出也。

---

[352]『鶴和』，語出《周易・中孚》：『鳴鶴在陰，其子和之。』後以『鶴和』謂唱和，應答。——鼎升註

[353]語出《卜筮全書・黃金策・身命》。——鼎升註

[354]『正出庶出』，正妻所生的子女與偏房所生的子女。——鼎升註

[355]『偏生』，偏房所生的子女。——鼎升註

如巳月己酉日，占子生而不存，將來存否？得賁之无妄——

	、	寅木	官鬼		
	ㄨ	子水	妻財	申金	子孫
應	ㄨ	戌土	兄弟	午火	父母
	○	亥水	妻財	辰土	兄弟
	〃	丑土	兄弟		
世	、	卯木	官鬼		

予曰：剋過正妻否？彼曰：還是結髮。予曰：傷過正妻，方可存子。彼曰：何也？予曰：內卦亥水之財[356]即爲正妻，破而被剋；五爻子水財爻乃爲再娶之妻，變出申金子孫，必生子也。但五爻子水，亦被戌土之剋，雖化長生，又有酉日之生，不免多病。卯年占，果於巳年死妻，即於冬月續絃，中年得子。

此婦月中[357]得病，久卧病榻。

子化子，須知本宮他宮。

子孫化子孫，得驗者二：少年無子，得此者應多生子也；現有子，得此者乃應多子而多孫也。

老年無子，得此者，撫他人之子而爲子，須宜分別：化出他宮者，立異姓[358]之子；化出本宮，立族中孫侄。

---

[356]『之財』，敦化堂本作『財爻』。——鼎升註

[357]『月中』，指婦女生育後的第一個月裏。——鼎升註

[358]『異姓』，不同姓。亦指不同姓的人。——鼎升註

如子月戊戌日，占現已有子，還有子否？得屯之節——

	⚋	子水	兄弟	
應	⚊	戌土	官鬼	
	⚋	申金	父母	
	⚋	辰土	官鬼	
世	✕	寅木	子孫	卯木 子孫
	⚊	子水	兄弟	

子孫化子孫，又逢月建相生，不獨多子，抑且多孫。彼問曰：命有幾個？予曰：古有此法，予因不合其理，不敢以之而欺人也。彼曰：古法如何有錯？予曰：古以『水一、火二、木三、金四、土五』，數止於五，假使文王生百子[359]，何以定之？予以占多寡者，旺相者多；占賢愚者，另占一卦，旺相者賢，屢試不錯。予今以聰明而斷此卦，看後來驗否？動爻寅木子孫，乃現在之子也；化出卯木子孫，乃將來之子孫也。目下現有幾位？彼曰：有四。予曰：還有四位。後過十餘載，果得四子。予至其家，見屬兔者一隻眇[360]眼，其餘不帶殘疾。予曰：此子將來貴顯。彼曰：何知？予曰：前卦變出卯木子孫，與月建相

---

[359]『文王生百子』，『文王』，即周文王，姓姬名昌。殷時諸侯，居於岐山之下，受到諸侯的擁護，曾被紂囚於羑里。後獲釋，爲西方諸侯之長，稱西伯。傳說周文王有九十九個兒子，後收雷震子，共爲百子。——鼎升註

[360]『眇』，音miǎo【秒】。本義指一隻眼睛小，此處指一目失明。原本與敦化堂本俱作『渺』，據李紱抄本改。——鼎升註

刑，與日辰相合，刑中帶合，既帶破相，自然榮貴。此子十四歲入學㉛，因明末大科㉜未舉，考貢㉝首選㉞，官至參政㉟，後事未考。

361『入學』，士子經過考試，取得進入府、州、縣學的一種生員（秀才）資格，稱入學，俗稱進學。入學後即須受教官管教，並應按期參加考試。——鼎升註

362『大科』，唐制，取士之科，由皇帝自詔者曰『制舉』。其科目隨皇帝臨時所定，如賢良方正、直言極諫等。宋人謂之大科。清代的制舉如博學鴻詞科亦稱『大科』。——鼎升註

363『考貢』，對生員（秀才）進行考試，以備充任貢生。貢生，科舉制度中府、州、縣學的儒學生員升入國子監肄業者稱貢生，意思是以人才貢獻給皇帝。——鼎升註

364『首選』，科舉時代以第一名登第的人。——鼎升註

365『參政』，官名。明代各行省於承宣布政使司之左右布政使之下設左右參政，爲正三品官員。清入關前六部、理藩院有承政、參政。清順治元年（明崇禎十七年，公元1644年）改為尚書、侍郎，參政地位似侍郎。清初各省布政使下酌置參政、參議，多由道員兼。清乾隆十八年（公元1753年）後不再置。——鼎升註

又如巳月丁酉日，占子有無。得未濟之節——

應			世		
○	ㄨ	○	ヽヽ	ヽ	ㄨ
巳火	未土	酉金	午火	辰土	寅木
兄弟	子孫	妻財	兄弟	子孫	父母
子水	戌土	申金			巳火
官鬼	子孫	妻財			兄弟

此人因屢生女，且亦無存，問終有子否？內卦辰土子孫空而被剋，乃無子也。幸外卦未土化出子孫，勸之早繼螟蛉[366]可也。彼曰：正有此念[367]。妻兄有子，甚是聰明，意欲撫之，不知可否？予曰：離宮化出他宮，原該異姓之子。後果撫之為嗣。

---

[366]『螟蛉』，音mínglíng【明玲】。蟲名。養子的代稱。——鼎升註

[367]『念』，敦化堂本作『意』。——鼎升註

又如亥月庚子日，占子嗣有無？得屯之節——

	〃	子水	兄弟	
應	、	戌土	官鬼	
	〃	申金	父母	
	〃	辰土	官鬼	
世	乂	寅木	子孫	卯木 子孫
	、	子水	兄弟	

此公年逾六旬，並無所出，自知易理，得此卦甚喜，以爲世爻子孫又化子孫，月建合之，日辰生之，有子必多。豈知子孫化子孫，非己出也，次年三月終於任，後立侄孫承嗣368。

父占子，知其易養；子臨貴，難曰成名。

父占子，止知易養，難斷富貴：子孫旺相，尅制官星；子若休囚，焉能食祿369？所以易養否，不難知也：子孫旺相，或動而化吉，或臨日月，或日月動爻生扶，或長生帝旺，皆許成人；如休囚空破，動而變凶，水泡風燈370。至於子孫之富與貴者，旺相又遇生扶，自然富貴，若以科甲科名371而斷者，乃欺人之

368『承嗣』，指繼承爲嫡長子。——鼎升註

369『食祿』，享受俸祿。——鼎升註

370『水泡風燈』，水中的泡，風中的燈。比喻爲時短暫或落空的事情、希望。——鼎升註

371『科名』，科舉功名。——鼎升註

法也。《黄金策》曰：『子帶貴人，自有登天㊲之日。』又曰：『祿貴臨爻，童年拜相㊳。㊴』以貴祿臨子孫而化鬼者，不爲化鬼，乃爲化官，即許登天拜相。予查天乙貴人臨爻，並無祿到；貴人臨馬，止有丁巳日見亥水子孫，乃爲貴人與馬同宫，餘皆不是；有祿者，並無貴人與馬：此信筆㊵之妄談㊶也，何嘗經驗？况予屢占子女者，子孫變鬼，萬無一活。

---

(372)『登天』，比喻人得志，爬上高位。——鼎升註

(373)『拜相』，被任命爲宰相。——鼎升註

(374)《卜筮全書・黄金策・身命》原文作：『祿貴臨爻，拜住童年登相位。』『拜住』，元蒙古札剌亦部人，初襲爲宿衛長，後歷任中書平章、左丞相、右丞相。——鼎升註

(375)『信筆』，謂隨手書寫，不甚經意。——鼎升註

(376)『妄談』，猶妄言，胡説。——鼎升註

如亥月丙辰日，占子易養否？得姤之旅——

	、	戌土	父母		
	○	申金	兄弟	未土	父母
應	、	午火	官鬼		
	、	酉金	兄弟		
	○	亥水	子孫	午火	官鬼
世	〃	丑土	父母		

亥水子孫臨月建，五爻兄動以相生，旺莫旺於此也；若以吉神論之，丙日以亥爲貴人，貴莫貴於此也。豈知子孫變鬼，死於次年五月。

《黃金策》舊有：『官鬼無傷，曹彬取印終封爵[377]。』

覺子曰：官鬼無傷者，必是子孫爻被傷被尅、休囚無氣，所以不能傷尅官鬼。既是如此衰弱之子孫，又能封官封爵，予不信也。

---

[377]『曹彬取印終封爵』，『曹彬』，宋真定靈壽人。字國華。歷仕後漢後周。宋太祖伐江南，以彬將行營之師，攻破金陵，生俘後主（李煜），不妄焚殺。官至樞密使、忠武軍節度使。死謚武惠。據《宋史・曹彬傳》記載：『彬始生周歲，父母以百玩之具羅於席，觀其所取。彬左手持干戈，右手取俎豆，斯須取一印，他無所視，人皆異之。……後曹彬果以武功掛印，爲節度使。』——鼎升註

又曰：『父身有氣，車胤[378]顯名。[379]』

覺子曰：父占子，父爲忌神，或動或旺，必於尅子，救死不暇，何得顯名？或曰：疑是嬰兒之自占也。予曰：嬰兒者，乃無知無識之孩童，占富占貴，全在人之一念，三五歲之嬰孩，可知富貴而動念耶？況《身命後[380]章》有曰『若卜嬰兒之造化[381]』，固知非代占耶。

代占六親，不宜世爻化鬼。

占父母、兄弟、妻妾、兒孫，先看世爻，雖占六親，常有帶出自身之凶者：世爻化鬼、化回頭尅、休囚化空破墓絕，及隨鬼入墓、日月同尅，休問他人，且防自夭。

常問父母，亦有兼應兒孫。

常見占父母之卦，爻中帶出刑傷兄弟、兒孫、妻妾者；有占兒孫，亦有兼應父母、兄弟、妻妾者，不可不知。此謂『占此而應彼』也。此論前已表明，非予諄諄[382]告之，因予屢占而屢見也。

---

[378]『車胤』，晉南平人。字武子。幼時勤學，家貧不常得燈油，夏夜則囊螢照書。以博學知名。桓溫在荊州，徵爲從事，稍遷別駕、征西長史，官至吏部尚書。會稽王司馬道子世子元顯驕縱不法，胤密言於道子，爲元顯所知，逼令自殺。——鼎升註

[379]《卜筮全書・黃金策・身命》原文作：『父身有氣，車胤囊螢卒顯名。』——鼎升註

[380]『後』，原本與敦化堂本、李紱抄本俱如此，疑衍。——鼎升註

[381]《卜筮全書・黃金策・身命》原文作：『若卜嬰孩之造化，乃將福德爲用爻。』——鼎升註

[382]『諄諄』，反覆教導。『諄』，音zhūn【窀】。——鼎升註

李我平曰：《黃金策・身命章》，父子官鬼兄弟妻財，雖則不當概論，其理還細，惜乎悖謬[383]者多，全[384]鏡微塵，不宜有也。《易冒》雖有分占之意，論理太粗。即如問壽夭，而曰『破散沖空定之夭[385]』。存有占驗：戊子命，亥日占，後行午限，絕於亥，是以終也。[386]倘占非亥日，何處而尋限絕？生平占驗如果有靈，何不多存一二以爲後法？殊不知死生事大，三言兩句何以能盡？尚謂『推之深者，雖日時可知[387]』，予不信也。又如問我能貴乎？『龍爲文翰[388]，虎爲武衛[389]』，以龍虎而定文武。《周易》之

---

[383]『悖謬』，音bèimiù【被繆】。荒謬；不合道理。——鼎升註

[384]『全』，原本與敦化堂本俱如此，李紱抄本作『明』。——鼎升註

[385]《易冒・身命章》原文作：『壽夭何如？則破散空沖定之夭，日月旺相定之壽。』——鼎升註

[386]《易冒・身命章》原文作：『如戊子生人，丁丑寅建辛亥日，占自壽得師。世爻絕亥生寅，其壽未已，及戊子年孟秋令寢，乃甲申旬空午，子歲破午，十年後行午限絕亥，庚申又破寅生，是以終也。』——鼎升註

[387]《易冒・身命章》原文作：『推而深之，雖日月可知也。』——鼎升註

[388]『文翰』，文章、文辭；公文書信。猶言翰林（官名。皇帝的文學侍從官，唐朝以後始設。明、清改從進士中選拔。清之翰林，即翰林院屬官侍讀學士、侍講學士、侍讀、侍講、修撰、編修、檢討、庶吉士的通稱）。——鼎升註

[389]『武衛』，軍制名。漢末曹操爲丞相，設武衛營。魏文帝置武衛將軍以統率禁旅。隋置左右武衛，各置大將軍、將軍。唐因隋制。宋沿其制。元初有武衛軍，不久改稱侍衛親軍。元至元二十六年（公元1289年）設武衛親軍都指揮使司，掌管修治城隍等工役，性質與前不同。清末也有武衛軍的名稱。——鼎升註

理，如此易耶？又曰『三爲守牧[390]，五爲臺省[391]』，初爻、二爻竟不知是何職也？朦朧混過，後學何以爲法？又云：『問子忌子虛，問財忌財陷。[392]』空與陷，便足斷其無財無子耶？聖人作易，以前民[393]用，後人問卜，無過身命。身命之外，夫復何求？後學得其精者，賴[394]前人傳授得法，問者得其趨避，賴卜人識理之微。此書《身命》，較之他章愈加詳細，反復通明，足爲教人之法也。

增刪卜易卷六終

---

[390]『守牧』，指郡守（郡的長官，主一郡之政事。秦廢封建設郡縣，郡置守、丞、尉各一人。守治民，丞爲佐。漢唐因之。宋以後郡改府，知府亦稱郡守）、州牧（官名。古代指一州之長。漢成帝時改刺史爲州牧。後廢置不常。東漢靈帝時，再設州牧，掌一州軍政大權。魏晉後廢。後世借用爲對州最高長官的尊稱。清代知州也稱州牧，官階甚低，與知縣並稱牧令）一類的地方長官。——鼎升註

[391]『臺省』，漢的尚書臺，三國魏的中書省，都是代表皇帝發布政令的中樞機關。後因以『臺省』指政府的中央機構。南北朝以來，雖然尚書臺已多改稱尚書省，並逐漸形成中書、門下、尚書三省分權的制度，但『臺省』之稱仍沿用不變。唐代有時亦將三和公御史臺合稱爲『臺省』。——鼎升註

[392]《易冒・身命章》原文作：『且問道而忌六沖，問妻而忌財陷，皆不可以世空也。問子而忌子虛，旺相則多，休囚則少，空散則刑，尅沖則暴，帶吉神而賢良，加凶神而頑劣，跨身世而邁種，登日月而昌榮，占弟兄者亦如之。』——鼎升註

[393]『前民』，語出《周易・繫辭》：『是以明於天之道，而察於民之故，是興神物以前民用。』前，先導也，此句言聖人取蓍草以占事，作人民用以占事之先導。後以『前民』謂引導人民。——鼎升註

[394]『賴』，敦化堂本作『奈』。——鼎升註